Das Archiv der Forschungsstelle Osteuropa

Bestände im Überblick: UdSSR/Russland, Polen, Tschechoslowakei, Ungarn und DDR

Archiv der Forschungsstelle Osteuropa
Quellen zur Zeitgeschichte und Kultur

Herausgeber der Reihe
Wolfgang Eichwede und Susanne Schattenberg

Band 1

Forschungsstelle Osteuropa
an der Universität Bremen

Bremen 2009

Wolfgang Eichwede (Hg.)

Das Archiv der Forschungsstelle Osteuropa

Bestände im Überblick: UdSSR/Russland, Polen, Tschechoslowakei, Ungarn und DDR

ibidem-Verlag
Stuttgart

Bibliografische Information der Deutschen Nationalbibliothek
Die Deutsche Nationalbibliothek verzeichnet diese Publikation in der Deutschen Nationalbibliografie; detaillierte bibliografische Daten sind im Internet über http://dnb.d-nb.de abrufbar.
Bibliographic information published by the Deutsche Nationalbibliothek
Die Deutsche Nationalbibliothek lists this publication in the Deutsche Nationalbibliografie; detailed bibliographic data are available in the Internet at http://dnb.d-nb.de.

IMPRESSUM

Band 1 herausgegeben von
Wolfgang Eichwede

Koordination der Archivreihe
Heidrun Hamersky

Redaktion
Heidrun Hamersky (verantwortlich), Erika Rissmann

Graphische Gestaltung
Janine Kube, Berlin
www.janinekube.de

Technische Redaktion
Matthias Neumann

Mitarbeit
Korrekturen: Silke Plate, Register: Eduard Klein unter Mitarbeit von Sandra Fleck

Bildnachweis
© Abbildungen der Dokumente und künstlerischen Werke: Forschungsstelle Osteuropa, Bremen
© Photographien: Susanne Frerichs (S. 7), Zuzana Bartošová (S. 61), Miroslav Jodas (S. 72–73), Ivan Kyncl (S. 74)

Umschlaggestaltung unter Verwendung von Bildmaterial aus dem Archiv der Forschungsstelle Osteuropa.

Gedruckt auf alterungsbeständigem, säurefreien Papier | Printed on acid-free paper
ISSN: 1866-4687 | ISBN-10: 3-89821-983-6 | ISBN-13: 978-3-89821-983-9

Printed in Germany

Hans Koschnick gewidmet

Inhalt

Aleksandr Galič

Wir sind nicht schlechter als Horaz

Ihr seid so unerträglich geschäftig
und in Wirklichkeit so vorbildlich,
euch treiben Vernissagenstürme um,
euch erschüttern Fluten von Premieren.
Ihr ganz Stillen geltet als ungestüm,
Ihr von den Ammen der Zensur Verzärtelten.
Und was ist ohne Premieren und Ausstellungen
auf zehn Quadratmetern in Ostankino,
wo keine Wächter-Mentoren wohlwollend
und beifällig lächelnd strahlen?
Da steht ein ungerahmtes Bild,
das ist alles.
Und das reicht.
Dort steht ein ungerahmtes Bild –
das reicht.

Verurteilt habt ihr Gewissen und Furchtlosigkeit
(sie sind ja nicht pfändbar oder käuflich);
ach, ihr seid so schrecklich präsent, ihr Geschäftigen,
habt den Stinkefinger in der Tasche versteckt.
Was soll's, nennt doch Erfindungen real,
verkehrt mit den Wächtern auf Du.
Zwischen rasenden Rittern, Dobrynjas,
wandern Schmarotzer wie Nestor und Pimen.
Ihre Namen schmalzt man nicht von der Bühne herab
und druckt sie nicht zwischen glänzenden Buchdeckeln,
die „Erika" schafft vier Durchschläge,
das ist alles.
Und das reicht.
Wenn vorerst auch nur vier –
das reicht.

Die Zeit sät Winde, schleudert Blitze,
bildet Räte und Kommissionen,
kein Tag, wo nicht fanfarentönendes Schweigen
tiefsinnigen Unsinn preist.
Die Lüge wandert durch die Bleiwüsten,
tauscht sich mit der Nachbarlüge aus.
Doch laut schallt, was halblaut gesungen,
und es braust, was flüsternd gelesen wurde.
Es gibt kein Parterre, keine Logen, Ränge
und keine hysterisch tobende Claque;
es gibt ein Tonband Marke „Jausa",
das ist alles.
Und das reicht.

Ja, da steht ein ungerahmtes Bild.
Ja, vier Durchschläge wurden getippt.
Ja, ein Tonband Marke „Jausa".
Und das reicht.

Aus dem Russischen von
Hartmute Trepper und Gasan Gusejnov

Die Forschungsstelle Osteuropa: Archiv und Geschichte

Wolfgang Eichwede

Kurzporträt

Das Archiv der Forschungsstelle Osteuropa an der Universität Bremen besitzt einzigartige Quellenbestände zur Zeit- und Kulturgeschichte des östlichen Europas von Stalins Tod 1953 bis in die Gegenwart. In seinem Kern umfasst es ein spezifisches, doch breit gefächertes Spektrum an Materialgattungen, die ihm in ihrer Summe ein eigenes Profil geben:

- Zeugnisse und Schriften der Samizdat-Kulturen von den 1950er bis in die späten 1980er Jahre,
- informelle Druckerzeugnisse und Dokumente der Umbruchsjahre von 1986 bis 1991 sowie des Aufbaus der neuen Ordnungen (Transformation) in den 1990er Jahren und schließlich
- Nachlässe, primär aus Russland, der Sowjetunion und der russischen Emigration, die das gesamte 20. Jahrhundert umgreifen.

Schwerpunktländer in Archiv und Forschung sind die ehemalige Sowjetunion (heute Russland, die Ukraine, Belarus und die baltischen Staaten), die Tschechoslowakei (heute die Tschechische und die Slowakische Republik), Polen, Ungarn und die DDR.

Gegenwärtig bezieht die Forschungsstelle in ihrer Bibliothek laufend über 700 Zeitungs- und Zeitschriftentitel aus und zu Ost- und Ostmitteleuropa, darunter auch Printmedien und Presse politischer Parteien, nationaler Minderheiten und kultureller Einrichtungen, zum Teil mit regionalen Bezügen.

Das Archiv in seinem historischen Kontext

Zur Entstehung des Samizdat

Als 1977 die ersten Planungen für das Bremer Archiv aufgenommen wurden, galt es, eine neue, von Geheimnissen umwitterte, sich schnell ausbreitende und offenkundig geschichtsmächtige Wirklichkeit in Osteuropa mit einer ebenfalls neuen wissenschaftlichen Konzeption zu erfassen: das kulturelle und gesellschaftliche Leben außerhalb der staatlichen Zensur. Diese Wirklichkeit hatte einen Namen – Samizdat, eine russische Wortverbindung, die soviel heißt wie „selbstverlegt" oder in freierer Version „Selbstverlag". Schon in den vierziger Jahren hatte Nikolaj Glazkov seine eigenhändig gefertigten Lyrik-Bändchen mit dem Impressum „Samsebjaizdat" – „Sichselbstverlag" – unter Freunden zirkulieren lassen. Doch blieb die private (wenngleich autorisierte) Weitergabe von Manuskripten unter den Bedingungen des Stalinschen Terrors auf Einzelfälle beschränkt. Erst der Tod des Diktators gab der sowjetischen Kulturszene nach 1953 die Chance, sich in ebenso mutigen wie jederzeit gefährdeten Dosierungen aus der staatlichen Vormundschaft zu lösen. Der Titel von Il'ja Ėrenburgs Novelle „Tauwetter" (1954) avancierte zum Epochennamen. Doch kamen die sowjetischen Systeme in Russland wie in Osteuropa insgesamt niemals aus dem Grundwiderspruch heraus, sich unbedingt reformieren zu müssen, aber nur partiell reformierbar zu sein: Um ihrer Legitimation und Modernisierung willen zur Entstalinisierung gezwungen, hielten sie des Machterhalts wegen dennoch an der Parteidiktatur fest. So keimten wiederholt in Kultur und Gesellschaft Hoffnungen auf, die Regime könnten sich liberalisieren oder wenigstens ihre Toleranzzonen erweitern. Doch blieben die Zugeständnisse Stückwerk, halbherzig und jederzeit widerrufbar. Auf Tauwetterperioden folgten Eiszeiten. Die Machtlogik entzog sich weiterhin jeder demokratischen oder konstitutionellen Kontrolle.

Wer eigene Handlungsräume wollte, musste sie sich selbst schaffen. Konflikte mit den Sicherheitsorganen waren vorprogrammiert. 1959 gab Aleksandr Ginzburg ein erstes Samizdat-Journal, *Sintaksis,* heraus – er musste mit zwei Jahren Haft dafür bezahlen. 1964 zirkulierten zahlreiche in Leningrad abgetippte Mitschriften der Verhöre, denen der spätere Literaturnobelpreisträger Iosif Brodskij vor Gericht unterworfen worden war. 1966 bekannten sich die beiden Schriftsteller Andrej Sinjavskij und Julij Daniėl' im Sinne der Anklage – sie sollten „antisowjetische Propaganda" betrieben haben – als „nicht schuldig". Sie mussten in den GULag, ihre Erklärungen fanden den Weg in den Samizdat. 1967 wurde Aleksandr Solženicyns „Offener Brief", in dem er zur Abschaffung der Zensur aufrief, zu einem „Bestseller" im intellektuellen Milieu Moskaus und Leningrads. 1968 erschien die erste Nummer der *Chronik der laufenden Ereignisse*, um über vierzehn Jahre lang in 65 Ausgaben von Menschenrechtsverletzungen in der Sowjetunion zu berichten. 1969 gründete sich die Initiativgruppe zur Verteidigung der Menschenrechte. Was sich hier wie eine dürre Chronologie liest, war die Spitze einer kulturellen Bewegung mit dem Ziel, sich aus den Fängen ideologischer Machwerke und polizeilicher Diktatur zu befreien. Mit dem Samizdat als Veröffentlichungsform gelang es, in welch kleinen Partikeln auch immer, den Ruf nach Autonomie und der Freiheit des Wortes aus eigener Kraft zu realisieren. Autoren und Künstler mussten sich nicht länger um jeden Preis den Zensurbehörden und Kulturgewaltigen unterwerfen. Die Publikation des eigenen Werks wurde zu einer Sache des eigenen Tuns: „Alles, was du brauchst, sind eine Schreibmaschine, Papier und Kohlepausen." Oder Vladimir Bukovskij: „Man schreibt selbst, redigiert selbst, man zensiert selbst, verlegt selbst, man verteilt selbst und sitzt auch selbst die Strafe dafür ab."

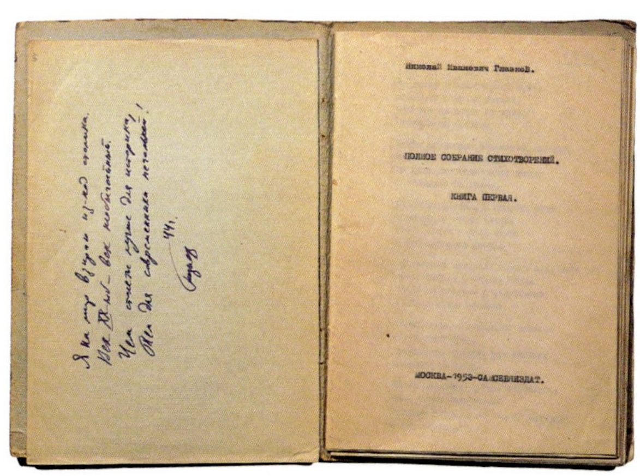

Nikolaj Glazkov: *Gesammelte Werke, Buch 1, Sichselbstverlag*, Moskau 1953

Institutionalisierung des Samizdat

Während in der Sowjetunion, dem Zentrum des sowjetischen Hegemonialsystems, die Dissidenten der ersten Generation versuchten, Keimformen einer unabhängigen Öffentlichkeit außerhalb der Machtstrukturen zu etablieren, kam es gleichzeitig an der mitteleuropäischen Peripherie – in Prag – zu dem spektakulärsten Experiment, die sozialistische Ordnung innerhalb der Machtstrukturen selbst und aus ihnen heraus neu zu gestalten. Dass die Armeen des Warschauer Paktes im August 1968 dieser Hoffnung ein jähes Ende bereiteten, veränderte die Reformperspektiven für Osteuropa von Grund auf. Auch Polens Parteimacht legte es 1968 darauf an, die kulturellen Eliten des Landes zu disziplinieren. Vergeblich, die Gräben wurden tiefer, viele, in großer Zahl jüdische Intellektuelle gingen in die Emigration, um von dort aus in die Heimat zurückzuwirken. 1970 meldeten sich dann mit den Werftarbeiterstreiks an der Küste neue Akteure zu Wort, um die Legitimationsbasis des „Monopolsozialismus“ (Jacek Kuroń / Karol Modzelewski) gleichsam ins Herz zu treffen. In Ungarn, das im Zeichen des „Kádárismus“ die niedergeschlagene Revolution von 1956 aus dem öffentlichen Gedächtnis verdrängen musste, öffnete die philosophische Kritik am etatisierten Kommunismus neue Denkräume. So gewannen die vorsichtigen Ansätze einer Samizdat-Kultur, wie sie sich in der UdSSR während der sechziger Jahre herausgebildet hatten, in den Siebzigern eine Dimension, die die kulturelle wie politische Architektur des östlichen Europas in ihren Fundamenten veränderte. Dass sich die sowjetischen Regime aufgrund ihrer inneren Reformschwäche veranlasst sahen, über Kredite und (vergeblichen) Technologietransfer an Ressourcen aus dem Westen zu holen, was sie selbst nicht zuwege brachten, half nur kurzfristig, um in der längeren Perspektive eher subversiv zu wirken. Auch die Intensivierung der europäischen Bezüge, wie sie in der Schlussakte von Helsinki 1975 ihren euphorischen Ausdruck fand, vermochte die internen Defizite nicht zu reduzieren, erhöhte aber den globalen Sog.

„Ich hielt kein Buch in der Hand, sondern ein Unbuch“, meinte 1979 der slowakische Samizdat-Autor Milan Šimečka beim Anblick eines Gedichtbändchens von Jaroslav Seifert, „einen einzigartigen Gegenstand der Nationalkultur der siebziger Jahre des 20. Jahrhunderts, ein von Hand hergestelltes Buch.“ Wer die „Unbücher“ las, erklärte sich häufig bereit, sie abzuschreiben, so dass der Vertrieb gleichsam über den Schneeballeffekt funktionierte. Die Verlegerschaft des Autors ging über in die Vervielfältigung durch die Leser. In der Tschechoslowakei institutionalisierten sich die Selbstverlage in hoch professionalisierten „Editionen“. Die Literatur überlebte im selbst autorisierten Untergrund. In Polen und Ungarn gründeten sich „inoffizielle Verlage“, deren Auflagen im Offsetdruck oder regelrechten Druckverfahren schon in die Tausende gehen konnten. Schriften im Samizdat wurden – zumal außerhalb der Sowjetunion – zu einem Massenphänomen. Nicht zu Unrecht sprechen daher polnische Autoren für ihr Land von einem zweiten Umlauf. Ein tschechischer Titel charakterisiert die Szene als „parallele Polis“. Budapest hatte gar eine Samizdat-Boutique.

Produziert und verkauft wurden Romane der Weltliteratur wie Werke aus eigener Hand, Erzählungen und Schauspiele, Anthologien und Lyrikbände, Essays und wissenschaftliche Abhandlungen, ganze Monographien und Fachzeitschriften, Quelleneditionen und Memoiren, aber auch offene Briefe, Flugblätter, Streitschriften und Unterschriftensammlungen, Weißbücher und Prozessprotokolle, Bibeln und Predigten, Bulletins und Broschüren aller Art. Ihrer technischen Publikationsform nach handelte es sich um Abschriften und Schreibmaschinendurchschläge, vervielfältigte, photographierte oder gedruckte Texte, gebundene und ungebundene, signierte und nicht signierte. Erinnerungen an 1937, den „Großen Terror“, an Kolyma und Vorkuta, an ungezählte Leben, die „gestohlen“ wurden, füllten die Seiten des Samizdat. Neben dem kaum noch überschaubaren Korpus schriftlicher Materialien entwickelte sich ein buntes Spektrum visueller Welten und Objekte, zu denen Plakate, Aufkleber, Briefmarken (in Polen), Postkarten und Embleme in zahlreichen Variationen ebenso gehörten wie vielgestaltige Artefakte, Installationen und Performances – sei es in privaten Wohnungen, in Prager Straßen oder in freier Natur. Underground-Kataloge in Hochglanz und professionell gefertigte Galerie-Editionen, unabhängige „Archive neuer Kunst“ und Tonbänder, Film- und Photodokumentationen zeugen von einer alternativen Kulturszene, die sich sprunghaft ausbreitete. In ihrer hartnäckigen, aber auch spielerischen Suche nach autonomen Gestaltungsräumen suchte sie Prioritäten jenseits aller Politik, um durch das Niederwalzen von Ausstellungen und die Borniertheit der Behörden doch immer wieder in Konfrontationen hineingetrieben zu werden. Schon von ihrem Medium her entzog sich die Mail Art dem staatlichen Zugriff. Ungewöhnlicher Popularität erfreuten sich die offiziell verfemten Barden und Liedermacher in allen Ländern. Ihre Tonbänder und Aufnahmen im „Magnitizdat“ wurden „Hits“ im Underground. Verbotene Rockkonzerte belebten die Jugendkultur. Selbst in der Sowjetunion, erst recht aber in Polen hatten die Produkte aus den Selbstverlagen ihren florierenden Markt.

Konzeptionen des Dissens

Die zweite Hälfte der siebziger Jahre wurde zur Blütezeit strategischer Optionen und konzeptioneller Diskurse im „klassischen" Dissens. In Nutzung des KSZE-Prozesses gründeten sich in der damaligen Sowjetunion allenthalben Helsinki-Komitees. Nach den Juni-Streiks in Polen formierte sich noch 1976 das Komitee zur Verteidigung der Arbeiter (KOR). In Prag trat die Charta 77 an die Öffentlichkeit. Ost- und Ostmitteleuropa hatte binnen weniger Monate länderübergreifend eine Bürgerrechtsbewegung, die den sowjetischen Diktaturen die Stirn bot. Ihr Leitgedanke schlug sich in einer Flut von Papieren nieder, die alle in einem Punkt übereinstimmten: Der institutionellen Unabhängigkeit im Samizdat galt es eine universale in den Menschenrechten zur Seite zu stellen, die es erlaubte, der politischen Macht aus eigenem Recht gegenüberzutreten. Adam Michniks „neuer Evolutionismus" begrub frühere Reformillusionen, sein Plädoyer, man könne immer Kompromisse schließen, nur in der „Sprache" nicht, warb für eine Pragmatik im Ringen um grundsätzliche Positionen. In ihrem Dialogangebot an Regierung und Behörden verfuhren die Prager Chartisten nicht anders. Akzentunterschiede können vermutet werden, da die tschechischen Bürgerrechtler eher auf die Disziplinierung der Macht zielten, während diepolnischen Akteure schon einen historischen Wandel im Auge hatten.

Tatsächlich veränderten die August-Streiks von 1980 in Danzig die Handlungsbedingungen von Grund auf. Europa erlebte seine größte Arbeiterbewegung nach dem Krieg. Gegenüber der sowjetischen Hegemonialordnung trug sie von Beginn an den Charakter einer nationalen Selbstbestimmung. Hatte schon der polnische Papst eine neue Identität ermöglicht, schuf nun die Solidarność eine manifeste Gegenmacht. Das Land bewegte sich in einer „sich selbst begrenzenden Revolution". Auch die Verhängung des Kriegsrechts vermochte auf Dauer die Erosion der kommunistischen Herrschaft nicht aufzuhalten. Zeitweise konnte die Opposition in Polen mit Fug und Recht für die Gesellschaft sprechen, während die Dissidenten in den anderen Ländern auf eine überschaubare Schar von Aktivisten beschränkt blieben. Hier die Opposition offenkundig der Vertreter von Mehrheiten, dort in der Gefahr der Selbstisolierung; hier symbolisch „eins" mit Volk und Nation, dort bitterer Ankläger eines „Doppeldenkens", das großen Teilen der Bevölkerung erlaubte, sich mit der Unaufrichtigkeit und Verlogenheit der ungeliebten Regime zu arrangieren. Überall driften die Gesellschaften den ideologisch verfassten Systemen weg, so die Diagnose, jedoch nur in Polen kommt es zum massenhaften Aufbruch.

Die Bestände des Bremer Archivs dokumentieren die gegenläufigen Entwicklungen bis ins Detail. Immerhin gründen sich Anfang der achtziger Jahre in den östlichen Nachbarländern nicht nur vereinzelt Friedens- und Umweltgruppen. Im Kontakt mit westlichen Partnern finden sich Ansätze „neuer sozialer

Plakate der Gewerkschaft *Solidarność*, 1980er Jahre

Bewegungen". Die politischen Landschaften in Mitteleuropa scheinen nicht mehr ein für allemal festgeschrieben zu sein. Dort, wo nationale oder religiöse Elemente, wie in Litauen oder der Slowakei, mit im Spiel sind, gewinnen Initiativen schnell an Zuspruch. Autonome Mikrowelten und alternative Denkfiguren fangen an, in nahezu „qualitativen Sprüngen" zu expandieren. Man beginne, so György Konrád 1983, „die Kunst der Verteidigung gegen die staatliche Arroganz zu lernen. (...) Lasst sie Wanzen in unseren Telefonen anbringen, wir werden unsere Meinung dennoch artikulieren. Lasst sie unsere Gedanken verbieten, wir werden sie dennoch austauschen. Da ist nur ein Gegengift gegen die Zensur: sie zu ignorieren."

Vom Samizdat in die „samtenen" Revolutionen

Mit Michail Gorbačevs Perestrojka erlebte der Kontinent abermals eine epochale Wende. Die sowjetische Hegemonialmacht, der die westliche Forschung über Jahre einen dramatischen Verlust an Lernfähigkeit attestiert hatte, wurde zum Vorreiter von Reformen im Namen eines sich „demokratisierenden Sozialismus". Die Zensur gab Räume frei, ohne schon aufgehoben zu werden, Glasnost' wurde zum Zauberwort. Die erstaunte Gesellschaft erprobte sich in neuen Diskussionsforen und einer explodierenden Zahl politischer, auch kultureller Klubs der unterschiedlichsten Couleur. Im ganzen Land schossen hunderte, wenn nicht tausende informeller Bulletins wie Pilze aus dem Boden. An die Stelle des Samizdat trat eine Presselandschaft, die von Improvisation lebte und sich weder um Zensur noch Lizenzen kümmerte. Offizielle Journale erlebten Spitzenauflagen mit dem Zerbrechen lange gepflegter, selbst fabrizierter Tabus. In den nichtrussischen Republiken der Sowjetunion formten sich nationale Bewegungen, die bald auf die Machtstrukturen im Zentrum übergriffen. Von 1987 an beschleunigten sich auch die Ereignisse im westlich gelegenen Osteuropa. Die Gorbačevsche Reformpolitik bot hinreichenden Schutz, um die Kräfte eines revolutionären Wandels die Oberhand gewinnen zu lassen. Während in Polen und Ungarn die Integrationsfähigkeit der alten Regime erschöpft war, zeigte sich in der DDR und der Tschechoslowakei, dass die Repressionsapparate ohne sowjetische Rückendeckung am Ende waren. Europa erlebte 1989 seine zivilen oder „samtenen" Revolutionen. Der Kreml ließ sie geschehen, um zwei Jahre später selbst vor dem Zusammenbruch der sozialistischen Ordnung zu stehen. Wer immer die Dramatik dieser Jahre analysiert, muss das Zusammenspiel und Gegeneinander aller Ebenen einbeziehen, die Politbüros ebenso wie die „Straße", die Machtzentren, denen die Macht aus den Händen gleitet, ebenso wie die Massendemonstrationen, denen sie plötzlich zuzufallen scheint. Die Risse innerhalb der Machteliten und ihre auseinander laufenden Interessen sind von nicht geringerer Bedeutung.

Aufruf der Gesellschaft Memorial, Material über das Schicksal von Opfern der Repression zu sammeln. Moskau, Oktober 1988

Nachlässe und Samizdat

Der Samizdat ist nur ein Teil, ein Ausschnitt der osteuropäischen Kulturen. Soll er verstanden und eingeordnet werden, muss das Archiv breiter angelegt sein und die Geschichte des 20. Jahrhunderts insgesamt im Blick haben. Daher bilden die persönlichen Nachlässe, die sich in Bremen vor allem aus Russland und der russischen Emigration angesammelt haben, einen integralen Teil des Archivs. Mit ihnen kommen die Erfahrungen und Erinnerungen gleich dreier Generationen ins Blickfeld. Da sind die Jahre des stalinistischen Aufbaus, des Terrors und des Gulag. Der Zweite Weltkrieg bildet in seinen Dimensionen der Vernichtung, Gefangenschaften und Deportationen einen weiteren Fokus. Hoffnungen und Enttäuschungen, die sich mit der Entstalinisierung verbinden, Öffnungen der Lager und erneute Verfolgungen schließen sich an. Oftmals folgt die Entscheidung zur Emigration. Feindbilder im

„Kalten Krieg", aber auch Widersprüche in der Entspannungspolitik gehören zur Folie.

Eingebaut in das zeithistorische Raster vermitteln die Nachlässe Einblicke in Lebensumstände, Alltäglichkeiten und Begegnungen unter sowjetischen Intellektuellen, das Innenleben akademischer Einrichtungen und literarischer, auch künstlerischer Verbände, in Freundeskreise und Beziehungsnetze, in „Küchengespräche" und Überlebensstrategien – so dass ein buntes Kaleidoskop sowjetischer Realitäten aufscheint. Was im Samizdat geschrieben wird, wird hier gelebt. Auch die Bedingungen des eigenen Verlegens, Vorsichtsmaßnahmen, Ängste, konspirative oder technische Aspekte gewinnen an Plastizität. Noch zuhause, erst recht aber im Exil spielen die Beziehungen mit dem Ausland oder eben dem jeweiligen Gastland eine besondere Rolle. Deutschland und Russland fügen sich, wie in der Biographie Lev Kopelevs, in die Katastrophengeschichte des Jahrhunderts. An Beschwörungen der verbindenden Kulturen fehlt es nicht, auch nicht an Fremdheiten. Schließlich kommen die Milieus der Emigration zur Sprache, Freundschaften und Animositäten, finanzielle Sorgen und die Kontakte nach Hause, Politiken und Verlagsstrategien. Konturen einer Alltags- und Kulturgeschichte der „dritten Generation" aus Russland Verbannter zeichnen sich ab. In der Verzahnung von Samizdat und „Tamizdat" („Dortverlag" – im Exil) werden blockübergreifende Schienen sichtbar – intellektueller Widerstand als europäische Erfahrung.

Samizdat: Die kulturellen und politischen Kontexte

Viel zu lange wurde Osteuropa nur oder primär als Teil der Ordnung von Jalta und damit als Objekt sowjetischer Großmachtinteressen gesehen. Die Materialien, die das Archiv der Forschungsstelle füllen, legen einen Perspektivenwechsel nahe. In den Mittelpunkt rücken die subjektiven Seiten der Geschichte oder genauer die Chance, die Geschichte in ihren subjektiven Handlungsmöglichkeiten, ihren individuellen wie kollektiven Deutungen und Wahrnehmungen zu verstehen. Dabei fällt der Kultur und intellektuellen Orientierungen, die im Dissens als „Antipolitik" (György Konrád) definiert werden, eine herausragende, ja prägende historische Rolle zu. Die Archivbestände zwingen dazu, den Begriff und die Funktion von Kultur in den spätsowjetischen Diktaturen auch auf einer konzeptionellen Ebene schärfer zu fassen. Was die einzelnen Länder an eigenen Erfahrungen und Traditionen gesammelt haben, gewinnt an Gewicht, ohne die Tragweite blockübergreifender Strömungen auch im kulturellen Bereich zu leugnen. Nationale Profile und transnationale Trends sind in ihrem wechselnden Mischungsverhältnis (in der Analyse) aufeinander abzustimmen.

Dichotomische Geschichtsbilder helfen selten weiter. Mit den Archivalien des Instituts lassen sich keine pauschalen Gegenüberstellungen von Kultur und Politik, von Gesellschaft und Staat begründen. Die Abgrenzungen sind fließend, Grau- und Zwischenzonen in ständiger Bewegung, die „Wanderungen" von Personen wie von Ideen zwischen den einzelnen Ebenen oftmals verwirrend. Kräftekonstellationen sind nicht ein für allemal festgeschrieben, sie unterscheiden sich zudem von Land zu Land. Oftmals oszillieren Entwicklungen in den offiziellen und nichtoffiziellen Sphären oder sie bedingen einander. Starre Definitionen treffen auf Schwierigkeiten, Wandlungen können abrupt erfolgen, „nichtoffizielle" Positionen sind auch in „offiziellen" Bereichen zu finden. Mit anderen Worten: der Versuch, individuelle Handlungsräume auszuloten, heißt keineswegs, Machtfaktoren und mögliche Leistungen der Systeme zu negieren oder gesellschaftliche Modernisierungsprozesse aus der Analyse auszuschließen. In kulturhistorischen Kontexten werden sie neu verortet. Die Samizdat-Kulturen schufen eigene Öffentlichkeiten, vielfach umschrieben als Teil- oder Gegenöffentlichkeiten, die mit der verordneten oder von der Zensur lizenzierten Öffentlichkeit in Konflikt standen. Doch hatten in den nachstalinschen Jahren auch die Inszenierungen der Systeme ihren monolithischen Zuschnitt verloren. Während die Ideologie verblasste, multiplizierten sich die Informationskanäle selbst über den „Eisernen Vorhang" hinweg. Die Öffentlichkeit der Macht wies längst Risse auf, um nun in ihrem fragmentierten Monopol durch die „Selbstverlage" provoziert zu werden. Im Spannungsfeld von „öffentlich" und „privat" birgt das Samizdat-Archiv eine Fundgrube an bislang nicht genutzten Quellenbeständen.

Die neue Zeit: Samizdat zwischen Vergessen und Erinnerung

Die Zäsuren von 1989 und 1991 schlossen die sowjetische Epoche in Europa ab. Das Archiv wurde zu einem historischen. Die Forschungen nahmen zeitgeschichtlichen Charakter an. Galten in der Euphorie der Zeit die Revolutionen als Einlösung lange geforderter Freiheitsideale, zeigten sich jedoch bald Realitäten voller Widersprüche. Wo die freie Rede eingeklagt worden war, schienen unerbittliche Marktgesetze das Geschehen zu diktieren. Wo soeben noch die Werte der Aufklärung triumphiert hatten, lagen plötzlich

György Konrád: *Staatsmensch und Zensur*, 1986

ebenso undurchschaubare wie harte Interessen im Widerstreit. Wo ein neues Recht die Privatsphäre schützen sollte, griff wilde Privatisierung um sich. Wo die Völker Osteuropas ihre Unabhängigkeit erkämpft hatten, feierte sich der Westen als „Sieger", um seine Regeln und Handlungsbedingungen nach Osten zu exportieren. Von den Regierungen der Länder selbst gerufen, wären ohne seine Hilfe die Probleme noch größer geworden. So standen die Kulturen und Gesellschaften der gesamten Region vor dem Dilemma, sich aus eigenen Kräften Freiräume errungen zu haben, aber nur eingeschränkt die Entscheidungshoheit darüber zu besitzen, mit welchen Inhalten diese Freiräume zu füllen wären. Verunsicherungen und Enttäuschungen mussten ebenso auftreten wie Rückfragen an die nationale Geschichte. Welche eigenen Ressourcen können mobilisiert, welche Erfahrungen aus den kulturellen Traditionen genutzt werden, um die neuen Wirklichkeiten nicht nur zu verarbeiten, sondern auch selbst in die Hand zu nehmen? Die Samizdat-Kulturen, die unter dem Druck der ökonomischen Umbrüche in den Hintergrund gerückt waren, werden aufs Neue erinnert werden und helfen, eigene Wege zu finden.

Zur Geschichte der Forschungsstelle

Idee und Planung

Der erste Anstoß, in Bremen eine Forschungsstelle Osteuropa ins Leben zu rufen, ist unmittelbar mit der Entstehung der Charta 77 in Prag verbunden. Noch im gleichen Jahr regte der frühere Direktor des tschechoslowakischen Fernsehens und nun Abgeordneter der italienischen Sozialisten im Europäischen Parlament, Jiří Pelikán, in einem Gespräch mit Willy Brandt an, in der Bundesrepublik ein wissenschaftliches Zentrum aufzubauen, das die Dokumente der Bürgerrechtsbewegungen in Ost- und Ostmitteleuropa sammeln und auswerten sollte. Der Altkanzler gab über Horst Ehmke, den damaligen Kanzleramtsminister, die Idee an die Ministerpräsidenten der Länder weiter. Bremens Bürgermeister Hans Koschnick meinte, dass es seiner neuen Universität gut anstehe, sich für die Freiheit des Wortes und Menschenrechte zu engagieren. In enger Abstimmung zwischen dem Staatssekretär des Wissenschaftssenators, Reinhard Hoffmann, und mir als dem Inhaber des Lehrstuhls für Zeitgeschichte und Politik Osteuropas begannen die Planungen, die im März 1979 zu einem ersten, international besetzten Projekttreffen in Bremen führten. Wer heute aus der Distanz eines Vierteljahrhunderts die frühen Arbeitspapiere liest, wundert sich über die Klarheit der Aussagen. Längst, so stellten die Teilnehmer der Konferenz fest, seien die oppositionellen Stimmen im sowjetischen Machtbereich zu einem „gesellschaftlichen Faktum" geworden, ohne das die gegenwärtigen Realitäten nicht zureichend verstanden und der weitere Gang der Geschichte nicht mehr eingeschätzt werden könnten. Über eine Fülle von Einzelstudien, die die Rolle des Samizdat Land für Land untersuchten, wurde ein umfassender Forschungsantrag vorbereitet, der die Startfinanzierung ermöglichen sollte. Aus aller Welt meldeten sich Wissenschaftler, Intellektuelle und Bürgerrechtler zu Wort, um das Vorhaben zu unterstützen. Leszek Kołakowski schrieb von einer „großartigen, sehr wichtigen Initiative", die für die Analyse Europas „unentbehrlich" sei. Der Schriftsteller und Literaturwissenschaftler Eduard Goldstücker, die Historiker Aleksandr Nekrič und Gordon Skilling, der Direktor der Hoover Institution, Richard Staar, die Ökonomen Ota Šik, Jiří Kosta und Włodzimierz Brus, der Politikwissenschaftler Iring Fetscher oder Boris Weil als „ehemaliger politischer Häftling", um nur einige wenige Beispiele zu nennen, äußerten sich nicht weniger engagiert.

Widerstände und Gründung

Dennoch kam das Projekt 1980 ins Stocken. Vor dem Hintergrund der aufbrechenden Solidarność-Bewegung in Polen einerseits und der Verschlechterung des weltpolitischen Klimas (Afghanistan, Wettrüsten) andererseits befürchteten Spitzenpolitiker der Bonner Regierungskoalition, die Gründung des Bremer Archivs könne dem deutschen Bemühen um Sicherheit und Entspannung nur schaden und bei den Partnern in Osteuropa als falsches Signal begriffen werden. Es war der Berliner Gelehrte Richard Löwenthal, der seinen ganzen Einfluss geltend machte, um die Widerstände beiseite zu räumen. Hans Koschnick stand zu seinem Projekt. So konnte im März 1981 endlich der Antrag an die Volkswagenstiftung gerichtet werden – die Mittel in Höhe von fast 3 Millionen DM wurden noch im Juli des gleichen Jahres bewilligt. Indem sowohl der Aufbau eines Archivs als auch die Initiierung von Forschungsvorhaben anvisiert wurden, war das Aufgabenprofil des Instituts weit gefasst. Kulturelle Welten sollten gegenüber den politischen nicht vernachlässigt werden. Ausgrenzungen wurden verworfen. Das Interesse galt systemkritischen, Tabus sprengenden und innovativen Ansätzen auf allen Ebenen, auch innerhalb der Systeme selbst. Mit der Frage nach den Handlungsmöglichkeiten gesellschaftlicher Gruppen oder Einzelner war auch die Wandlungsfähigkeit der sowjetischen Ordnungen angesprochen. „Die Formen der kritischen und unabhängigen Artikulation reichen vom politischen Traktat bis zur Abkehr von aller Politik, von pragmatisch orientierten Schriften bis zur Poesie, von der Notiz eines Chronisten bis zur ausgefeilten wissenschaftlichen Analyse, von Lagerberichten bis zur Konstruktion einer fiktiven Welt, von einem Akt des Aufbegehrens bis zur philosophischen Abstraktion." (Antrag von 1981)

Bis zum Start der Arbeit mussten dennoch weitere Stationen durchlaufen werden. Als Stiftung dreier Bundesländer – der Städte Bremen und Hamburg und Nordrhein-Westfalens – sollte die Forschungsstelle ein „Institut an der Universität" werden. Hintergedanke war, ihr angesichts des sensiblen Gegenstandes eine rechtliche und institutionelle Eigenständigkeit zu sichern, die politische Einflussnahme von außen so weit wie möglich auszuschließen versprach. Nach Zustimmung der akademischen Gremien beschloss die Bremische Bürgerschaft am 10. Dezember 1981 die Errichtung der Stiftung. Auf dem Wege zu dieser Sitzung nahm mich der Senator für Wissenschaft und Kunst beiseite, die polnische Botschaft habe soeben Bedenken erhoben, der Entscheidungsprozess werde

Aleksandr Solženicyn: *Der erste Kreis der Hölle*, 2. Hälfte der 1960er Jahre

davon aber nicht mehr berührt. Am 13. Dezember wurde in Polen das Kriegsrecht verhängt, Solidarność verboten und hunderte von Bürgerrechtlern inhaftiert. Am 16. Dezember tagte erstmals der Vorstand des Instituts, um mit Dietrich Geyer, Richard Löwenthal, Efim Etkind, Oskar Anweiler, Włodzimierz Brus, Richard Lorenz und Heinrich Vogel einen international hoch anerkannten Wissenschaftlichen Beirat zu berufen. Am 3. Mai 1982, einem Montag, war es soweit: die Forschungsstelle nahm ihre Arbeit auf.

„Bremer Diversanten"

Was sich vorher schon abgezeichnet hatte, brach nun in aller Schärfe auf. Bei Hans Koschnick wurden die Botschafter Polens und der Sowjetunion vorstellig, um ihr „Nein" zum Ausdruck zu bringen. Die Universität Danzig erklärte, so hieß es, auf Anweisung aus Warschau, die bis 1981 blühenden Beziehungen zur Bremer Universität „einfrieren" zu müssen. Die Forschungsstelle wurde als Störfaktor hingestellt, was auch in der Hansestadt zu Kontroversen führte. Sollte den Argumenten von Diktaturen um der guten Nachbarschaft willen nachgegeben werden? Hatte ein Institut das Recht, die ganze Alma Mater in Mitleidenschaft zu ziehen? An Kapriolen fehlte es nicht. Eine Delegation aus Danzig, die in Bremen weilte, lehnte es ab, die Universität zu besuchen, da sie der Forschungsstelle wegen unter Quarantäne stand, besuchte aber die Forschungsstelle, da diese als eigenständige Körperschaft nicht unter das Kontaktverbot falle. Wenig später weilte eine polnische Professorin an der Weser, um mir gegenüber in vollendeter Form gegen das Archiv zu protestieren. Nach abrupter Beendigung des Gesprächs fügte sie hinzu, das sei der offizielle Teil gewesen. Persönlich, also außerhalb des Protokolls, wolle sie mir sagen: „Machen Sie weiter. Sie leisten eine wunderbare Arbeit."

In der polnischen wie sowjetischen Presse geriet die Forschungsstelle in die negativen Schlagzeilen. *Novoe vremja* (Neue Zeit) schrieb im Mai von „Bremer Diversanten", die „aus Geldern der US-Geheimdienste gespeist" würden. Die Bundesregierung solle mal die Schlussakte von Helsinki „genauer lesen", um zu erkennen, dass man sich aller „Tätigkeiten" enthalten müsse, die „auf den gewaltsamen Umsturz des Regimes" in anderen Staaten zielen. In der *Literaturnaja gazeta* (Literaturzeitung) sorgte sich der Autor um den guten Ruf Bremens, das bislang von München, „der Wiege des Hitlerismus", Abstand gehalten habe. Nun sei die Partnerstadt Danzig „zur ‚Hauptstadt' der Konterrevolution erkoren" worden, „organisiert und finanziert vom imperialistischen Westen", während Bremen offenbar mit München konkurrieren wolle. Ernster als solche Polemik war das Ansinnen der Warschauer Führung, Einblick in die internen Arbeitsberichte der Forschungsstelle zu bekommen, um sich, wie es hieß, von der Harmlosigkeit des Instituts selbst überzeugen zu können. Aus grundsätzlichen Erwägungen der Wissenschaftsfreiheit lehnte die Bremer Seite letztendlich ab. Mitte der achtziger Jahre wurde die Forschungsstelle in einem Kooperationsvertrag zwischen den Sicherheitsdiensten der UdSSR und der DDR als Einrichtung genannt, die es zu überwachen gelte. Im Sommer 1985 wurde ich aufgrund meiner Freundschaft mit Historikern und Schriftstellern der Dissidentenszene aus der Tschechoslowakei ausgewiesen. Mit der Sprecherin der Charta 77, Anna Šabatová, hatte ich mich auf einem Spielplatz getroffen, um ihren „ständigen Begleitern" die Ausrichtung der Richtmikrophone im Getümmel und Stimmengewirr der Kinder zu erschweren.

Die tägliche Arbeit

Die tägliche Forschungsarbeit des Instituts entwickelte sich so erfolgreich, dass es 1986 in die gemeinsame Finanzierung aller Bundesländer übernommen wurde. Die Kulturhoheit der Länder diente auch als Schutz gegen unsinnige Attacken von außen. Marion Gräfin Dönhoff hatte sich sehr für die neue Einrichtung eingesetzt. In Zusammenarbeit mit der Universität wurden Gastprofessoren aus Mitteleuropa nach Bremen eingeladen, so die beiden Prager Historiker Jan Křen und Václav Kural, die beide Berufsverbot hatten und gezwungen waren, sich als Hilfsarbeiter zu verdingen, aber auch der im Wiener Exil lebende Politologe und frühere Sekretär der KPČ Zdeněk Mlynář oder Mihály Vajda, Philosoph der „Budapester Schule", allesamt Autoren im Samizdat. Das Eintreffen erster Archivmaterialien kam einem großen Ereignis gleich. Es waren tschechische, maschinengeschriebene Buchausgaben, denen bald Bulletins, Zeitungen, ganze Papierberge aus Polen in gedruckter oder hektographierter Form folgten. Aus Ungarn brachte ich selbst Underground-Journale mit. Im Zug verschraubte ich sie hinter Toilettenspiegeln, um sie jenseits der österreichischen Grenze wieder hervorzuholen. Wer sich heute der Umstände erinnert, unter denen vor gerade zwanzig Jahren Informations- und Kommunikationswege in Europa organisiert werden mussten, sieht sich in andere Epochen versetzt. Es galt, Beschaffungskanäle zu etablieren, die, wenn möglich, bestehende gesetzliche Regelungen nicht verletzten, höchstens umgingen. In jedem Fall jedoch sollten mit Rücksicht auf die Politik Skandale vermieden werden. Das eigene

Schmuggeln blieb die absolute Ausnahme. Stattdessen versuchte die Forschungsstelle, über die Zentren der Emigration in Paris, London, Köln, München, Kopenhagen oder Rom Materialien zu besorgen oder gar in den jeweiligen Ländern zu bestellen. In die Tschechoslowakei und nach Polen wurden wiederum über Zwischenstationen in Drittländern Erwerbungsschienen aufgebaut, die nicht schlecht funktionierten. Liebespaare, die auf ihren mit verbotenen Schriften gefüllten Rucksäcken schliefen, erwiesen sich als zuverlässige Boten, Danzig – London als geeignete Schiffspassage. Mit höherem Risiko behaftet war das Sammeln in den Ländern selbst. Oft wurden nur Kontakte geknüpft, der Transport aber anderweitig organisiert. Den diplomatischen Vertretungen fiel dabei eine Schlüsselrolle zu. Nicht zu Unrecht sind die stillen Tätigkeiten einzelner Kulturattachés in Prag, Warschau oder Moskau bis heute legendär. Mittelspersonen und Aktivisten des Samizdat aber kamen auch nach Bremen oder Berlin, Politiker, Wissenschaftler und Journalisten halfen. Die Post brachte manche Überraschungen, so dass, wie ein erster Katalog der polnischen Bestände dokumentiert, noch in der „alten Zeit" vor 1989 ein beachtlicher Archivbestand zusammengetragen wurde.

Die Forschungsstelle im Jahr 1989

Die Perestrojka in der Sowjetunion veränderte die Koordinatensysteme auch für das Sammeln von Material. 1987 konnte immerhin schon gewagt werden, Kassetten von inoffiziellen Rockkonzerten mit über die Grenze zu nehmen – die Zollbeamten hörten zwar in die Musik hinein, fanden sie abscheulich, tuschelten miteinander, aber gaben sie zurück. 1988 wuchs die Flut informeller Schriften an, um mir doch noch unter halbkonspirativen Bedingungen in Moskauer Akademie-Instituten übergeben zu werden. Ich meinerseits bezahlte mit Aufnahmegeräten. Bald aber konnten Flugblätter, vervielfältigte Journale, Computerausdrucke und Broschüren auf der Straße erworben werden. Die Botschaft hatte nicht mehr vereinzelte Briefe, sondern ganze Pakete per Diplomatenpost nach Bremen zu schicken. Während das Risiko nicht länger in den Verboten bestand, wurden die Massen an Material zu einem umso größeren Problem. Schon 1989 transportierten wir offen im Reisegepäck dicke Bände aus dem alten Samizdat ebenso wie unzensierte Schriften aus laufender Produktion. Mit dem Fallen der Tabus gewannen die Versteckspiele früherer Zeiten einen ersten Hauch von Nostalgie. Gleiches gibt es aus Mitteleuropa zu berichten. Hier stand die Forschungsstelle seit 1986/87 nicht mehr vor der Schwierigkeit, Materialien auf verborgenen Wegen aufspüren zu müssen, sondern umgekehrt vor dem Dilemma, die überbordende Flut an Informationen, Ereignissen und Papieren nur in Bruchteilen aufnehmen zu können. Auch ein Institut von der mehrfachen Größe wäre in seinen Speicherkapazitäten überfordert gewesen. Geschaffen, um individuellen Schicksalen und Bürgerrechten nachzugehen, um Nischen und Mikrowelten zu studieren, sah sich die Forschungsstelle unvermittelt in einer Situation, in der sie Revolutionen von historischem Rang zu analysieren hatte. Dass diese sich auch (gewiss nicht allein) aus Erfahrungen und kulturellen Bewegungen entwickelten, denen sich das Bremer Institut frühzeitig verschrieben hatte, schenkte ein forschungspolitisches Hochgefühl, das die tägliche Arbeit beflügelte.

Immerhin konnten die Umbrüche von 1989 und die friedlichen Formen, in denen sie sich vollzogen, als Bestätigung des Archivkonzeptes verstanden werden, das zehn Jahre zuvor gegen beträchtliche politische Zweifel erst hatte durchgefochten werden müssen. Nun kam Gábor Demszky, einstiger Kopf des Budapester Samizdat, selbst nach Bremen, um Materialien zu überbringen – kein Jahr später war er Oberbürgermeister seiner Stadt. Und Miloš Hájek, einst im Widerstand gegen die deutsche Okkupation, in den achtziger Jahren Sprecher der Charta 77, schenkte bei seinem Besuch in der Hansestadt dem Archiv mehrere Nummern der *Historischen Studien*, die er gemeinsam mit anderen im Prager Untergrund herausgegeben hatte. Wie die Gäste- und Besucherlisten dokumentieren, wurde die Forschungsstelle zu einer Drehscheibe für Intellektuelle und Politiker des östlichen Europas, die alle auf der Basis der Sammlungen hier ihre neue geschichtliche Situation erörtern wollten, darunter der Schriftsteller Vladimir Dudincev, der 1956 die sowjetische Literaturpolitik mit seinem Buch „Der Mensch lebt nicht vom Brot allein" erschüttert hatte, Anna Larina, die Frau Nikolaj Bucharins, der 1938 hingerichtet worden war, natürlich Sergej Koval'ev als legendärer Bürgerrechtler, der Mitgründer und Direktor von MEMORIAL Arsenij Roginskij, der tschechische Autor und heutige Präsident des Internationalen P.E.N.-Clubs Jiří Gruša, der polnische Lyriker Adam Zagajewski, die später ermordete Ethnologin Galina Starovojtova, der faszinierende Historiker Michail Gefter, die beiden Außenminister Jiří Dienstbier und Władysław Bartoszewski, Andrej Sinjavskij aus Paris oder Russlands späterer Kulturminister Michail Švydkoj, um nur einige wenige Namen zu nennen.

Forschungsstelle Osteuropa nach der Wende

Der Zusammenbruch der alten Ordnungen eröffnete ungeahnte Möglichkeiten, die Archivbestände auszubauen, neue Kollektionen zu erwerben und vorhandene zu vervollständigen. Es galt, bei Archivreisen Quellen überhaupt erst einmal zu sichern und Spuren ausfindig zu machen, die zu weiteren Materialien führen könnten. So weit verzweigt und vielfach verborgen die Welten waren, die nun „gehoben" und aufbewahrt werden sollten, so groß waren mitunter die Überraschungen, die zu neuen Funden führten. Dabei zahlte sich der Grundsatz aus, in den jeweiligen Ländern nicht mit einheimischen Initiativen in Konkurrenz zu treten, sondern mit ihnen am gleichen Strang zu ziehen und als Partner zu kooperieren. Aufgrund seines länderübergreifenden Profils hatte das Bremer Archiv die Chance, zu einem Ort zu werden, der einzigartige Schätze der jüngsten europäischen Kulturgeschichte barg.

Gleichzeitig faszinierte die postsowjetische Gegenwart in allen ihren Transformationswirren. Das Institut entschied sich daher, parallel zu seiner Samizdat-Forschung einen zweiten Arbeitsbereich zu etablieren, der den aktuellen Entwicklungen in Kultur und Politik gewidmet ist. Dazu gehören Forschungs- und Publikationsprojekte, die sich u.a. mit Aspekten der Erinnerungskultur und Vergangenheitspolitik, aber auch der neuen Sprache, politischen Symbolik oder der Rechtskultur in Osteuropa auseinandersetzten. Einen besonderen Schwerpunkt bilden die Wechselwirkungen von Wirtschaft und Kultur, zu denen allein acht Bände herausgegeben wurden. Die „Länder-Analysen" für Russland, die Ukraine und Polen sowie „Kultura" für die russische Kultur thematisieren Hintergründe zu laufenden Ereignissen. Über Jahre engagierte sich die Forschungsstelle in dem Versuch, zwischen Russland und Deutschland in der strittigen Frage der „Beutekunst" auf einen Ausgleich hinzuarbeiten. Aufsehen erregten Bremer Studien, die nicht nach den deutschen, sondern nach den russischen und ukrainischen Kulturverlusten während des Krieges fragten.

Erwerbung von Nachlässen

Zurück zu dem Archiv. Anfang der neunziger Jahre übergab Lev Kopelev die ersten Teile seines außergewöhnlich wertvollen Privatarchivs (und das seiner Frau) der Forschungsstelle. Berge von Manuskripten, Briefen, persönlichen Aufzeichnungen und Tagebüchern, Photographien, Presseartikeln und Filmdokumenten, die mehr als ein halbes Jahrhundert umspannten, folgten. Auf die Frage, warum er sich für Bremen entschieden habe, meinte der Friedenspreisträger des Deutschen Buchhandels, hier habe er „das größte Verständnis für das Leben im osteuropäischen Raum, (...) das meiste überparteiliche, vorbehaltlose Verständnis" gefunden. In der Geschichte des Instituts war die Schenkung ein Ereignis, das Weichen stellte. Der Kopelevsche Fonds wirkte wie ein Magnet. Er zog weitere Nachlässe nach. Binnen weniger Jahre explodierte das Bremer Archiv. Und dies umso mehr, als 1995 mit Gabriel Superfin ein Mitarbeiter für die Forschungsstelle gewonnen wurde, der – selbst aus der Sowjetunion kommend, einstmals als Dissident auch inhaftiert gewesen und immer schon ein passionierter Archivar – die Personen, die Szenen, die Materialien und die Wege, weitere Schätze aufzuspüren, wie kein anderer kannte.

Zu den Zeugnissen des Samizdat traten neue Quellengattungen. Nachlässe, oft zerschnitten durch Ausbürgerung oder Emigration, kamen in Gänze oder in Fragmenten. Dokumentenbestände von Bürgerrechtlern finden ihre Ergänzung in Beständen von Schriftstellern, Kritikern und Publizisten, von Kirchenvertretern und Gläubigen, von Wissenschaftlern, Musikern und Theaterleuten, so von Vladimir Bukovskij, Vladimir Maksimov, Georgij Vladimov oder Vladimir Vojnovič. Neben individuellen Beständen stehen Akten von Körperschaften, Redaktionen und Vereinigungen. Über die mehr als 400 Bestände haben sich in Bremen unikale Unterlagen zu tausenden von Repräsentanten des intellektuellen Lebens Osteuropas angesammelt. Aufzeichnungen Unbekannter, Kollektionen von Kinderbüchern oder Gegenstände aus Alltag und Lager treten hinzu. In der Summe wird eine Welt der europäischen und insbesondere russischen Kultur sichtbar, die in ihrer Vielfalt und Differenzierung immer wieder neue und überraschende Aspekte birgt. Für die Forschung stellen sie eine wahre Fundgrube dar. Nachlässe von Künstlern und Künstlergruppen (von „Lianozovo" bis Vadim Sidur und Boris Birger) brachten nicht nur persönliche Papiere und Korrespondenzen ins Archiv, sondern auch Skizzen, Graphiken, Collagen, Drucke und Photographien, so dass sich die Bestände an – zumeist kleineren – Werken der bildenden Kunst beträchtlich erhöhten. Zusammen mit den Sammlungen, die seit den achtziger Jahren aus allen Ländern erworben wurden, hat sich heute in der Forschungsstelle ein eigener Kunstbereich herausgebildet, der faszinierende Informationen über neue Stil- und Ausdrucksformen enthält. An Schenkungen und Kaufangeboten fehlt es derzeit nicht. Von Land zu Land finden sich dabei unterschiedliche Schwerpunktsetzungen, die oft Zufällen, unerwarteten Gelegenheiten und – in der sowjetischen Zeit – den besonderen Erwerbungskanälen geschuldet sind.

Samizdat-Ausstellung, Akademie der Künste in Berlin, 2000

Die Samizdat-Ausstellung

Im September 2000 wagte sich die Forschungsstelle in Neuland vor: Aus ihren Beständen organisierte sie in der Akademie der Künste in Berlin die Ausstellung „Samizdat. Alternative Kultur in Zentral- und Osteuropa: Die 60er bis 80er Jahre". 2002 wurde sie von dem Nationalmuseum in Prag und dem Europäischen Parlament in Brüssel, 2004 von dem Millenáris Park in Budapest übernommen. Ziel war es, die schon halb vergessenen Widerstandskulturen in das europäische Gedächtnis zurückzurufen und an die ebenso freche wie unerschöpfliche Phantasie der „Macht der Ohnmächtigen" (Václav Havel) zu erinnern, die die Umbrüche von 1989 in ihrer friedlichen Struktur erst möglich gemacht hat. Gezeigt wurde das Gesamtspektrum der alternativen Kulturen von verbotenen Bildern bis zu verfolgten Romanen, von Kassibern aus den Gefängnissen bis zu Menschenrechtschroniken, von Künstlerbüchern bis zu Texten jugendlicher Protestsongs. In seinem Design setzte der Budapester Architekt László Rajk dem „Archipel GULag" seinen Archipel des Samizdat gegenüber, indem er die Vitrinen als schwebende Inselwelt entwarf. Das Echo in den Medien und der Öffentlichkeit war überraschend groß: „Die neue Generation zieht den Hut vor der alten", heißt es in einem Besucherkommentar. In Berlin kamen über 6.000, in Budapest über 10.000, in Prag über 76.000. Zu hunderten trafen sich frühere Dissidenten und Bürgerrechtler, darunter Václav Havel, Árpád Göncz, Larisa Bogoraz, Petr Uhl, Petr Pithart, Jens Reich, Ulrike Poppe, Aleksandr Ginzburg, Jiřina Šiklová, Władysław Bartoszewski, Rudolf Slánský, um nur einige Namen zu nennen. Erstmals in der Forschungsliteratur steckte ein umfangreicher Katalog den kulturgeschichtlichen Rahmen ab und entwarf länderübergreifende, vergleichende Blickweisen auf das breit gefächerte Material. In Nachfolge der Ausstellung gab die Kuratorin Heidrun Hamersky eine Edition „Gegenansichten. Fotografien zur politischen und kulturellen Opposition in Osteuropa 1956 bis 1989" heraus.

Václav Havel: *Sehr geehrter Herr Doktor!*
Offener Brief an Gustáv Husák, Prag 1975

Forschungsarbeiten zum Samizdat

Von seiner Gründung an initiierte das Bremer Institut eigene Forschungsarbeiten zur Geschichte und den Spielarten des Dissens. Alle Vorhaben – die zeitgeschichtlichen ebenso wie die literaturwissenschaftlichen – folgten hierbei der Prämisse, die unabhängigen Szenen als Teil eines gemeinsamen kulturellen Kontextes zu begreifen. Ein erster Sammelband „Auf der Suche nach Autonomie" (1986) präzisierte dieses Anliegen am Beispiel von Fallstudien. Im gleichen Jahr entwarf György Dalos in seinem Buch „Archipel Gulasch" eine Skizze der ungarischen Opposition, mir ging es in „Geschichte und Gesellschaft" darum, die ganze Bandbreite „abweichenden Denkens in der Sowjetunion" ausfindig zu machen. Während Ivo Bock die tiefe „Spaltung" der tschechischen Literatur in den zwanzig Jahren zwischen 1968 und 1989 nachzeichnete, widmete sich Wolfgang Schlott der Realitätsverarbeitung und „fiktionalen Krisenbewältigung" in der polnischen Prosa der Gegenwart. Dietrich Beyrau fragte nach der Bedeutung und Funktion des „Dissens" in der Geschichte der sowjetischen Intelligenz, Melanie Tatur analysierte die gesellschaftlichen Hintergründe und Wirkungen der Solidarność, Leonid Luks untersuchte die Rolle der katholischen Kirche als kultureller Gegenmacht im Nachkriegspolen. Dem Genre der Künstlerbücher, die im kulturellen Untergrund in der Sowjetunion erschienen, wandten sich Sabine Hänsgen und Georg Witte in ihrem Band „Präprintium" zu.[1]

Nachdem sich die Arbeitsschwerpunkte vorübergehend in die Dramatik des Zeitgeschehens verlagert hatten, kehrte die Forschungsstelle über die Samizdat-Ausstellung wieder in die Geschichte des Dissens zurück. Das Archiv hatte dafür gesorgt, dass sie niemals ganz aus dem Blick geraten war. Nun baute die Forschungsstelle mit Partnerinstituten in Prag, Posen, Warschau, Budapest und Moskau einen Forschungsverbund auf, der – 2006 von der Volkswagenstiftung bewilligt – im Januar 2007 seine Arbeit aufnahm: „Das andere Osteuropa – die 1960er bis 1980er Jahre. Dissens in Politik und Gesellschaft, Alternativen in der Kultur". Während es nationale Arbeitsprogramme zur eigenen Vergangenheit in den meisten Ländern gibt, fehlt es bislang an vergleichenden wie an transnationalen Studien, die den gesamten „Block" oder die historische Region übergreifen. So unverwechselbar die einzelnen Länderprofile, so aufregend die Beobachtung, dass die „Philosophie" und die Aktionsformen des Dissens nationale Grenzen überschritten. In diese Forschungslücke stößt das eben begonnene Projekt, indem politische und kulturelle „Diskurse in den unabhängigen Öffentlichkeiten", „Lebenswege im Samizdat" und „Politiken der Zensur" untersucht werden. Erste Länder des Vergleichs sind die Sowjetunion, die Tschechoslowakei, die DDR, Polen und Ungarn. Doch sollen neben Rumänien und Bulgarien auch Staaten, die aus dem Zerfall der alten Ordnung hervorgegangen sind, wie Litauen und die Ukraine, in eigenständiger Weise eingebaut werden. Das Projekt lädt daher Einzelforscher und Institutionen ein, sich dem Verbund zu assoziieren und mit ergänzenden Fragestellungen zu Wort zu melden. Wie einst die Widerstandskulturen des östlichen Europas einen Innovationsschub in der realen Geschichte auslösten, so könnte heute die Forschung über sie Pilotcharakter im Aufbau einer vergleichenden Zeit- und Kulturgeschichte für die Region haben.

[1] Titel siehe Publikationsliste S.161

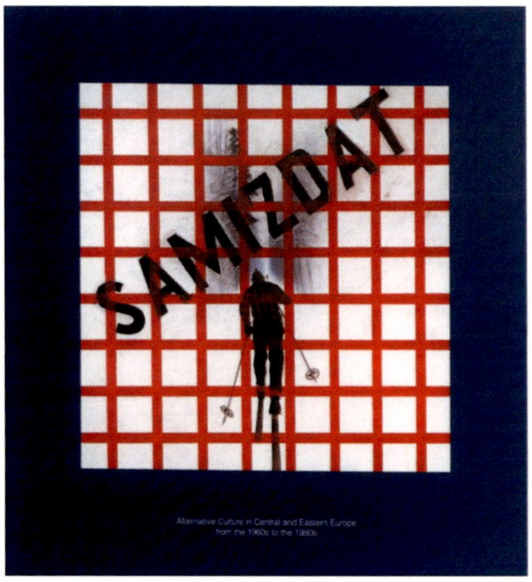

Katalog der Samizdat-Ausstellung, Akademie der Künste in Berlin, 2000

Samizdat in der Geschichte

Vor allem aber ermöglichen die Projekte eine systematische Auswertung all jener Quellenbestände, die über ein Vierteljahrhundert in dem Bremer Archiv zusammengetragen wurden. Indem sie Auskunft über persönliche Schicksale und Menschenrechtsverletzungen geben, kulturelle Strömungen repräsentieren Bruchstellen von Diktaturen offenlegen, sind sie eine Wissensquelle ersten Ranges. Aber sie sind mehr als das. Was vor fünfundzwanzig Jahren eine unscheinbare, oft schon vergilbte sechste Kopie einer Abschrift war, kaum noch zu lesen, die ihre Autoren verstecken mussten, um sie doch an die Öffentlichkeit zu bringen, ist heute aus dem „kulturellen Erbe" Europas nicht mehr wegzudenken. Überlebt haben in den Samizdat-Kulturen nicht nur große Werke der europäischen Literatur und Kunst. Sie haben auch dazu beigetragen, die Teilung des Kontinents zu überwinden und der europäischen Nachkriegsgeschichte eine zivile Option zu geben. Geschichte wurde im wahrsten Sinn des Wortes neu geschrieben. Im Archiv der Forschungsstelle finden sich die Belege.

Dank

An dem Aufbau des Archivs haben viele mitgewirkt. Ihnen allen ist zu danken. Der erste Dank aber gilt jenen, die in der Welt des Samizdat geschrieben, gearbeitet und ausgestellt haben. Ihr Mut hat mehr bewirkt als nur die Gründung eines Archivs.
In Bremen waren es Erika Rissmann und Angela Murche-Kikut, die ihre ganze Arbeitskraft über mehr als zwei Jahrzehnte dem Archiv verschrieben haben. Heute führt Karina Garsztecka diese Arbeit fort. Gabriel Superfin trägt hier zusammen, was er in Russland als Kultur selbst mitbegründet hat. Um sie alle herum gruppiert sich ein Kreis von Zuarbeiterinnen und Zuarbeitern innerhalb und außerhalb der Forschungsstelle, von Gebern, Mittelspersonen, Sammlern und Helfern auch in den Ländern selbst, Netzwerke, die oftmals im Stillen arbeiten, aber doch funktionieren müssen, um eine solche Einrichtung überhaupt möglich zu machen.

Zu danken ist schließlich jenen, die dem Archiv ihre Zeugnisse, Sammlungen und Nachlässe anvertraut haben. Die Forschungsstelle wird sie „aufbewahren für alle Zeit".

Bestände nach Ländern

Kurzporträts

UdSSR/Russland

Gasan Gusejnov

Die russische Abteilung des Bremer Archivs sammelt zu Fragen der kulturellen, politischen und gesellschaftlichen Entwicklung in der Sowjetunion, in Russland und anderen Nachfolgestaaten sowie in der Emigration. Ihr Material lässt sich chronologisch bzw. der Herkunft nach in vier Gruppen einteilen:

- den „klassischen" Samizdat (1954 –1987) sowie dokumentarisches Material aus Kreisen der Dissidenten und der alternativen Kulturszenen,
- die informelle Presse und nichtoffizielle Dokumente aus der Ära der Perestrojka (1987–1991),
- Materialien aus der Zeit nach 1991 (auch aus der Ukraine, Belarus und den baltischen Republiken),
- persönliche Nachlässe aus der Sowjetunion und der russischen Emigration sowie Bestände von Körperschaften.

Der Hauptteil der Archivmaterialien stammt aus der zweiten Hälfte des 20. Jahrhunderts, doch reicht die Sammlung bis in die Zeit von Revolution und Bürgerkrieg (1917–1921) und in die 1920er und 1930er Jahre zurück. Sie wird laufend ausgebaut, wobei in jüngster Zeit auch Materialien aus dem Internet und E-Mail-Korrespondenzen aufgenommen werden. Anfang 2008 enthielt das Archiv mehr als 500 Bestände (Fonds; russisch „fondy").

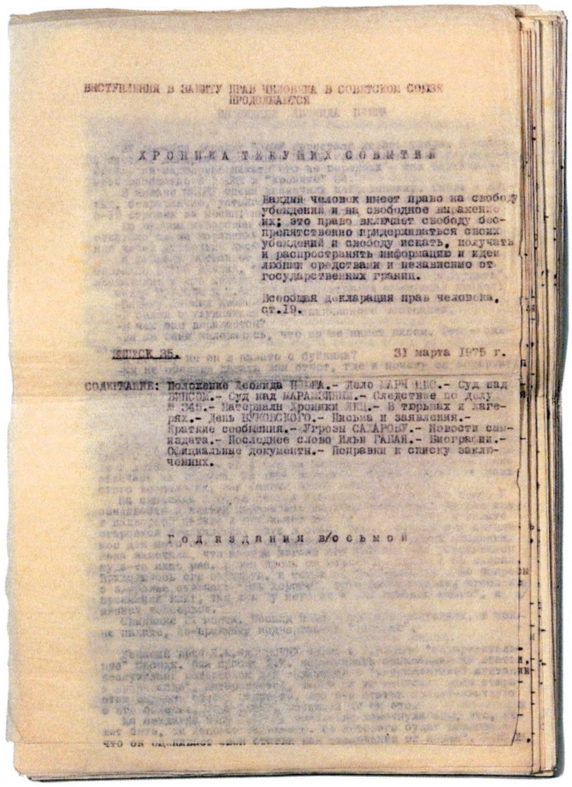

ВЫСТУПЛЕНИЯ В ЗАЩИТУ ПРАВ ЧЕЛОВЕКА В СОВЕТСКОМ СОЮЗЕ ПРОДОЛЖАЮТСЯ

Х Р О Н И К А Т Е К У Щ И Х С О Б Ы Т И Й

Каждый человек имеет право на свободу убеждения и на свободное выражение их; это право включает свободу беспрепятственно придерживаться своих убеждений и свободу искать, получать и распространять информацию и идеи любыми средствами и независимо от государственных границ.

Всеобщая декларация прав человека, ст.19.

Выпуск 35. 31 марта 1975 г.

СОДЕРЖАНИЕ: Положение Леонида [illegible].- Дело [illegible].- Суд над [illegible].- Суд над [illegible].- Следствие по делу № 345.- Материалы Хроники [illegible].- В тюрьмах и лагерях.- День [illegible].- Письма и заявления.- Краткие сообщения.- Угрозы САХАРОВУ.- Новости самиздата.- Последнее слово [illegible].- Биографии.- Официальные документы.- Поправки к списку заключенных.

Г о д и з д а н и я в/о с ь м о й

Chronik der laufenden Ereignisse, Nr. 35, 1975

Vadim Zacharov und Georgij Kizeval'ter: *Durch die Ateliers*, Moskau 1983

Das thematische Profil der Sammlungen

Menschen- und Bürgerrechtsbewegung

Die Geschichte des Widerstands hat viele Wurzeln. Zu ihnen gehören Appelle Einzelner oder kleiner Gruppen an Staat und Partei, die Verfassung und Gesetze des eigenen Landes zu respektieren, aber auch Aufrufe an die Weltöffentlichkeit. Wichtige Informationen liefern Gerichtsprozesse; das Archiv besitzt beispielsweise Materialien aus den Verfahren gegen den Dichter und späteren Nobelpreisträger Iosif Brodskij [1964; F. 3], gegen die Schriftsteller Julij Daniėl' und Andrej Sinjavskij [1966; F. 81, 86, 103, 166 u.a.] und gegen die sogenannten „Vier", Jurij Galanskov, Aleksej Dobrovol'skij, Aleksandr Ginzburg und Vera Laškova, die eine erste Protestbewegung gegen die staatliche Repressionspolitik initiierten [1968; F. 30.19, 30.87 u.a.].

1968 gründete die Lyrikerin Natal'ja Gorbanevskaja die *Chronika tekuščich sobytij* (Chronik der laufenden Ereignisse), die zum bekanntesten Periodikum im sowjetischen Samizdat werden sollte. Bis zu ihrer Einstellung 1982 infolge von Unterdrückungsmaßnahmen berichtete sie über tausende von Menschenrechtsverletzungen, über Aktivitäten von Bürgerrechtlern und Widerstandshandlungen in der gesamten Sowjetunion. Ausgaben der *Chronika* finden sich in vielen Beständen [F. 1, 5/1. 40, 79, 93 u.a.].

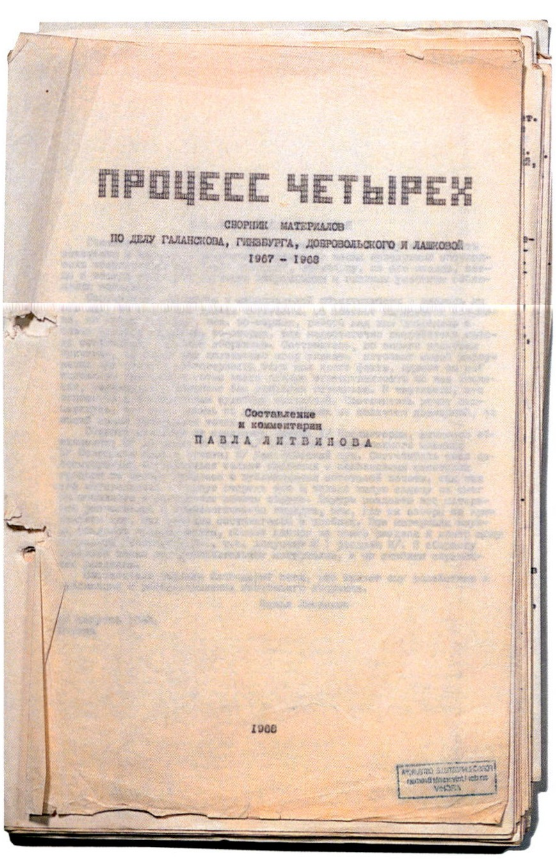

Prozess der Vier. Materialsammlung zum Prozess gegen Jurij Galanskov, Aleksandr Ginzburg, Aleksej Dobrovol'skij und Vera Laškova, 1968

Gut dokumentiert sind die Entstehung und Tätigkeit von Menschenrechtsgruppen seit 1969, insbesondere der *Iniciativnaja gruppa zaščity prav čeloveka v SSSR* (Initiativgruppe für die Verteidigung der Menschenrechte in der UdSSR), der sowjetischen Sektion von *Meždunarodnaja amnistija* (Amnesty International), der *Moskovskaja Chel'sinkskaja gruppa* (Moskauer Helsinki-Gruppe; F. 1, 42, 78, 81) und des *Christianskij komitet zaščity prav verujuščich* (Christliches Komitee zum Schutz der Rechte der Gläubigen; F. 1, 5/1.2). Da die Initiativgruppe der erste formelle Zusammenschluss von Bürgerrechtlern in Osteuropa war, besitzt sie eine besondere historische Bedeutung.

Eine spezifische Variante sind Appelle und Erklärungen aus dem Samizdat, die in westliche Medien gelangten und von dort – über die Vermittlung russischsprachiger Zeitungen und Rundfunksender – in die Sowjetunion zurückkehrten. Im Bremer Archiv gehört dazu beispielsweise ein Brief an die sowjetische Staats- und Parteiführung, mit dem Larisa Bogoraz am 1. August 1968 gegen die Verhaftung Anatolij Marčenkos protestierte [F. 129]. Am 25. August 1968 schrieb Anatolij Jakobson anlässlich der Verhaftung von Demonstranten, die auf dem Roten Platz gegen den Einmarsch der sowjetischen Truppen in die Tschechoslowakei protestiert hatten, einen offenen Brief. In einem anderen Schreiben an den Generalsekretär des ZK der KPdSU, Leonid Brežnev, protestierte Irina Emel'janova 1970 gegen das Todesurteil, das über Ėduard Kuznecov verhängt worden war [F. 127].

Am Beispiel des Nachlasses der Familie Bukovskij [F. 96] lassen sich die Möglichkeiten, mit Hilfe der Bremer Sammlungen Geschichte zu rekonstruieren, eindrucksvoll aufzeigen. Die Materialien sind ein Geschenk der Schwester des Menschenrechtlers Vladimir Bukovskij, dessen Freilassung aus der Haft und gleichzeitige Ausweisung aus der UdSSR – im Austausch gegen den unter Pinochet inhaftierten Generalsekretär der Kommunistischen Partei Chiles, Luis Corvalán, – 1976 die Weltöffentlichkeit bewegte. Seine Mutter, Nina Bukovskaja, hatte aktiv für die Rechte ihres Sohnes gekämpft und Unterlagen gesammelt, die sein Schicksal betrafen, darunter typische Dokumente staatlicher Verfolgung wie Hausdurchsuchungsprotokolle, Gerichtsurteile der ersten und zweiten Instanz, die behördliche Ablehnung einer Bitte um medizinische Versorgung im Gefängnis und ein offizielles Gutachten, das dazu diente, die Rechte des Häftlings zu beschneiden. Der Bestand enthält ferner Briefe und Appelle an die Führung der Sowjetunion und an internationale Menschenrechtsorganisationen. Von Bukovskij selbst gibt es Notizen und Briefe aus der Haft (1972–1975), die Auskunft über die Haftbedingungen und den Gefängnisalltag geben. Damit vermittelt der Bestand Einblicke in die Wirklichkeit des sowjetischen Systems, das sich nicht scheute, Dissidenten für geisteskrank zu erklären und in psychiatrische Kliniken einweisen zu lassen.

Andere Kontexte erschließt der Bestand des Mathematikers und Menschenrechtlers Ernst Orlovskij [F. 166]. Er enthält neben Eingaben und Erklärungen an die Sicherheitsbehörden Protokolle von Verhören, Durchsuchungen und einer Sitzung des Mitarbeiterkollektivs, auf der Orlovskijs „gesellschafts- und staatsfeindliches Handeln" verurteilt wurde, ferner Listen konfiszierter Gegenstände, Quittungen über Päckchen, die für den Häftling im Untersuchungsgefängnis abgegeben wurden, und Bescheinigungen über Verhöre. Aufzeichnungen öffentlicher Aktionen aus den 1960er Jahren, die sich gegen die drohende Restalinisierung richteten, dokumentieren Orlovskijs Menschenrechtsaktivitäten und sein gesellschaftliches Engagement.

Spektakulär sind die von Orlovskij übersetzten Texte: aus dem Tschechischen die „2000 Worte" des Prager Frühlings, aus dem Ukrainischen die Rede Ivan Dzjubas, der zum 25. Jahrestag der Massenerschießungen in Babij Jar sprach (im Herbst 1941 hatten deutsche Einsatzkommandos in der Schlucht bei Kiew mehr als 30.000 Juden ermordet). Zu dem Bestand gehören ferner Texte zur Geschichte der sowjetischen Zensur und zu den erfolglosen Bemühungen des Jahres 1991, gegen KPdSU und KGB eine Art Nürnberger Prozess anzustrengen. Von besonderem Interesse sind Materialien zur – offiziellen wie nichtoffiziellen – Rezeption der Vorgänge in der Tschechoslowakei in den 1960er und 1970er Jahren (sie überschneiden sich mit Dokumenten aus anderen Beständen, in denen sowjetische Intellektuelle die Charta 77 verurteilen). Dokumentiert sind des Weiteren Spottverse, Witze und Vierzeiler, die gegen Chruščev und die Entstalinisierung polemisierten und Stalin als Giganten darstellten.

Seit den 1960er Jahren kursierten im Samizdat Anleitungen, wie man sich auf Festnahmen, Verhöre und Verhaftungen vorbereiten könne, etwa die „Juridičeskaja pamjatka dlja tech, komu predstoit dopros" (Juristisches Merkblatt zur Vorbereitung auf ein Verhör) von A. Vol'pin-Esenin (1969; F. 118, 144) oder die Traktate „Kak byt' svidetelem" (Wie benimmt man sich als Zeuge), „Kak vesti sebja na obyskach" (Wie verhalte ich mich bei einer Durchsuchung) von V. Al'brecht [F. 30.29]. Wie überlebenswichtig solche Anleitungen oder Verhaltensregeln werden konnten, beschreibt der Mitgründer der Zeitschrift *Poiski* (Die Suche), Valerij Abramkin, in seinem Buch „Kak vyžit' v sovetskoj tjurme" (Überleben in einem sowjetischen Gefängnis. Krasnojarsk 1993). Rechtsfragen behandeln auch Materialien von Valentin Turčin und Valerij Čalidze [F. 78, 118, 144].

An dieser Stelle soll nochmals betont werden, dass die Sammlungen nicht mit der Perestrojka in der zweiten Hälfte der 1980er Jahre enden. Einzelne Bestände (Vjačeslav Igrunov [F. 169], Sergej Mitrochin [F. 30. 128], Galina Michaleva [F. 60] und MIGPI – Internationales Forschungsinstitut für Gesellschafts- und Politikwissenschaften Moskau [F. 118]) dokumentieren vielmehr, wie sich die gesellschaftlichen Handlungsräume erweiterten und die politischen Aktivitäten immer stärker auffächerten. Binnen weniger Jahre endeten die über Jahrzehnte eingeübten staatlichen Verfolgungspraktiken; es kam zu einer bunten Vielfalt von Versammlungen („mitings") oder Demonstrationen und es entstanden Klubs. Dokumentiert sind auch erste Parteigründungen, Wahlkämpfe und Widerstandsaktionen gegen den Putschversuch vom August 1991.

Da die gesammelten Materialien aus allen Teilen des ehemaligen Riesenreiches stammen, gewinnen seit der Auflösung der UdSSR Fragen der Staats- und Nationsbildung auch in den Bremer Beständen eine neue Qualität.

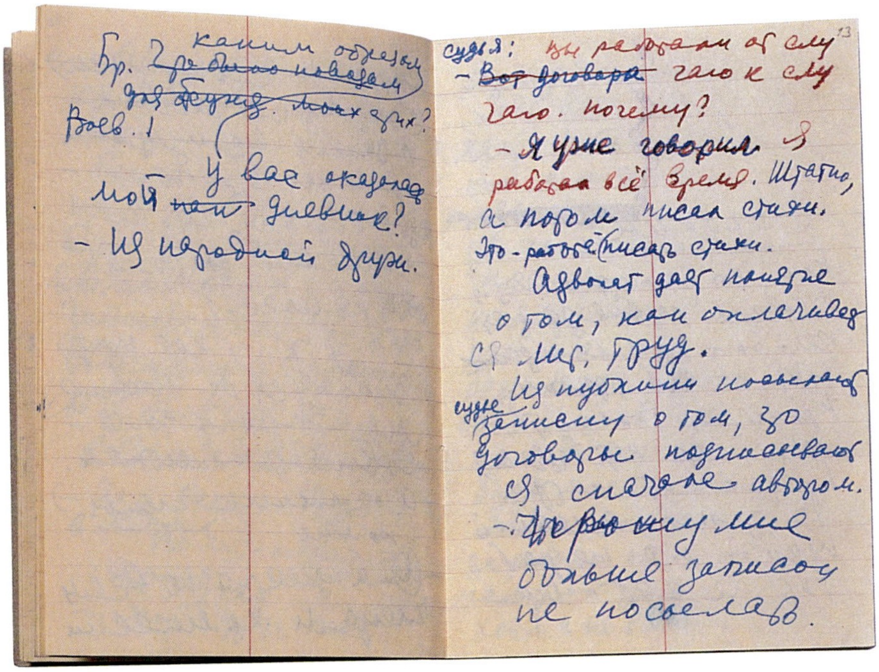

Frida Vigdorova: Originalmitschrift des zweiten Prozesses gegen Iosif Brodskij, 13.3.1964

Schriftsteller und Protestbewegung

Der Samizdat war nur einer von vielen kulturhistorischen Prozessen, in die das Bremer Archiv Einblicke ermöglicht. Aus verschiedenen Beständen lässt sich z.B. das Gerichtsverfahren gegen Iosif Brodskij rekonstruieren: Frida Vigdorova [F. 3] und Jurij Varšavskij [F. 30.36] protokollierten die Gerichtsverhandlung und 49 junge Leningrader Dichter protestierten gegen die Rolle des Schriftstellerverbands bei der Verfolgung ihres Kollegen [F. 120]. Um Ol'ga Ivinskaja, die Lebensgefährtin von Boris Pasternak, aus der Haft zu befreien, bat Vigdorova den einflussreichen Schriftsteller Boris Polevoj um Unterstützung [F. 127]. Der Dichter Konstantin Bogatyrev protestierte schriftlich gegen den Ausschluss von Vladimir Vojnovič aus dem Schriftstellerverband (1974; F. 127). Nach der Ermordung Bogatyrevs sandte Lev Kopelev ein Protesttelegramm an das Innenministerium der UdSSR (1976; F. 3). Im Samizdat erschien eine von Ju. Telesin zusammengestellte Anthologie der Schlussworte von 14 Angeklagten aus unterschiedlichen Prozessen [F. 129]. Über die Verflechtung von literarischer Szene, Menschenrechtsaktivitäten und offizieller Literaturpolitik geben Dokumente zu dem Dramatiker und Liedermacher Aleksandr Galič Auskunft. So etwa der Entwurf eines Briefes, den Galič und der Schriftsteller Vladimir Maksimov 1973 verfassten, um Andrej Sacharov zu unterstützen; die Kopie des Beschlusses, mit dem Galič aus dem Literaturfonds der UdSSR (zugleich Sozialversicherung der Literaten) ausgeschlossen wurde (1972; F. 2); handschriftliche Aufzeichnungen (Notizbücher, Skizzen, Briefe) des Liedermachers, Photographien, Briefe von Aleksandr Solženicyn und Kornej Čukovskij [F. 30.183]; eine „Magnitizdat"-Sammlung, d.h. auf Band mitgeschnittene Auftritte des Liedermachers, und Abschriften seiner Lieder und Texte aus Samizdat und Tamizdat [F. 30.183, 42, 117/2, 166].

Iosif Brodskij: *Prozession*, 1961

Bulletin des Verwandtenrats inhaftierter evangelischer Christen/Baptisten in der UdSSR, 1978

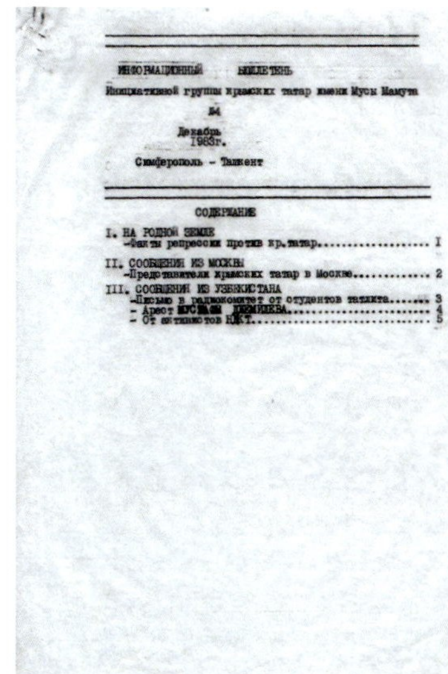

Informationsbulletin der Musa-Mamut -Initiativgruppe der Krimtataren, Nr. 4, 1983

Religiöse und nationale Bewegungen

In den 1960er Jahren entstanden erste Periodika, in denen Probleme christlicher Glaubensgemeinschaften (Orthodoxe, Katholiken, Baptisten, Pfingstler u.a.) zur Sprache kamen. In anderen Dokumenten wurde die Lage deportierter Völker sowie deren Bemühungen thematisiert, in ihre angestammten Gebiete zurückzukehren.

Das Ringen der Krimtataren um die Rückkehr aus der Verbannung schlug sich in Unterschriftensammlungen, Petitionen, Gesandtschaften und Protestkundgebungen nieder und hielt die gesamte Menschenrechtsbewegung in Atem. Die Vielfalt ihrer Widerstandsformen erregte ebenso weltweites Aufsehen wie die Prozesse gegen ihren Sprecher Mustafa Džemilev und gegen Bürgerrechtler, die sich für die Rechte des kleinen Volkes einsetzten. Im *Informacionnyj bjulleten' Iniciativnoj gruppy krymskich tatar imeni Musy Mamuta* (Informationsbulletin der Musa-Mamut-Initiativgruppe der Krimtataren, 1983 – 85; F. 22; weitere Materialien der Krimtataren in F. 5/2.8, 23, F. 117/2) werden viele der Aktivitäten dokumentiert.

Von 1972 an berichtete die *Chronika litovskoj katoličeskoj cerkvi /Lietuvos katalikų bažnyčios kronika* (Chronik der Litauischen Katholischen Kirche) über Fälle, in denen Persönlichkeits- und Freiheitsrechte verletzt wurden, und über die Selbstbehauptung religiöser und nationaler Gemeinschaften. Über die Lage in Estland geben die Materialien des „Fond pomošči ėstonskim politzaključennym“ Auskunft (Hilfsfonds für die estnischen politischen Häftlinge; F. 8).

Die Situation von Mitgliedern religiöser Bewegungen thematisieren das *Bjulleten' soveta rodstvennikov uznikov Evangel'skich christian-baptistov v SSSR* (Bulletin des Verwandtenrats inhaftierter evangelischer Christen/Baptisten in der UdSSR; seit 1975: F. 1, 117/6), der *Vestnik spasenija* (Heilsbote. Ausgabe der evangelischen Christen/Baptisten) [1965: F. 117/6] und Materialien des „Komitet v zaščitu verujuščich v SSSR“ (Komitee zur Verteidigung von Gläubigen in der UdSSR), die der an der Sorbonne lehrende Literaturwissenschaftler Nikita Struve dem Archiv überlassen hat [F. 1; vgl. auch 5/1.2]. Im Bestand der Pariser Zeitung *Russkaja mysl'* (Russisches Denken) [F. 25] finden sich unter anderem Hinweise, dass sich Angehörige der sowjetischen Intelligenzija in den 1970er und 1980er Jahren der Orthodoxen Kirche anzunähern begannen. Seit Mitte der 1970er Jahre erkämpften sich Pfingstler durch Petitionen das Recht auf Emigration aus der UdSSR [F. 5/2.1]. Die Arbeit des „Komitet zaščity katoličeskoj very“ (Komitee zur Verteidigung des katholischen Glaubens) wird in F. 86 dokumentiert.

Seit 1970 meldete sich in Leningrad mit den Almanachen *Ženščina i Rossija* (Frau und Russland) und *Marija* eine christlich-feministische Bewegung zu Wort. Neben Ausgaben der Almanache liegen in Bremen die umfangreichen Korrespondenzen ihrer aktivsten Vertreterinnen Tat'jana Goričeva, Julija Voznesenskaja und Alla Sariban vor [F. 197].

Religiösen Samizdat gab es in der Sowjetunion seit den 1920er Jahren. So enthält der Bestand der Familie Polivanov [F. 137] ein Typoskript des Sendschreibens, in dem der Patriarch Tichon nach seiner Haftentlassung 1923 die Gemeinde vor den Gefahren des politischen Neuerertums warnte.

Unabhängige Kultur

In den 1940er Jahren veröffentlichte der Dichter Nikolaj Glazkov seine Gedichtsammlungen im „Samsebjaizdat“ (Sichselbstverlag) als buchähnlich aufgemachte Typoskripte, denen er eigene Zeichnungen und Collagen hinzufügte [F. 134]. Der Legende nach ist so die Bezeichnung Samizdat entstanden. Jedenfalls begann eine erste nichtoffizielle Dichtergeneration, sich außerhalb der offiziellen Normen zu artikulieren. Schriften dieser Art, vor allem das „Samsebjaizdat“ von Nikolaj Glazkov, finden sich u.a. in den Beständen von Albert Rusanov [F. 105] und Jurij Abyzov [F. 117/2].

Für die Dichter-Künstler des „Lianozovo-Kreises“, darunter Vsevolod Nekrasov, Igor' Cholin, Genrich Sapgir, wurde die Kultur des Samizdat von den 1950er Jahren an zu einem eigenen Lebensstil, zur einzig denkbaren Existenzmöglichkeit als schöpferische Individuen. Ihre Arbeiten und Arbeitsformen offenbaren Querverbindungen und Verwandtschaften zu den westlichen Kulturszenen, die zumal in der frühen Phase des Eisernen Vorhangs undenkbar schienen. Erste kleine Sammelbände, Korrespondenzen, Photographien, Audio- und Filmaufzeichnungen vermitteln einen Eindruck, in welcher Weise ihre experimentelle Poesie, ihre Blankverse, ihre graphischen Arbeiten und ihre Wort-Bild-Objekte von ihrem kulturellen Umfeld rezipiert wurden. Die Nachlässe mehrerer Akteure von Lianozovo liegen in Bremen, so dass die Quellenlage hier durch eine außergewöhnliche Dichte gekennzeichnet ist [F. 30.73, 30.143, 116]. Andere Aspekte der nachstalinschen Kunst werden etwa in den Bildern von Aleksandr Aref'ev sichtbar [F. 77].

Einblick in das inoffizielle Kulturleben der 1950er bis 1970er Jahre gewährt der Bestand des bildenden Künstlers Anatolij Brusilovskij, dessen Arbeiten durch umfangreiche Briefwechsel mit Kollegen, Dichtern und Verlegern ergänzt werden [F. 142].

Das „Moskauer Archiv der Neuen Kunst“ (MANI) aus den frühen 1980er Jahren eröffnet einen einzigartigen Zugang zu den Meistern moderner nonkonformer Stilrichtungen, insbesondere des Moskauer Konzeptualismus. Vertreten sind etwa Il'ja Kabakov, Nikita Alekseev und Andrej Monastyrskij. Kunstaktionen und Performances wurden in photographischen Serien dokumentiert. Es wird deutlich, dass Ateliers und Galerien intensiv am internationalen Austausch teilnahmen. Wie die Gruppe „Muchomory“ (Fliegenpilze) zeigt, fehlt es nicht an spielerisch-provokanten Elementen. Die 1970er bis 1980er Jahre der nichtoffiziellen Kunstszene in Moskau beleuchtet der Bestand Sabine Hänsgen [F. 30.69].

In den 1980er Jahren weitete sich der Raum des künstlerischen Samizdat auch jenseits der „Samizdat-Hauptstädte“ Moskau und Leningrad aus: Zu den Schätzen des Archivs gehört die handgemachte Kunst- und Literaturzeitschrift *Transponans* mit einer Auflage von je fünf Exemplaren aus der Kleinstadt Ejsk am Asowschen Meer [F. 37, 64, 66, 97]. Jede Nummer – die Forschungsstelle besitzt alle 36 erschienenen Ausgaben – kommt einem Kunstwerk gleich: Die Formate wechseln oftmals innerhalb einer Ausgabe, Originalzeichnungen und Photographien sind eingebaut, Texte und Graphiken nebeneinander gestellt. Die Herausgeber von *Transponans*, Ry Nikonova und Sergej Sigej, haben dem Archiv ihre Unterlagen zu der Zeitschrift überlassen.

Erst kürzlich konnte mit dem Nachlass von Boris Birger der Bestand eines weiteren Künstlers für die Forschungsstelle erworben werden. Neben einer Fülle von Skizzen und Zeichnungen sowie Gemälden aus der frühen Schaffensphase umfasst der Nachlass umfangreiche Briefwechsel, die bis in den Krieg zurückreichen, Manuskripte, persönliche Notizen, selbstgefertigte Masken und Puppen sowie zahlreiche Photographien. Wie Gespräche mit Künstlern und Kunstkritikern zeigen, wird dieser Bereich des Bremer Archivs in den nächsten Jahren deutlich expandieren. So werden alternative Kultur- und Kunstströmungen und neue Formen Samizdat-ähnlicher Aktivitäten weiterhin gesammelt werden.

Transponans, Nr. 32 – 33, 1986

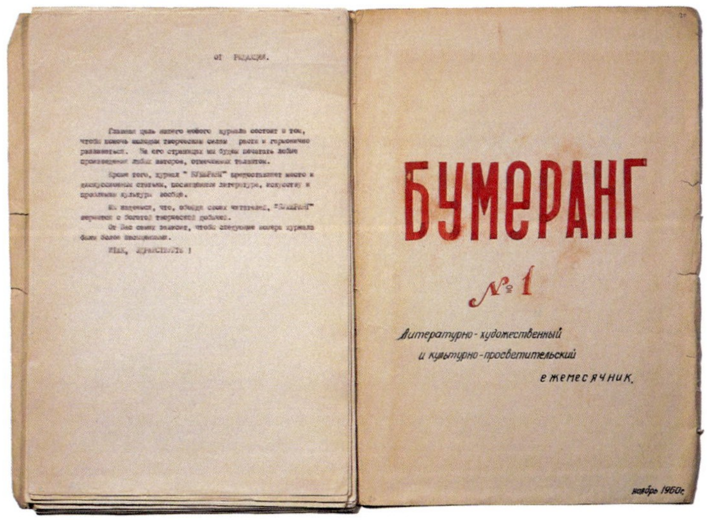

Bumerang, Nr. 1, 1960

Periodika im Samizdat

In der Sowjetunion galt jede nicht genehmigte Veröffentlichung, unabhängig von Form und Inhalt, als politischer Akt. Schon deshalb gibt es keine eindeutige Abgrenzung zwischen literarischem und politischem Samizdat. Daher waren nicht zuletzt die Repressalien gegen Schriftsteller, die ihre Werke zur Veröffentlichung in den Samizdat oder ins Ausland gegeben hatten, treibende Kraft hinter der Menschen- und Bürgerrechtsbewegung. Aleksandr Ginzburg etwa hatte für sein literarisches Journal *Sintaksis* zwei Jahre im Lager gesessen[1959/60: F. 92].

Die im Archiv vertretenen literarisch-künstlerischen Periodika der 1960er Jahre entstanden in der Blütezeit öffentlicher Lyrikrezitationen auf dem Moskauer Majakovskij-Platz: *Bumerang* [F.100], *Sirena, Koktejl'* [F. 30.87]; *Iskusstvo kommuny* [F. 76]. In Leningrad erschien *Optima* [F. 5/2.35]. Weitere Typoskripte von Gedichtsammlungen und Erinnerungstexten stammen von der Gruppe SMOG (Samoe molodoe obščestvo geniev/Jüngste Vereinigung der Genies; F. 30.54, 30.55, 84).

Die Journale waren teils mit Schreibmaschine geschrieben und von Hand mit Skizzen ergänzt, teils in einfachsten Verfahren hektographiert. Allen war eine hohe Experimentierfreudigkeit eigen, das Spiel mit literarischen Traditionen, ein Hang zur Abstraktion und zur prononcierten Individualität. Vielfach fanden sich in den Journalen auch theoretische Reflexionen zu Kultur und Gesellschaft.

In den 1970er und 1980er Jahren wurde Leningrad zum Zentrum literarisch-künstlerisch und historisch-gesellschaftlich orientierter Periodika, die sich in ein lebendiges Netz von Diskussionszirkeln, Klubs und Seminaren einfügten. In verschiedenen Beständen findet man die Almanache Časy (Die Uhr) [1976 –1990: F. 5/1.3, 5/2.1], „37" [1976 –1981: F. 5/1.6, 75], Metrodor [1978 –1982: F. 5/1.7], Obvodnyj kanal (Umleitungskanal) [1979 – Anf. 1990: F. 5/1.1, 30.53, 126], Mitin žurnal (Mitjas Journal) [F. 5/1.7]. Im Bannkreis der Samizdat-Periodika entstand die so genannte Leningrader zweite Kultur mit einer verwirrend bunten Vielfalt an Einzelpublikationen, Programmschriften, Katalogen und oft nur kurzfristig existierenden Reihen. In den sogenannten dicken Journalen finden sich historische Abhandlungen, philosophische Traktate, gesellschaftskritische Analysen, auch Versuche, die eigenen Positionen in Russland und der Welt zu bestimmen, ebenso wie literarische Werke und Übersetzungen westlicher Literatur. Lange vor der Perestrojka bildeten sich parallele Öffentlichkeiten und unabhängige Diskussionsebenen heraus, die dem kulturellen Leben der Stadt an der Neva ein unverwechselbares Profil gaben. Eine Besonderheit stellt die Leningrader Zeitschrift Summa (Summe) [1979 –1982: F. 5/2.17, 65] dar, die Übersichten über kursierende Samizdat-Schriften erstellte, aber auch Periodika im Tamizdat und in der Emigration einschloss.

Aus Moskau liegen die Anthologie „Moskovskoe vremja" (Moskauer Zeit) [F. 113) und der Almanach *Moskovskij sbornik* (Moskauer Sammelband) [F. 106] vor, die eine orthodox-konservative Tendenz kennzeichnet. In diesen Kontext gehört ferner die erste russisch-nationale Kulturzeitschrift im Samizdat, *Veče* (Volksversammlung) [1971–1972: F. 90].

Periodika mit Menschenrechts- und politischen Themen verfolgte die Staatsmacht besonders konsequent, manche existierten daher nur einige Monate. Das Archiv verzeichnet *Svobodnaja mysl'* (Freier Gedanke) [1971: F. 79] und *Poiski* (Die Suche) [1978

Varlam Šalamov: *Geschichten aus Kolyma*, o. J.

– 1979: F. 30.154, 30.182, 78] und die Serie *V zaščitu ėkonomičeskich svobod* (Zur Verteidigung der ökonomischen Freiheit) [F. 78]. Länger hielt sich *Pamjat'* (Gedächtnis; 1976 – 1982), dessen Sammelbände eine seltene geschichtswissenschaftliche Reihe darstellen. Die Redaktionsmaterialien dieser Zeitschrift belegen die zunehmende Unterdrückung politischer Periodika in den frühen 1980er Jahren [F. 24, 40, 68, 139].

Für die Zeitschriften im Archiv markiert 1987 eine gewisse Zäsur: Ende dieses Jahres wurde die Verfolgung des Samizdat eingestellt. Stattdessen spricht man nun von der Periode des nichtoffiziellen Schrifttums, die von der Gründung der *Ėkspress Chronika* (Express-Chronik) im August 1987 bis zur Auflösung der Sowjetunion im Dezember 1991 reicht. Die Publikationen dieser Zeit sind auf mehrere Bestände verteilt. F. 53, „Informelle Periodika" in der UdSSR, enthält etwa 900 Titel von 1987 bis 1992, davon ca. 600 aus Russland, 100 aus der Ukraine, 100 aus Belarus sowie ebenso viele aus Lettland, Litauen und Estland.

Mitjas Journal, Nr. 6, 1985

Lager

Zu den bedeutendsten Schriftstellern des Samizdat, in deren Werken die Erfahrung und Geschichte des Terrors und der Lager eine zentrale Rolle spielen, gehören Aleksandr Solženicyn, Varlam Šalamov, Lidija Čukovskaja und Evgenija Ginzburg. Von allen besitzt das Archiv wertvolle Samizdat-Ausgaben, darunter von Solženicyn: „Odin den' Ivana Denisoviča" (Ein Tag im Leben des Iwan Denissowitsch) [F. 89, 5/2.27; als Mikrofilm: 5/2.31], „Archipelag GULAG" (Archipel Gulag) [F. 87, auch ukrainische Fassung], „Rakovyj korpus" (Krebsstation) [F. 132; als photographische Kopie der Pariser Ausgabe: F. 30.117]. „V kruge pervom" (Der erste Kreis der Hölle) [F. 5/2.13] wurde Seite für Seite photographiert und muss insofern als Photo-Samizdat bezeichnet werden.

Andere Autoren haben schon während ihrer Haft das Leben im Lager in Manuskripten und Tagebüchern bearbeitet, so etwa Kirill Koscinskij [F. 30.20]. In diese Kategorie fallen auch ein Poem von Jaroslav Smeljakov [F. 30.100] und die Aufzeichnungen von Ėduard Kuznecov, die in Form eines faszinierenden Kassibers aus dem Lager hinausgeschmuggelt wurden: Der auf einem schmalen Papierstreifen verschwindend klein geschriebene Text ist nur mit Lupe zu entziffern [F. 30.14]. Wichtige Dokumente sind ferner Briefe aus dem Lager, etwa von Evgenija Ginzburg an ihren Ehemann, der von 1940 bis 1945 in einem anderen Lager inhaftiert war [F. 103], von Andrej Amal'rik, Vladimir Bukovskij, Ol'ga Ivinskaja und Irina Emel'janova. Einzigartig ist der Briefwechsel zwischen Maja Ulanovskaja und ihren Eltern aus den Jahren 1953 bis 1956, als die Familie auf verschiedene Lager verteilt war [F. 36]. Den Weg aus dem Lager nahm beispielsweise das Manuskript des Buches „V teni Gogolja" (Im Schatten Gogols) von Andrej Sinjavskij [F. 30.142]. Die Hefte tragen Spuren der Lagerzensur. Samizdat-Dokumente mit Notizen der Untersuchungsleiter des KGB enthält außerdem der Bestand von Dmitrij Markov [F.5/2.31].

Das Archiv verfügt über eine Sammlung von Photographien, die das Leben und die Lebensbedingungen in sowjetischen Lagern wenigstens fragmentarisch festhalten. Noch in der Haft erhielt 1974 Kronid Ljubarskij von einem Mitgefangenen aus Litauen, der entlassen wurde, eine große Porträtaufnahme Aleksandr Solženicyns, die seit den späten 1960er Jahren im Samizdat kursierte [F. 42].

Auf eigene Weise dokumentieren den Lageralltag der 1940er bis Anfang der 1950er Jahre Programme von Theater- und Konzertveranstaltungen [F. 6/8.5, 6/8.7], eine Fahrkarte für die Kleinbahn innerhalb der Lager in Mordovien [F. 42] oder, aus der Stalinzeit, ein von der Dichterin Elena Il'zen-Grin mit Tusche auf Durchschlagpapier gezeichneter Plan des Lagerkrankenhauses von Vorkuta [F. 89]. In der Sammlung Objekte [F. 57/4] werden Gegenstände aus dem Lageralltag, vor allem Kleidung, aufbewahrt: von Egor Davydov eine Matrosen- und eine Militärjacke aus Gefängnis und Lager, die Kopfbedeckungen von Boris Vajl' aus einem Sonderlager und von Arsenij Roginskij aus einem Lager mit verschärften Bedingungen, die Stiefel von Nikolaj Dragoš, eine Essschüssel von Julij Daniel', selbst gefertigte Holzkoffer von Achill Levinton (vor 1954) und Kronid Ljubarskij (1970er Jahre) sowie das Jackett, das Vladimir Bukovskij beim Austausch gegen Luis Corvalán anziehen musste.

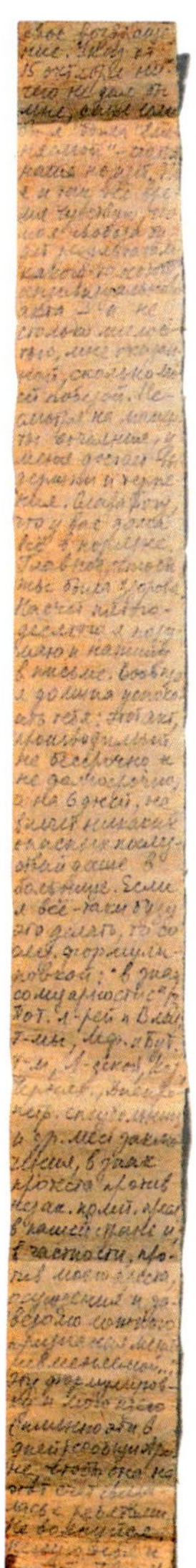

Evgenija Ginzburg: *Marschroute eines Lebens*, 1960er Jahre

Natal'ja Gorbanevskaja, Kassiber aus dem Moskauer Untersuchungsgefängnis Butyrka, 1970

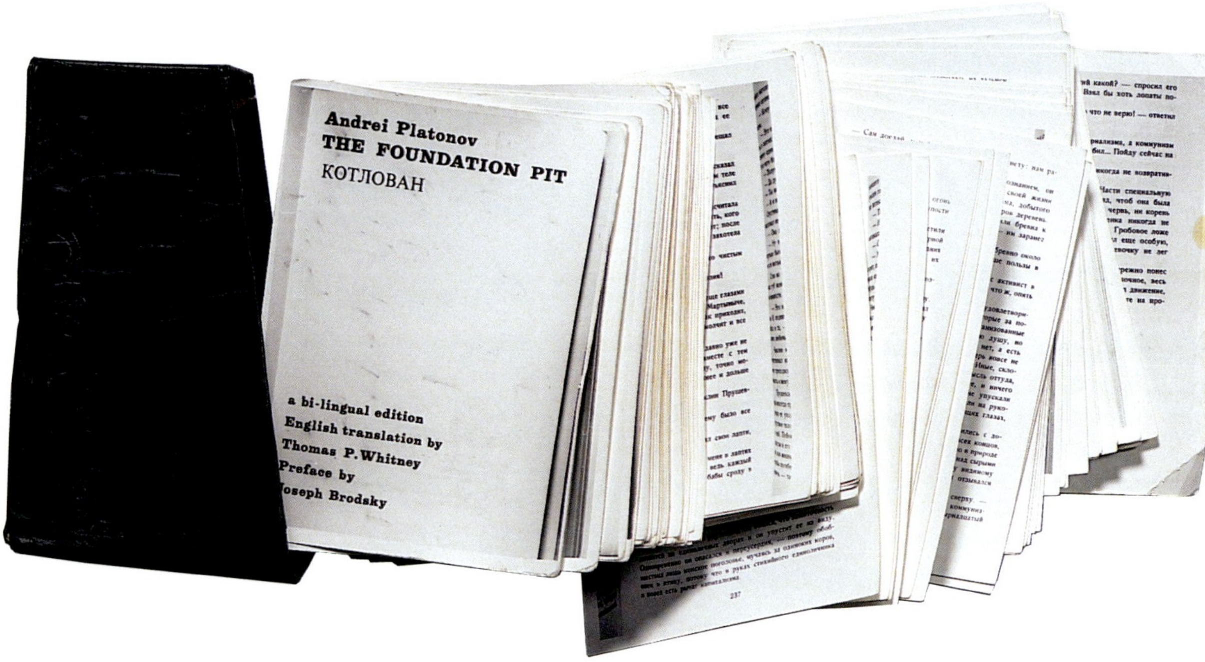

Andrej Platonov: *Die Baugrube*, 1973 (Photo-Samizdat)

Verfemte Literatur

Eine besondere Kategorie bilden Werke, die zur regulären Veröffentlichung bestimmt, dann aber an der Zensur gescheitert waren. Ihr Schicksal verlief unterschiedlich. Manche kamen in den Westen, wurden gedruckt und kehrten als Tamizdat zurück, um dann in Abschriften, Photokopien oder auf Mikrofilmen ins Netz des Samizdat zu gelangen. Dies galt für den Roman „Doktor Živago“ von Boris Pasternak [F. 5/2.31, 137] sowie für „Kotlovan“ (Die Baugrube) und „Čevengur“ (Unterwegs nach Tschewengur) von Andrej Platonov [F. 60, 120]. In anderen Fällen blieb das Manuskript, das die Sicherheitsorgane nach der Ablehnung konfiszierten, nur durch Zufall erhalten. So etwa das Typoskript des Romans „Žizn' i suďba“ (Leben und Schicksal) von Vasilij Grossman, das das Archiv in einer photographierten Kopie von Efim Ėtkind als eines seiner ersten Sammlungsstücke erhielt [F. 65]. Ebenfalls als Photo-Samizdat liegt das Buch „Krutoj maršrut“ (Marschroute eines Lebens) von Evgenija Ginzburg vor [F. 122]. In demselben Bestand befindet sich ein 1966 angefertigtes Typoskript des Kurzromans „Sof'ja Petrovna“ von Lidija Čukovskaja, der 1940 verfasst und in der UdSSR erstmalig 1988 gedruckt wurde.

Zu dieser Kategorie von Samizdat-Literatur lassen sich auch die Schriften von Autoren rechnen, die erst nach deren Tod verboten wurden, etwa der „Kultautoren“ Osip Mandel'štam und Marina Cvetaeva (ihre Texte sind in F. 5 und vielen weiteren Beständen zu finden). Hierzu gehören ferner geschichts- und religionsphilosophische Schriften aus der Zeit vor der Revolution oder aus der Emigration, etwa von Nikolaj Berdjaev [F. 5/2.31, 126].

In einem Sonderbestand werden Publikationen archiviert, die von der Zensur nachträglich aus Handel und Bibliotheken entfernt wurden, sei es aus ideologischen Gründen (so Lion Feuchtwangers „Moskva 1937“ oder das Buch von Aleksandr Nekrič „1941, 22 ijunja“ – Genickschuß: Die Rote Armee am 22. Juni 1941), sei es, weil ihre Autoren mittlerweile emigriert waren (etwa Aleksandr Solženicyn, Viktor Nekrasov, Vladimir Maramzin) [F. 55/15]. Hierzu gehört auch der „Nomenklatura-Samizdat“, d h. Kleinstauflagen, „nur für den Dienstgebrauch“ hergestellt, von bekannten, in der Sowjetunion aber nicht zugänglichen Schriften in- und ausländischer Schriftsteller wie etwa des französischen Reformkommunisten Roger Garaudy in russischer Übersetzung.

Der Samizdat erschöpfte sich mitnichten in der nichtoffiziellen Literatur. Im Bremer Archiv gibt es vielmehr auch „Hybride“: Texte, die in offiziellen Literaturzeitschriften verstümmelt publiziert worden waren und die rekonstruiert wurden, indem man – handschriftlich oder mit der Maschine – die von der Zensur gestrichenen Zeilen und Absätze einfügte. Der Kultroman der sowjetischen Intelligenzija, „Master i Margarita“ (Der Meister und Margarita) von Michail Bulgakov, der 1966 in Fortsetzungen in der Zeitschrift *Moskva* erschien, liegt im Archiv in einer solchen Ausgabe mit eingeklebten und ausklappbaren

Papierstreifen vor [F. 4, 117/2]. Ein Leben in verschiedenen Welten gab es auch bei Science-Fiction-Autoren: Manche nichtkonformen Werke kursierten im Samizdat, während andere Arbeiten in offiziellen Verlagen erschienen. Zu ihnen gehörten neben den Brüdern Strugackij Aleksandr Tvardovskij [F. 30.117, 117/2, 127, 148] und Evgenij Evtušenko [F. 5/2.27, 112, 130].

Eine besondere Gruppe bilden die Übersetzungen ausländischer Literatur, die keine oder nur wenige Chancen auf eine offizielle Ausgabe hatten, beispielsweise „Sonnenfinsternis" von Arthur Koestler, von Milovan Djilas die „Gespräche mit Stalin" [F. 30.84] und „Die neue Klasse" [F. 129], George Orwells „1984" [F. 30.43], die utopischen Romane von Stanisław Lem [F. 101] wie überhaupt politische, philosophische, religiöse, esoterische Schriften und Science-Fiction [F. 166]. Große Verdienste kamen hier den inoffiziellen Periodika zu, besonders den Leningrader Zeitschriften *37*, *Mitin žurnal* und *Časy*, die Dietrich Bonhoeffer, Martin Buber, Edmund Husserl, Jean-Paul Sartre übersetzten und veröffentlichten, um die große Lücke, die in der gesellschaftlichen Reflexion zwischen der Sowjetunion und dem Westen klaffte, wenigstens ein bisschen zu schließen.

Venedikt Erofeev: *Die Reise nach Petuschki*, 1978

Magnitizdat

Unter den Audiodokumenten des Archivs sind zunächst die Lieder der Barden Aleksandr Galič, Bulat Okudžava und Vladimir Vysockij zu nennen. Einzelne der im sogenannten Magnitizdat veröffentlichten Kassetten erzielten Spitzenauflagen, denn die Lieder waren äußerst populär. Kein schriftlicher Samizdat war ähnlich weit über das gesamte Land verbreitet. Aus der jüngeren Musikergeneration sind Materialien zur Rockkultur archiviert [F. 158], darunter die Samizdat-Zeitschriften *Roksi* [F. 30.46], *Zerkalo* (Spiegel), *Urlajt* (Ur-Light), *Ucho* (Ohr) [F. 5/1.7] aus verschiedenen Städten und Sowjetrepubliken. Gut dokumentiert sind Veranstaltungen und Ereignisse des nichtoffiziellen Musiklebens der 1960er und 1980er Jahre.

Neben Musikmitschnitten seien in diesem Bereich vor allem Aufzeichnungen von Dichterlesungen und Rundfunksendungen hervorgehoben sowie Interviews mit Dissidenten zur Geschichte des Samizdat [F. 86].

Roksi. Rock-Magazin. Leningrad, 1980

Russisch-deutsche Beziehungen

Die russisch-deutschen und die sowjetisch-deutschen Beziehungen werden in vielen Beständen thematisiert, nicht zuletzt in den Akten der Forschungsstelle Osteuropa selbst [F. 86], die die vielfältigen wissenschaftlichen, kulturellen und politischen, formellen und freundschaftlichen Kontakte in die Sowjetunion bzw. nach Russland dokumentieren, darunter die Verbindungen zu Galina Starovojtova, Sergej Kovalev, Michail Gorbačev, Grigorij Javlinskij.

Materialien zu Russlanddeutschen in allen Teilen der Sowjetunion und der Nachfolgestaaten der UdSSR enthält u.a. der Bestand des MIGPI [F. 118], Materialien zur Geschichte ausgereister Familien der Bestand F. 30.49.

Teil der russisch-deutschen Beziehungen sind aber auch die nach Deutschland emigrierten Russen. Schriftsteller wie Aleksandr Zinov'ev [F. 108] und Fridrich Gorenštejn [F. 173], Philosophen wie Boris Grojs [F. 75], die Schriftstellerin Julia Voznesenskaja [F. 143] oder die Leningrader Feministin Alla Sariban [F. 197] wurden auf die eine oder andere Weise zu Vermittlern zwischen Deutschland und der Sowjetunion. Am umfangreichsten sind die Archive von Lev Kopelev [F. 3] und Georgij Vladimov [F. 130]. Als Vermittler qua Beruf können sowohl Übersetzer wie Hil'da Angarova in Moskau [F. 181] oder deutsche Slawisten wie etwa Wolfgang Kasack [F. 59], Ingrid Tinzmann [F. 51] und Gisela Reichert-Borowsky [F. 30.129] gelten.
Brückenbauer und Störfaktor in einem waren während des Kalten Kriegs die ausländischen (Radio-) „Stimmen". Das Archiv besitzt Mitschnitte russischer Sendungen der *Deutschen Welle* [F. 136] und Hörerbriefe dazu aus der GUS [F. 111] sowie Hörerzuschriften an *Radio Svoboda/Radio Liberty* in München [F. 13, 29, 49, 50].

Tagebücher, Briefe, Erinnerungen, Photographien und persönlicher Besitz von Soldaten und Gefangenen der beiden Weltkriege liegen in großer Zahl vor [F. 3, 30.8, 34]. Das Kopelev-Archiv enthält zahlreiche Armeeflugblätter in deutscher Sprache, die an die Wehrmachtsangehörigen adressiert waren. Umgekehrt sind in F. 55/13 russischsprachige Propagandapublikationen aus den von Deutschland besetzten Gebieten zusammengetragen. F. 34 (Familie K.G. Kromiadi – A. N. Kružin, Emigranten der ersten und der zweiten Welle[1]) enthält Materialien zur „Kampforganisation *SBONR*" (*Sojuz bor'by za osvoboždenije narodov Rossii* – Kampfbund zur Befreiung der Völker Russlands), darunter die Korrespondenz mit Angehörigen der Vlasov-Armee. Auch die Aktivitäten der politisch engagierten russischen Diaspora in Deutschland werden ausführlich dokumentiert; so etwa die Materialien der Redaktion von *Grani* (Facetten) [F. 98] und von *Narodno-Trudovoj* Sojuz (*NTS* – Bund russischer Solidaristen) und des von ihm abhängigen Verlags Posev (Die Saat).

Von Migrationen in umgekehrter Richtung zeugen Dokumente von Emigranten aus dem nationalsozialistischen Deutschland in die Sowjetunion sowie die Erinnerungen deutscher Wissenschaftler und Fachleute, die nach dem Krieg zwangsweise in die UdSSR verbracht wurden. Erwähnenswert sind Materialien des KGB der Kazachischen SSR zu Verhaftung und Verurteilung von Pavel Majer wegen des Versuchs, 1957 Kontakt zu der Botschaft der Bundesrepublik aufzunehmen [F. 30.139-3].

Ein weiteres Thema bildet Deutschland als Durchgangsstation für die so genannten Displaced Persons (DPs), darunter sowjetische Zwangsarbeiter und andere im Tross der deutschen Truppen verschleppten Menschen. Hierzu liegen Briefwechsel und Memoiren vor, etwa das Manuskript „Wie wir die Sowjetunion verließen und uns in Amerika wiederfanden: 15 Jahre unseres Lebens 1941–1956", 1979 verfasst von Aleksej Nekljudov [F. 21]. Darüber hinaus gibt es auch Bücherbestände aus DP-Lagern [F. 55].

Sowjetisches Propagandaflugblatt aus dem Zweiten Weltkrieg, 1942/43

[1] Als erste Emigrationswelle bezeichnet man üblicherweise die massenhafte Emigration aus Russland nach der Revolution von 1917. Als zweite Welle gilt die Emigration während des Zweiten Weltkriegs und unmittelbar danach (1939 – 46). Die dritte Welle umfasst Emigration und Remigration aus politischen und ethnischen Gründen vom Ende der 1960er bis Anfang der 1980er Jahre; eine vierte bildet schließlich der große Strom von Emigranten aus den Nachfolgestaaten der UdSSR, die seit dem Ende der 1980er Jahre ihre Heimat verließen.

Nachlässe und Teilnachlässe

Die hier nach thematischen Gesichtspunkten aufgefächerten Materialien werden nach dem Provenienzprinzip gesammelt und archiviert. Viele Bestände enthalten folglich sehr viel mehr Quellen und Informationen, als die oben beschriebenen Themenbereiche vermuten lassen. Denn die Welten des Samizdat bildeten nur einen Aspekt des zeitgeschichtlichen und kulturellen Kontextes, der in den zahlreichen Nachlässen, Teilnachlässen und Vorlässen, über die das Archiv verfügt, Kontur gewinnt.

Die Nachlässe stammen überwiegend aus jener Generation, deren künstlerisches und öffentliches Handeln mit dem „Tauwetter" (von 1956 bis zur Absetzung Nikita Chruščevs 1964) verbunden und später von den neuen „Kälteeinbrüchen" betroffen war. Die Zäsur bildeten die Prozesse gegen kritische Schriftsteller Mitte der 1960er Jahre. In der Folge schlossen sich viele Dichter, Historiker und Naturwissenschaftler der Menschenrechtsbewegung an, andere kamen ins Lager, nicht wenige emigrierten und engagierten sich in der sogenannten „dritten Welle" der Emigration. So etwa Vladimir Bukovskij [F. 96], Boris Vajl' [F. 46], Aleksandr Ginzburg [F. 81], Natal'ja Gorbanevskaja [F. 24] und Kronid Ljubarskij [F. 42]. Andere, wie Vladimir Kornilov [F. 174] und Leonid Pinskij [F. 90], blieben in der Sowjetunion. Viele setzten in der Emigration den Widerstand gegen das Sowjetregime und ihr Engagement im Samizdat fort, so in Paris Vladimir Maksimov mit seiner Zeitschrift *Kontinent* [F. 2], in München Kronid Ljubarskij in dem Journal *Strana i mir* (Das Land und die Welt) [F. 42] oder Vladimir Alloj, der mithalf, den aus dem Samizdat kommenden Sammelband *Pamjat'* im Ausland herauszugeben [F. 139]. Aleksandr Ginzburg arbeitete in Paris in der Zeitung *Russkaja mysl'* mit. Auch in der Perestrojka und den ersten Jahren nach dem Ende der Sowjetunion spielten Angehörige der Tauwettergeneration eine wichtige Rolle. Ihre Nachlässe liefern dem Historiker folglich nicht nur biographische Einblicke in den Dissens der 1960er und 1970er, sondern auch in die Zeit des Umbruchs Anfang der 1990er Jahre.

Der Reiz der hunderte von Nach- und Vorlässen, die in der Forschungsstelle liegen, besteht auch darin, dass bekannte und weniger bekannte Namen zusammenkommen und oftmals Materialien aus dem Umfeld und Freundeskreis großer Dichter, Künstler oder Künstlerschulen das Bild auf unerwartete Weise bereichern oder sogar verändern. Denn auch die Bestände von Menschen, die „nur" Multiplikatoren von Samizdat-Schriften waren, oder von Autoren, denen bislang kein Durchbruch gelungen ist, können eine enorme zeitgeschichtliche Relevanz besitzen, und das Archiv birgt auch in dieser Hinsicht ungehobene Schätze.

Neben Nachlässen aus dem literarisch-künstlerischen Milieu und der Bürgerrechtsbewegung vermitteln Bestände von (Natur-)Wissenschaftlern wichtige Einblicke. Sie machen das Innenleben akademischer Einrichtungen ebenso sichtbar wie die Vernetzung unterschiedlicher Personenkreise. Materialien von Ingenieuren, Lehrern und Juristen dokumentieren häufig, wie der sowjetische Alltag im Konflikt mit Behörden verlief, und zeichnen damit ein der offiziellen Version konträres Bild. Erweitert werden die Bestände durch die Unterlagen von Journalisten und Sammlern (russischen wie deutschen) und vor allem durch die Hinterlassenschaft von Redaktionen, Verbänden und anderen Körperschaften, etwa *Kontinent, Grani, Russkaja mysl', Volga, Strana i mir.*

Die meisten Nach- oder Vorlässe im Bremer Archiv sind Teilnachlässe. Viele besitzen für einzelne Lebens- oder Zeitabschnitte der Geber einen hohen Grad an Dichte oder sogar Vollständigkeit, andere weisen Lücken auf oder sind nur fragmentarisch vertreten. Wie alle Archive kennt auch das Bremer Archiv „Nachlasssplitter". Mitunter sind Sammlungen auch noch im Aufbau.

Im Folgenden sollen einige wenige Nachlässe exemplarisch vorgestellt werden, darunter zwei, die für die Sammelgeschichte der Forschungsstelle wegweisende Anstöße gegeben haben: die Nachlässe von Lev Kopelev und Raisa Orlova sowie von Vladimir Maksimov.

Wilhelmine (Miška) Slavuzkaja (1905 – 2005). Der Nachlass der Bürgerrechtlerin wurde 2007 der Forschungsstelle übergeben.

Lev Kopelev. Zeichnung von Boris Birger, 1980er Jahre

Nachlass Lev Kopelev und Raisa Orlova

Das umfangreichste persönliche Archiv im Bremer Bestand (ca. 300 Archivkästen bzw. 55 laufende Meter) ist der Nachlass des Schriftstellers, Germanisten, Literaturhistorikers und Menschenrechtlers Lev Kopelev und seiner Frau, der Literaturwissenschaftlerin und Amerikanistin Raisa Orlova [F. 3]. Wie kein anderer russischer Intellektueller nahm Kopelev von den 1970er Jahren an und insbesondere in der Zeit seines Kölner Exils (von 1981 bis zu seinem Tode 1997) Einfluss auf die deutsche Wahrnehmung Russlands und damit auf das Verhältnis beider Völker zueinander. Seine Memoiren („Aufbewahren für alle Zeit“, 1976) spielten dabei eine herausragende Rolle.

Zu den Beständen zählen zunächst die Werkmanuskripte beider Autoren, Entwürfe, veröffentlichte und unveröffentlichte Aufzeichnungen in unterschiedlichen Varianten. Die vollständig erhaltenen Tagebücher Raisa Orlovas sind ein zeit- und kulturgeschichtliches Dokument ersten Ranges. Kaum weniger bedeutsam ist die umfangreiche Korrespondenz Kopelevs und seiner Frau, die sich über Jahrzehnte erstreckt und sich nach mehreren Gesichtspunkten gliedern lässt. Da ist der Briefwechsel mit bedeutenden Schriftstellern vieler Länder, insbesondere Russlands und Deutschlands, darunter mit Heinrich Böll, Günter Grass, Anna Seghers, Wolf Biermann, Max Frisch (um nur eine kleine Auswahl zu nennen), ebenso mit Menschenrechtlern, Politikern und Repräsentanten des öffentlichen Lebens wie Andrej Sacharov, Marion Gräfin Dönhoff, Willy Brandt oder Bruno Kreisky. Einen Textkorpus besonderer Art stellt aufgrund seiner Dichte der Briefwechsel mit den Kindern und engsten Freunden dar, der sich keineswegs nur um private Dinge dreht, sondern das kulturelle und politische Geschehen über mehrere Epochen kommentiert.

Der weit verzweigte Gedankenaustausch Lev Kopelevs und Raisa Orlovas mit einem bemerkenswert großen Bekanntenkreis zu Fragen von Ethik und Macht, Kultur und Literatur wie zur Verständigung zwischen den Völkern schlägt sich in einer Fülle schriftlicher Zeugnisse, Anmerkungen und Notizen nieder. Genannt sei hier das bürgerrechtliche Engagement Kopelevs in den 1960er Jahren, als er sich etwa mit verfolgten oder inhaftierten Kollegen solidarisierte. 1967 protestierte er in einem offenen Schreiben an die sowjetische Führung gegen die drohende Restalinisierung der UdSSR. Schon in die Exilzeit fallen die, wie die Quellen belegen, unermüdlichen Aktivitäten des Bürgerrechtlers zur Verteidigung und Freilassung Sacharovs, der 1980 in die damals geschlossene Stadt Gor’kij verbannt worden war. Mit dem „Wuppertaler Projekt“ startete der Germanist ein großes Forschungsvorhaben in der Absicht, die russisch-deutschen Fremdbilder über die Jahrhunderte hinweg in sieben Bänden mit einer unerschöpflichen Fülle von Dokumenten ihrer Zeit darzustellen. Alle Materialien dazu lagern in der Forschungsstelle.

Lev Kopelev selbst wurde zu einer Institution in der bundesrepublikanischen Öffentlichkeit, zu einem Teil des deutschen Russlandbildes. Davon legen hunderte von Briefen und Presseartikeln sowie Audio- und Videoaufzeichnungen Zeugnis ab. Sie sind Gegenstand eines soeben beginnenden Forschungsprojektes.

Schließlich gehören zu dem Bestand hunderte zumeist nicht publizierte Photographien, die bis in die Vorkriegszeit zurückreichen. Insgesamt umfasst der Nachlass Dokumente von den 1910er bis in die 1990er Jahre. Notiert sei schließlich, dass sich neben Dokumenten Dritter auch nichtrussische Samizdat-Literatur, wie das ukrainische Poem „Chrest“ (1976) des Dichters Mykola Rudenko, in dem Nachlass befindet.

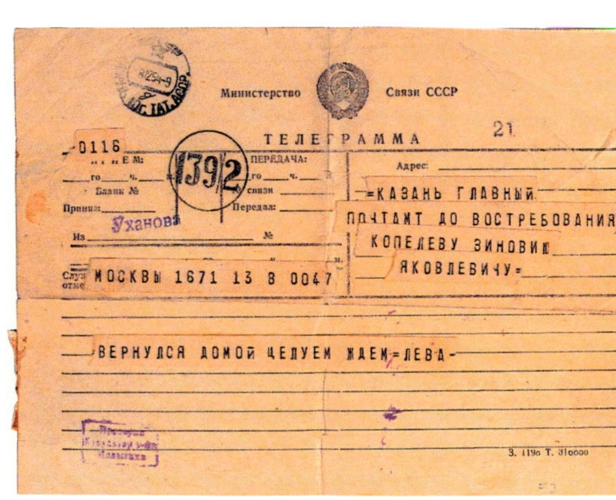

Lev Kopelev: *Bin zurück…*, Telegramm vom 8.12.1954 mit der Mitteilung über seine Rückkehr aus dem Straflager

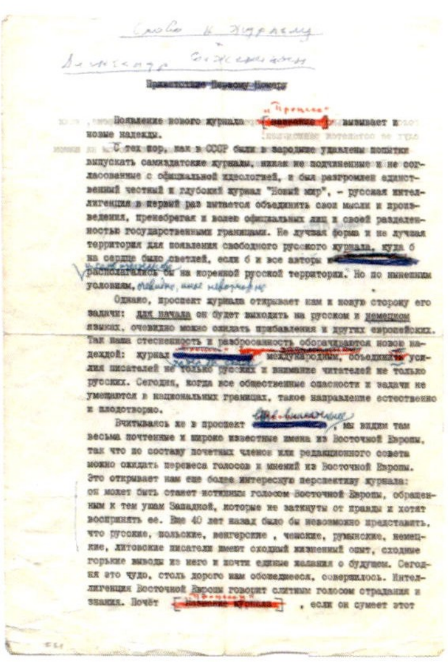

Появление нового журнала ... вызывает и новые надежды.

С тех пор, как в СССР были в зародыше удавлены попытки выпускать самиздатские журналы, никак не подчиненные и не согласованные с официальной идеологией, и был разгромлен единственный честный и глубокий журнал "Новый мир", – русская интеллигенция в первый раз пытается объединить свои мысли и произведения, пренебрегая и волей официальных лиц и своей разделенностью государственными границами. Не лучшая форма и не лучшая территория для появления свободного русского журнала, куда б на сердце было светлей, если б и все авторы ... располагались бы на коренной русской территории. Но по нынешним условиям, ...

Однако, проспект журнала открывает нам и новую сторону его задачи: для начала он будет выходить на русском и немецком языках, очевидно можно ожидать прибавления и других европейских. Так наша стесненность и разбросанность оборачиваются новою надеждой: журнал ... международным, объединит усилия писателей не только русских и внимание читателей не только русских. Сегодня, когда все общественные опасности и задачи не умещаются в национальных границах, такое направление естественно и плодотворно.

Вчитываясь же в проспект ..., мы видим там весьма почтенные и широко известные имена из Восточной Европы, так что по составу почетных членов или редакционного совета можно ожидать перевеса голосов и мнений из Восточной Европы. Это открывает нам еще более интересную перспективу журнала: он может быть станет истинным голосом Восточной Европы, обращенным к тем ушам Западной, которые не заткнуты от правды и хотят воспринять ее. Еще 40 лет назад было бы невозможно представить, что русские, польские, венгерские, чешские, румынские, немецкие, литовские писатели имеют сходный жизненный опыт, сходные горькие выводы из него и почти единые желания о будущем. Сегодня это чудо, столь дорого нам обошедшееся, совершилось. Интеллигенция Восточной Европы говорит слитным голосом страдания и знания. Почёт ..., если он сумеет этот

Grußwort Aleksandr Solženicyns
zur ersten Ausgabe der Zeitschrift *Kontinent*, Juni 1974

Aleksandr Ginzburg, Kaluga 1978

Nachlass Vladimir Maksimov und Zeitschrift *Kontinent*

Das Archiv des Schriftstellers und Chefredakteurs der Zeitschrift *Kontinent* [F. 2] umfasst den Hauptteil seiner persönlichen Dokumente, eine Vielzahl an Samizdat-Literatur sowie Unterlagen der Redaktion (ca. 80 Archivkästen, 10 laufende Meter). Der Nachlass ist eine wichtige Quelle für die Sozial- und Kulturgeschichte der russischen Diaspora in Europa und in den USA. Deutlich spiegeln sich darin auch die vielfachen Vernetzungen mit Entwicklungen in anderen Ländern Osteuropas wider.

Die Korrespondenz Maksimovs enthält neben bekannten Namen auch anonyme Leserbriefe an *Kontinent*. Archiviert sind zudem Übersetzungen der Briefe Maksimovs in die Sprachen der jeweiligen Korrespondenzpartner. Im Bestand befinden sich zahlreiche Manuskripte, die der Zeitschrift in den Jahren 1974 bis 1992 zugesandt wurden, darunter viele, die zwischen 1970 und Mitte der 1980er Jahre illegal aus der UdSSR geschleust wurden. Die Akten der Zeitschrift *Kontinent* geben Auskunft über die administrativen und finanziellen Strukturen der Redaktion. Zum Nachlass gehören des Weiteren Materialien der 1983 gegründeten *Internacional soprotivlenija* (Internationale des Widerstandes) und der *Gesellschaft Kontinent e.V.* sowie Samizdat-Literatur aus der ehemaligen UdSSR, wie die Zeitschrift *Okros Satsmisi* (Goldenes Vlies, 1975) aus Georgien. Zum Nachlass gehört außerdem Maksimovs Arbeitsbibliothek [F. 55/4].

Weitere große persönliche Bestände

Aus Paris erhielt die Forschungsstelle das persönliche Archiv der Dichterin, Redakteurin und Menschenrechtlerin Natal'ja Gorbanevskaja [F. 24] mit Familiendokumenten, eigenen literarischen Werken, Briefen und Materialien zu ihrer Arbeit bei *Kontinent* und *Russkaja mysl'*. Gorbanevskaja war Initiatorin und erste Herausgeberin der *Chronika tekuščich sobytij*, die am 30. April 1968 erstmals in Moskau erschien. Sie stand mit dutzenden von Schriftstellern und politisch Engagierten im Briefwechsel, darunter mit Iosif Brodskij, dem litauischen Dichter Tomas Venclova und dem Literaturwissenschaftler Jurij Lotman. Der Bestand Gorbanevskaja enthält mehr als 100 nicht publizierte Photographien bekannter Vertreter der inoffiziellen kulturellen Szene der 1950er bis 1980er Jahre in der UdSSR und später in der Emigration.

Die wichtigsten großen, aus der Pariser Emigration überlassenen persönlichen Archive stammen von Vladimir Maramzin, dem Schriftsteller und Herausgeber der Zeitschrift *Ėcho* [F. 69], von Dimitrij Panin, dem Freund von Lev Kopelev und Aleksandr Solženicyn aus gemeinsamer Lagerzeit [F. 109], und von Aleksandr Ginzburg, dem Menschenrechtler und Herausgeber des ersten Samizdat-Literatur-Journals *Sintaksis* (Syntax)[F. 81].

Im Bestand Vladimir Maramzin befinden sich neben eigenen Werkmanuskripten auch Handschriften von Dichtern der Leningrader „zweiten Kultur" der 1960er bis 1980er Jahre, darunter Iosif Brodskij, Evgenij Rein, Gleb Gorbovskij, Manuskripte von Prosawerken der Gruppe „Gorožane" (Die Städter) sowie persönliche Dokumente des Schriftstellers, bevor er ins Exil ging.

Nach 1995 erhielt die Forschungsstelle Nachlässe von Mitarbeitern von *Radio Svoboda/Radio Liberty* sowie von Schriftstellern aus Deutschland und den USA: Georgij Vladimov [F. 130], Anri Volochonskij [F. 9], Fridrich Gorenštejn [F. 173, F. 55/39], Boris Chazanov [F. 15], Aleksej Cvetkov [F. 14], Leonid Čertkov [F. 163] und Vladimir Vojnovič [F. 123]. Der Nachlass von Fridrich Gorenštejn enthält nicht nur Werkmanuskripte des Schriftstellers aus allen Schaffensperioden, sondern auch seine Notizbücher, Korrespondenz und Bücher aus seiner Privatbibliothek.

Wertvoll als Quelle zum russisch-deutschen Kulturdialog ist das Archiv des Schriftstellers und Essayisten Boris Chazanov. Der Vorlass enthält außer Manuskripten und Vorarbeiten zu seinen Romanen Korrespondenzen und Notizen aus den 1970er bis 1990er Jahren.

Zu den wichtigen größeren Vorlässen gehört das Archiv des Schriftstellers Vladimir Vojnovič – Autor des Aufsehen erregenden satirischen Romans „Žizn' i neobyčajnye priključenija soldata Ivana Čonkina“ (Die denkwürdigen Abenteuer des Soldaten Iwan Tschonkin) – und seiner Frau Irina. Neben Werkmanuskripten und der Korrespondenz des seit 1980 in München im Exil lebenden Ehepaars sind Leserbriefe der 1960er und 1990er Jahre von besonderem Interesse. Unterlagen dieser Art eröffnen eine neue Forschungsperspektive für die Analyse der öffentlichen Meinung in den letzten vier Jahrzehnten der Sowjetunion.

Im Familienarchiv der Literaten Olga Ivinskaja und ihrer Tochter Irina Emel'janova [F. 127] finden sich wichtige Unterlagen zur Geschichte der russischen Literatur des 20. Jahrhunderts und zur sowjetischen Kulturpolitik. Sie enthalten Informationen zur Veröffentlichung von Boris Pasternaks Roman „Doktor Živago“ im Westen und zu den nachfolgenden Repressionen gegen Olga Ivinskaja und ihre Familie.

Beachtung verdienen auch etliche kleinere Bestände, die in der Gesamtübersicht über die Archivsammlungen im Einzelnen aufgeführt sind. Als Beispiele erwähnt seien ein unveröffentlichtes Manuskriptbändchen des Dichters Georgij Ivanov (1910) [F. 30.2], Briefe der Familie Bunin im Bestand von Galina Kuznecova [F. 141] und ein Manuskript des im Lager entstandenen Poems „Pervaja ljubov'“ (Die erste Liebe) von Jaroslav Smeljakov mit einer Widmung für den Dichter Evgenij Vinokurov.

Die Nachlässe und Teilnachlässe von Alexander Galič im Bestand von Irina Roskina [F. 30.183] und Georgij Vladimov [F. 130] sind für die wissenschaftliche Forschung unverzichtbar. Das Archiv Vladimovs enthält den umfangreichen Briefwechsel mit der Mutter des Schriftstellers und anderen Familienmitgliedern von den 1950er bis Anfang der 1980er Jahre. Wertvolles biographisches und literaturhistorisches Material enthält auch die Geschäftskorrespondenz Vladimovs (einschließlich seiner Zeit als Chefredakteur der Zeitschrift *Grani*).

Von Interesse für den Literaturhistoriker ist ferner der Teilnachlass der Schriftstellerin Galina Kuznecova [F. 141]. Hier finden sich Briefe von Ivan Bunin, Gajto Gazdanov, Vladimir Nabokov, Fedor Stepun sowie von Emigranten der zweiten Welle, die ihr Leben in Deutschland und den USA beleuchten.

Aus Großbritannien erhielt die Forschungsstelle den größten Teil des Archivs des Kunsthistorikers Igor' Golomštok, der bis zu seinem Exil 1974 großen Anteil daran hatte, die sowjetische Öffentlichkeit mit Strömungen der modernen Kunst vertraut zu machen [F. 61].

Seit der zweiten Hälfte der 1990er Jahre kommen persönliche Archive ganz oder in Teilen auch aus Russland und anderen ehemaligen Sowjetrepubliken. Aus Riga stammen die Samizdat-Sammlungen von Jurij Abyzov, Boris Ravdin und anderen [F. 117], aus Moskau die Samizdat-Sammlung des Literaturwissenschaftlers Leonid Pinskij [F. 90] sowie des Soziologen Leonid Blecher [F. 93], aus St. Petersburg die des Philologen Georgij Levinton [F. 120].

Wie erwähnt, hängt die Bedeutung eines Archivbestands weder von dessen Größe noch von der Bekanntheit seines Gebers ab. In Bremen finden sich Nachlässe von Persönlichkeiten, die trotz ihrer außergewöhnlichen Biographien in der Öffentlichkeit wenig oder gar nicht bekannt sind. Hierzu gehört etwa der Liedermacher und Regimekritiker Viktor Vasil'evič Tomačinskij (1945 –1983) [F. 30.182]. Seine Gedichte publizierte er 1979 im „Tomizdat“ (eine Anspielung auf Samizdat, Tamizdat und den eigenen Namen des Autors). Ende 1970 bis 1981 verfasste Tomačinskij auch andere Texte, darunter ein Schreiben an die polnische Solidarność. Seine letzte politische Aktion – ein Gerichtsverfahren gegen das sowjetische Innenministerium und den KGB – inszenierte Tomačinskij als Happening, für das er an seine Freunde selbst gestaltete Einladungskarten verteilte. 1982 wurde er wegen „Parasitismus“ inhaftiert und verurteilt. Er starb wenige Monate später im Juli 1983 im Lager. Alle Schlüsseldokumente seines kurzen Lebens, einschließlich der erwähnten Einladungskarten und des Gerichtsurteils, befinden sich im Archiv der Forschungsstelle.

Polen

Wolfgang Schlott

in Zusammenarbeit mit Angela Murche-Kikut

Das polnische Archiv umfasst im Wesentlichen unzensierte politische Schriften, Dokumente unabhängiger Initiativen und Bewegungen, literarische und künstlerische Arbeiten sowie audiovisuelle Medien aus dem Zeitraum von 1956 bis zum politischen Umbruch 1989, für die in Polen die Bezeichnung „drugi obieg" (zweiter Umlauf) verwendet wird. Es handelt sich um Bulletins, Zeitschriften, monographische Werke (Buchausgaben, Broschüren, Manuskripte) und Informationsmedien unterschiedlichen Typs (Plakate, Flugblätter, Briefmarken, Photographien, Tonbänder und Videokassetten, Druckmaschinen, Kunstobjekte, Kunstdokumentationen). Die Archivbestände werden im Folgenden nach thematischen Bereichen vorgestellt: Bürger- und Menschenrechtsbewegung, Gewerkschaften und gewerkschaftliche Gruppierungen, religiöse Bewegungen und Kirche, Jugend- und Studentenbewegung, politische Gruppierungen, unabhängige Kultur, Literatur, bildende Kunst, Theater, Film, Musik, Forschung und Lehre sowie Exil.

Erster Jahrestag der Solidarność August 1980. Plakat, 1981

Bürger- und Menschenrechtsbewegung

Die Materialien zur Bürger- und Menschenrechtsbewegung umfassen hunderte von Dokumenten und Zeugnissen oppositioneller Initiativen und alternativen Denkens in Polen von den 1950er bis 1980er Jahren (vgl. Sammlung Kleinschriften). Dazu gehören die frühen Bulletins des im September 1976 entstandenen *Komitet Obrony Robotników (KOR*; Komitee zur Verteidigung der Arbeiter) und des 1977 gegründeten *Komitet Samoobrony Społecznej ‚KOR' (KSS ‚KOR'*; Komitee zur Gesellschaftlichen Selbstverteidigung ‚KOR') ebenso wie die Appelle zur Verteidigung der gegen die Erhöhung der Lebensmittelpreise und die Unterdrückung der Meinungsfreiheit streikenden Arbeiter in Ursus und Radom. Darüber hinaus sind die Zeitschriften von *Ruch Obrony Praw Człowieka i Obywatela (ROPCiO*; Bewegung zur Verteidigung der Menschen- und Bürgerrechte) – wie *Opinia* (Die Meinung) – und die der Unabhängigen Bauernbewegung, *Placówka* (Vorposten), zu nennen.

In der Sammlung Monographien und Sammelwerke befindet sich neben dem von *KSS ‚KOR'* im Jahr 1978 herausgegebenen „Apel do społeczeństwa" (Appell an die Gesellschaft) und „Etos Komitetu Obrony Robotników" (Ethos des Komitees zur Verteidigung der Arbeiter) von Jan Józef Lipski auch die Ausgabe von Karol Głogowskis „Ruch Obrony Praw Człowieka i Obywatela wobec ratyfikacji Międzynarodowych Paktów Praw Człowieka" (Die Bewegung zur Verteidigung der Rechte des Menschen und Bürgers angesichts der Unterzeichnung der Internationalen Menschenrechtsabkommen), herausgegeben von „Wydawnictwo Polskie" (1977). Zahlreiche Dokumente zur frühen Phase der Bürger- und Menschenrechtsbewegung befinden sich auch in der Sammlung Wojciech Turek. Es handelt sich um Schriften von *ROPCiO* und *KOR*, Jacek Kuroń wie auch von Menschenrechtsgruppen aus dem Danziger Raum.

Nach der Inkraftsetzung des Kriegsrechts entstanden in der ersten Hälfte der 1980er Jahre weitere Organisationen, die im Rahmen der unabhängigen Menschenrechts-, Friedens-, Umwelt-, Studenten- und Jugendbewegung agierten. Das *Warschauer Komitet Oporu Społecznego* (*KOS*; Komitee für Gesellschaftlichen Widerstand) gab Hefte für die Nationale Bildung (Zeszyty Edukacji Narodowej) heraus, die dem sich etablierenden unabhängigen Wissenschaftsbetrieb als Unterrichtsmaterialien dienten. Das Archiv verfügt über eine umfangreiche Dokumentation dieses Komitees. Das 1982 gegründete *Ogólnopolski Komitet Oporu Rolników* (*OKOR*; Nationales Widerstandskomitee der Bauern) war durch das Zentralorgan *Żywią i Bronią* (Ernähren und Wehren) repräsentiert. Eine wichtige Rolle bei der Verteidigung von angeklagten Bürgern übernahmen die *Komitety Obrony Więzionych za Przekonania* (*KOWzP*; Komitees zur Verteidigung der für ihre Überzeugungen Verurteilten), darunter auch das *Komitet Helsiński* (Helsinki-Komitee). Beide Organisationen sind mit einzelnen Schriften im Archiv vertreten (vgl. Sammlung Kleinschriften).

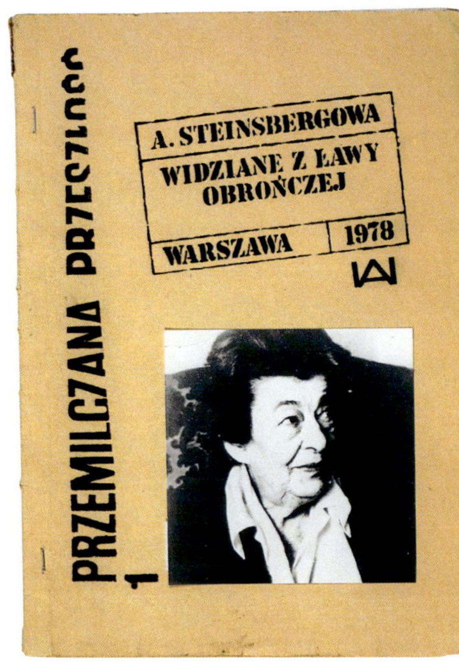

Aniela Steinsbergowa: *Von der Verteidigungsbank aus betrachtet*, Warschau 1978 (Aufzeichnungen über politische Prozesse)

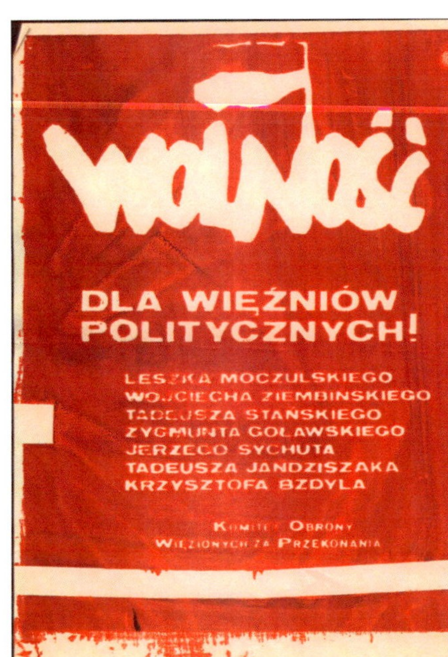

Freiheit für die politischen Gefangenen. Plakat des Komitees zur Verteidigung der für ihre Überzeugung Inhaftierten, o.J.

Gewerkschaften und gewerkschaftliche Gruppierungen

Die Presse- und Informationsmedien der Solidarność bilden einen der Sammlungsschwerpunkte des Archivs. Die ersten eigenständigen Publikationen entstanden im Zusammenhang mit der Gründung von Regional- und Betriebskomitees der Gewerkschaften im Zeitraum von August 1980 bis Dezember 1981. Hunderte von Informationsblättern und Zeitschriften kamen in den Umlauf. Sie waren für den innergewerkschaftlichen Gebrauch bestimmt. Das gewerkschaftliche Zentralorgan *Tygodnik Solidarność* (Wochenzeitschrift Solidarność) hatte eine Auflage von 500.000 Exemplaren und erschien als kulturpolitische Zeitschrift bis zur Ausrufung des Kriegsrechts im Dezember 1981 in 37 Nummern. Die Artikel setzten sich mit den Aufgaben und Zielen einer unabhängigen Gewerkschaftsbewegung auseinander, stellten die historische Entwicklung Polens nach 1945 dar und betrachteten die politischen Machtverhältnisse nach der Gründung von Solidarność. Ihr inhaltliches Spektrum umfasste Analysen der staatlichen Repressionen gegen die Arbeiterrevolten der 1950er bis 1970er Jahre, der Zensurmaßnahmen des Staates in Print- und audiovisuellen Medien, der wirtschaftlichen Lage des Landes wie auch der Korruptionsmechanismen in staatlichen Betrieben. Auch die kulturelle Situation Polens wurde beleuchtet. Themen wie die Rolle der Untergrundpresse in den 1970er Jahren, der Einfluss der Exilliteratur auf die polnische Literatur, die Zensureingriffe in das polnische Kino wie auch die Mängel des staatlichen Kulturbetriebs wurden oft behandelt. Die Wochenzeitschrift wurde von renommierten Publizisten wie Tadeusz Mazowiecki und Bogdan Cywiński herausgegeben.

Das breite Spektrum der gewerkschaftlichen Publikationsorgane verdeutlichen die zahlreichen Titel von Tages- und Wochenzeitschriften, Mitteilungsblättern und Kommuniqués sowie die meist wöchentlich oder monatlich produzierten Bulletins mit regionalem, betrieblichem oder beruflichem Bezug. Parallel dazu besaßen sowohl die Bauerngewerkschaften *Solidarność Wiejska* (Landsolidarität), *NSZZ Rolników Indywidualnych* (Unabhängige Selbstverwaltete Gewerkschaft der Einzelbauern) als auch die an den Universitäten organisierte unabhängige Studentenbewegung *Niezależny Związek Studentów* (Unabhängiger Studentenverband) eigene Zeitschriften und Bulletins.

Das landesweit geschaffene publizistische Netz konnte auch nach der Verhängung des Kriegsrechts – trotz Internierungslager und Repressionen – nicht zerstört werden. Obwohl die Produktion der Printmedien in den Untergrund gedrängt wurde, ist die Mehrzahl der gewerkschaftlichen Informationsschriften seit Beginn des Jahres 1982 unter großen Schwierigkeiten weiterhin erschienen und vertrieben worden. Von zentraler Bedeutung waren die unter dem Namen Solidarność herausgebrachten Mitteilungsblätter wie *Tygodnik Mazowsze* (Wochenzeitung Masowien), *Jedność* (Einheit), *CDN* (Fortsetzung folgt) und *Z Dnia na Dzień* (Von Tag zu Tag). Besonders hervorzuheben ist die Wochenzeitung *Tygodnik Mazowsze*, die bis zum Jahr 1989 trotz schwieriger Bedingungen die hohe Zahl von 500 Ausgaben erreichte.

Von den insgesamt 2.500 bekannten, in der Sammlung Periodika des zweiten Umlaufs enthaltenen Zeitschriften sind rund 1.500 allein den gewerkschaftlich organisierten Gruppierungen zuzurechnen. Um sich einen Überblick über die mehr als tausend verschiedenen Titel zu verschaffen, die als Informationsbulletins und Nachrichtendienste unter der Obhut von Verbänden und Betrieben zwischen 1980 und 1989 erschienen sind, ist auf den Katalog der Forschungsstelle Osteuropa „Unabhängige Periodika aus Polen. 1976 –1990“, herausgegeben von Angela Murche-Kikut, Bremen 1992, zu verweisen. Die darin vorgenommene Klassifizierung nach Regionen erlaubt einen geographisch-strukturellen Zugriff auf die Aktivitäten der Gewerkschaftspresse. Eine wertvolle Ergänzung des Bestandes an gewerkschaftlichen Schriften aus dem Danziger Raum stellt die Sammlung *Wojciech Turek* dar. Sie enthält zahlreiche Schriften, Flugblätter und Typoskripte aus der Entstehungsphase der Solidarność, aus der Periode der Legalisierung der verschiedenen unabhängigen Gewerkschaften wie auch aus der Kriegsrechtphase zwischen 1981 und 1983.

Die Gewerkschaften und gewerkschaftsnahe Gruppierungen produzierten in hohen Stückzahlen auch Briefmarken und Postkarten der Untergrundpost, Aufkleber, Kalender und eigene symbolische Banknoten, deren Verkauf zur Finanzierung der gewerkschaftlichen Untergrundarbeit diente. Abzeichen, Anstecknadeln und Wimpel mit dem bekannten Solidarność-Schriftzug trugen zur Identifikation mit der Gewerkschaftsbewegung bei. Die Motive der teils von Künstlern gestalteten Briefmarken erfassen eine breite Palette von Themen: polnische Geschichte vom

Anstecknadel mit Solidarność-Schriftzug,1980er Jahre

nr 2 - 11.02.82

Solidarność

TYGODNIK MAZOWSZE

"SOLIDARNOŚĆ" nie da się podzielić ani zniszczyć"
Lech Wałęsa, I Krajowy Zjazd "Solidarności"

SŁOWO O JERZYM ZIELEŃSKIM

5 listopada 81 roku ZR Mazowsze powołał Jerzego Zieleńskiego na stanowisko redaktora naczelnego tygodnika regionu. Rozpoczęły się wstępne pertraktacje z władzami na temat druku "Mazowsza". Jurek biegał po mieście, organizował autorów, pracowników, współpracowników, zdobywał materiały. Lokal, drukarnia, nakład, objętość - wszystko to było na jego głowie. Był dziennikarzem od lat trzydziestu, dobrym dziennikarzem. Jego niepokoje związane z "Mazowszem" były wzruszająco młodzieńcze: "Czy ja temu podołam?" - pytał - "Czy uda mi się zrobić dobre pismo?". "Wiesz, - powiedział mi na kilka dni przed śmiercią - nigdy tak naprawdę nie miałem własnego pisma, chociaż czasami z tym i owym się indentyfikowałem, to będzie moje pierwsze i ostatnie, jestem przecież stary."

W nocy z 12 na 13 grudnia do szpitala, gdzie przebywał na obserwacji, przyszło dwoch młodych ludzi, by zawiadomić go, że ZOMO wkroczyło do siedziby regionu, że po domach aresztują działaczy "Solidarności", uczestników przedsierpniowej opozycji, intelektualistów... Już nigdy nie dowiemy się, o czym myślał sam, w szpitalnym pokoju. Może o swoich przyjaciołach. Miał ich wielu. Miał prawo sądzić, że większość z nich jeśli zobaczy, to raczej w więziennej celi niż na wolności.

Nad ranem wyskoczył przez okno. Dopiero miesiąc później jego koledzy z "Życia Warszawy" mogli zamieścić zawiadomienie o Jego śmierci. Na pogrzebie zabrakło tych, co siedzieli w więzieniach, zabrakło nas - ukrywających się. Przyszło kilkaset osób. Przytłaczająca cisza nad trumną. Biało-czerwone wiązanki kwiatów.

Z jego biografii wykroiłoby się kilka życiorysów, każdy nie do powstydzenia. Jerzy Zieleński, żołnierz Armii Krajowej, więzień Pawiaka, uczestnik Powstania Warszawskiego, dziennikarz "Życia Warszawy" i "Życia i Nowoczesności" - w najlepszym okresie tych pism. Współpracownik prasy niezależnej w latach 76-80; publikował w "Biuletynie Informacyjnym" i "Robotniku". To on jako pierwszy jesienią 79 roku w tekście o Wolnych Związkach Zawodowych pisał o Lechu Wałęsie. W sierpniu 80 roku był w Stoczni im. Lenina. Od początku był z nami przy organizowaniu regionu. Delegat na I Krajowy Zjazd "Solidarności". Wreszcie redaktor naczelny tygodnika "Mazowsze".

Tragiczna śmierć naszego przyjaciela przerwała Jego pracę. Przejmując po Jurku "Mazowsze" rozpoczynamy wydawania pisma od drugiego numeru.

REDAKCJA

TO BYŁO JEDNO Z NASZYCH WIELKICH POWSTAŃ NARODOWYCH

wywiad ze Zbigniewem Bujakiem i Wiktorem Kulerskim

REDAKCJA: Jak oceniacie obecną sytuację? Jakie szanse ma "Solidarność"?

Z.BUJAK: Nie da się teraz dokonać oceny, z której można by wyciągnąć proste wnioski dla naszego działania. Nie wiemy jeszcze, czy trzeba się nastawić na kilka lat, czy też już za trzy miesiące będzie możliwa akcja, która zmusi WRONę do ustępstw.

W.KULERSKI: Dopóki nie jest wyjaśniona sytuacja Wałęsy, Komisji Krajowej, całej "Solidarności", nie możemy przyjąć żadnej koncepcji działania, musimy wypracować koncepcje alternatywne. Nie wiadomo przecież, czy WRONa zdecyduje się zniszczyć "Solidarność" lub utworzyć na jej miejsce jakąś atrapę w rodzaju nowej CRZZ, czy też pozwoli na istnienie Związku w postaci kadłubowej; z pewną, choć ograniczoną, swobodą działania.

Jeśli WRONa pójdzie na wznowienie - nawet w ograniczonym zakresie - działalności Związku, to trzeba walczyć przede wszystkim o to, by pozostali w nim ludzie sprawdzeni i aby margines wolności był jak największy. Na wypadek gdyby okazało się to niemożliwe, należy już teraz tworzyć drugą strukturę związkową, nieformalną i zdecentralizowaną, a więc niewidoczną i nieuchwytną.

Z.B.: Jeśli byłaby szansa na Związek w swej dotychczasowej postaci, ze strukturą terytorialno-branżową, z niezmienionymi władzami - to warto się o to bić. Nawet przy ograniczeniu zadań do czysto związkowych (bhp, płace), nawet przy ograniczeniu prawa do strajku. Warto zatem bić się o "Solidarność" z niezmienionym statutem, strukturą i władzami. Nawet przy ograniczenia jej pola działania.

W.K.: W jakiejkolwiek postaci Związek by nie istniał - najważniejsi są ludzie. Gdyby miały to być marionetki - należy zrezygnować. Gdyby natomiast Związek mógł być prowadzony przez ludzi niezależnych, z autorytetem - to może stać się ostoją dla całego społeczeństwa.

RED.: Czy i jak możemy zmusić władze do przywrócenia Związku w postaci, na którą będziemy się mogli zgodzić?

W.K.: To, na jakie ustępstwa władza gotowa jest pójść zależy od aktywności społeczeństwa. Dlatego trzeba od zaraz budować drugą strukturę związkową: tworzyć jej podstawowe ogniwa, organizować przepływ informacji, nieoficjalne wydawnictwa, łączność. I to jest najlepsza forma nacisku. Władzy bardziej się będzie opłacało zezwolić na oficjalnie działającą "Solidarność" z pewnym marginesem niezależności niż dopuścić do wykształcenia się drugiej struktury nie ma-
nia.

RED.: Dlaczego w naszym r
podziemne władze Związk
ławskiego Regionalnego Ko
go, czy łódzkiego Międzyza
tetu "Solidarności"?

Z.B.: Powołanie teraz władz
krajowych przez ukrywając
ców miałoby sens jedynie
nie było żadnych szans na
działalności związkowej. A
my o przywrócenie "Solidar
żna powoływać nowych c
doszło do zmiany sytuacji -
konflikt z władzami pochod
Niestatutowe ciała nie pow
uzurpować sobie władzy.

RED.: Nikt nie mówi o uz
śląski RKS podpisuje się
członków zarządu z przewo
syniukiem, a w każdym nu
nu jest nagłówek "Żądamy
wodniczącego NSZZ "So
Wałęsy"

W.K.: Ukrywający się przy
się uznaniem i autorytetem
ni funkcjonować nie anoni
jako tymczasowe władze
wiązku tego nikt z nas ni
jest to realne tylko o tyle, c
w strukturze organizacyjnej
nia w obecnych warunkach.

Z.B.: Występuję przeciwko
mowych RKS-ów czy MKS
tem przeciwny tworzeniu fi
kto do takiego Komitetu wc
- niech podpisują się jak
związkową mogą być tylk
nym i znanym składzie o
znanym trybie powoływani

W.K.: Tworzenia ciał o nie
dzie, anonimowych - jest b
Otwiera to drogę nie tylko
wokacjom.

RED.: Jakie są zatem moż
ciąg

STYCZEŃ 1981

+++ W MIESIĄC PO WPROWADZENIU STANU WOJENNEGO. Protestując przeciwko rządom WRONy w wielu zakładach przerwano na krótko pracę, składano kwiaty w miejscach pamięci narodowej, odprawiano msze za internowanych, aresztowanych, zabitych. Na znak żałoby noszono znaczki "Solidarności" przepasane krepą, palono świeczki w oknach.

Załogi dolnośląskich zakładów o godz. 12 przerwały pracę i minutą ciszy uczciły pamięć ofiar Grudnia 81. W Warszawie załoga "Kasprzaka" przeprowadziła 5-minutowy strajk.

Protest - milczenie - zorganizowali w czasie dużej przerwy uczniowie LO im. Konopnickiej w Warszawie.

We Wrocławiu na zamówioną przez Regionalny Komitet Strajkowy mszę św. przybyły do katedry wrocławskiej tysiące ludzi. Ofiara przeznaczona została na pomoc dla osób represjonowanych.

+++ INTERNOWANIE WAŁĘSY. Przetrzymywany w okolicach Warszawy, dniem i nocą pilnowany przez czterech funkcjonariuszy, Lech Wałęsa zdołał przekazać gryps na odwrocie decyzji o internowaniu, wydanej 12.12.1981 z uzasadnieniem, że pozostawienie Wałęsy na wolności "zagrażałoby bezpieczeństwu państwa i porządku publicznego przez podejmowanie działań o skutkach anarchizujących życie społeczne województwa gdańskiego." (!)

Na decyzji dopisek Wałęsy: "Wręczono w dniu 21.01.82. Oryginału nie podpisałem." I dalej: "A więc metoda stopniowej eliminacji. Nie zdziwię się, kiedy zaczną mi przypisywać różne niedorzeczności. Oczywiście sprefabrykowane z podstawieniem fałszywych świadków włącznie. Oszukano całą opinię publiczną, tak naszą jak i światową tym, że nie jestem internowany, a pismo wystawione jest 12.12.81, wręczono 26.01.82. Należało by tym przykładem pokazać wredność w ich poczynaniach i publicznie ogłosić o co bardzo proszę. Ten partner nigdy nie był i nie będzie uczciwy. Dlatego ani kroku do tyłu, nie można dać nikogo eliminować, bo to jest metoda. Proszę ten przykład publicznie pokazać. Lech Wałęsa. 27.01.82"

Oprócz grypsu przewodniczący "Solidarności" przekazał też wiadomości ustnie. Informuje, że zgodził się na rozmowy z rządem, pod warunkiem, że będzie w nich uczestniczyć Prezydium KK i doradcy. Władze odmówiły zgody na udział Prezydium oraz Geremka i Mazowieckiego, przedstawiając listę ekspertów, których gotowe są dopuścić do rozmów. Wałęsa wybrał spośród nich W. Chrzanowskiego, R. Kukołowicza, J. Olszewskiego, Wł. Siłę-Nowickiego,

Wochenzeitung Masowien, Nr. 2, 11.2.1982

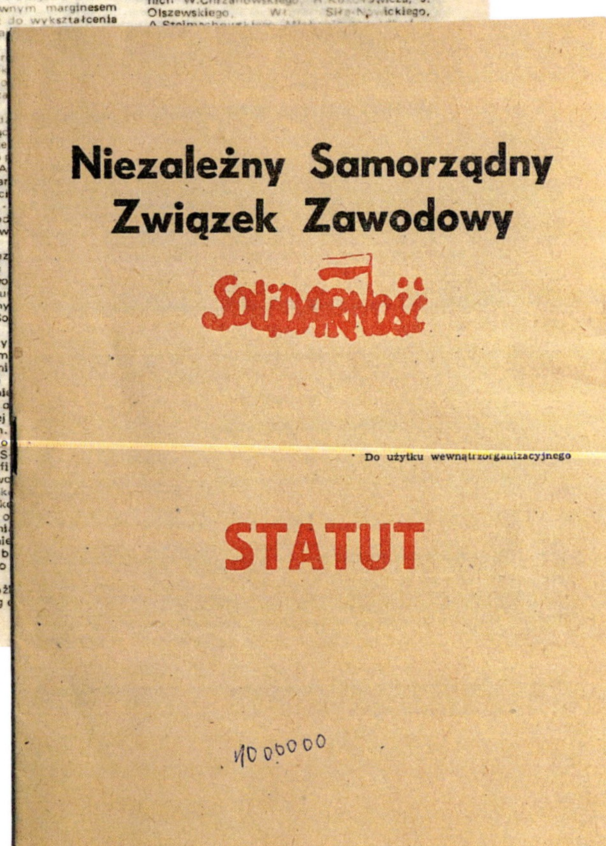

Niezależny Samorządny Związek Zawodowy

Solidarność

Do użytku wewnątrzorganizacyjnego

STATUT

Satzung der *Unabhängigen Selbstverwalteten Gewerkschaft Solidarność*, 1981

18. bis zum 20. Jahrhundert, nationale Gedenktage, politische Satire, Papstbesuche in Polen, Streikbewegung der Gewerkschaft, katholische Kirche, Persönlichkeiten des politischen und kulturellen Lebens. Die Forschungsstelle zählt rund 5.000 Objekte der oben beschriebenen Gegenstände aus dem Gewerkschaftsmilieu zu ihrem Bestand. Außerdem umfasst das Archiv etwa 3.500 Plakate aus dem politischen und künstlerischen Bereich. Die Mehrzahl der Plakate mit politischen Motiven (Gewerkschaft, Umwelt, Frieden, polnische Geschichte) stammt aus der Solidarność-Periode 1980/81. In diesem Zeitraum konnten auch großformatige Drucke produziert werden (vgl. Sammlung Objekte).

Die Aktivität der Gewerkschaften, vor allem die dramatischen Auseinandersetzungen mit der Staatsmacht auf Straßen, Plätzen und in Fabriken, ist in zahlreichen Photographien dokumentiert. Die unabhängige Agentur FAKTY vertrieb beispielsweise Photographien in kleinformatigen, selbst gefertigten Photomappen (vgl. Sammlung Photographien). Hinzuweisen ist auch auf die Sammlung Peter Raina, in der Photographien zu den Streiks in Danzig und zu den Beratungen am Runden Tisch enthalten sind.

Die audiovisuelle Sammlung enthält Tonbandaufzeichnungen von *Radio Solidarność*, vom Danziger Delegiertenkongress im September 1981 sowie von kulturellen Veranstaltungen (vgl. Sammlung Audio- und Videomaterial).

Religiöse Bewegungen und Kirche

Unter der Obhut der katholischen Kirche und in deren Umkreis erschien in den 1970er und 1980er Jahren eine große Anzahl von Schriften, die sich christlich-sozialen und kulturellen Fragen widmeten. Einige richteten sich an bestimmte Berufsgruppen. So entstand im Umkreis der Katholischen Universität Lublin *Spotkania* (Begegnungen), eine regelmäßig verlegte, unabhängige Kulturzeitschrift junger Katholiken oder *Bóg i Ojczyzna* (Gott und Vaterland) in der Warschauer Stanisław-Kostka-Kirche, wo Priester Jerzy Popiełuszko seine Predigten zur Unterstützung der verbotenen Gewerkschaftsbewegung hielt. Im kirchlichen Schutzraum wurde in mehreren schlesischen Städten *Wolne Słowo* (Freies Wort), ein Organ zur Verteidigung der Menschenrechte, herausgebracht. Zahlreiche andere Zeitschriften, wie *Chrześcijański Ruch Społeczny* (Christliche Gesellschaftliche Bewegung), *Słowo Niepodległe* (Das unabhängige Wort) oder *Wolność – Braterstwo* (Freiheit – Brüderschaft) waren in bäuerlichen Kreisen und religiösen Jugendgruppen verbreitet.

Bereits Ende der 1970er Jahre waren erste kirchlich gelenkte Gegenbewegungen wie *Ruch Światło – Życie* (Bewegung Licht – Leben) entstanden. Sie boten den Oppositionellen und ihren Familien Zuflucht und moralische Unterstützung. Im Archiv vorliegende kirchliche Schriften wie *Domowy Kościół* (Hauskirche) oder *Wspólny Dom* (Gemeinsames Haus) dokumentieren diese frühe Aktivität.

Nach Verhängung des Kriegsrechts 1981 und nach Aufruf des Bischofs Ignacy Tokarczuk 1982 bildeten sich landesweit wirkende kirchliche Gruppen der *Duszpasterstwo* (Seelsorge) zur Unterstützung verfolgter Anhänger der Solidarność. Im Rahmen der Seelsorge für Arbeiter und Bauern sowie für Akademiker wurden Hilfsaktionen für internierte Gewerkschaftler organisiert und Diskussionen zu politischen Themen veranstaltet. Aus der Reihe der Druckschriften und Bulletins, die von der Erzdiözese Warschau herausgebracht wurden, sind beispielhaft zu nennen: *Praca* (Arbeit), die Zeitschrift der Christlichen Gemeinschaft des arbeitenden Menschen, *Krzyż Nowohucki* (Das Kreuz von Nowa Huta) und *Wieczory Dyskusyjne* (Diskussionsabende) der Jesuiten in Lodz. Das Archiv verfügt über eine Vielzahl dieser kirchlichen Schriften. Daneben sind maschinenschriftlich

Briefumschlag aus Anlass der Ermordung des Priesters Jerzy Popiełuszko. Links unten: *Auf jedem Parteiausweis ein Tropfen seines Blutes*, 1984

Der Seelsorger der Solidarność Jerzy Popiełuszko (Mitte) im Gespräch mit dem Arbeiterführer Lech Wałęsa. Links neben Priester Popiełuszko Prälat Henryk Jankowski, Danzig, August 1984

vervielfältigte Homilien zu erwähnen, wie sie in der Warschauer Stanisław-Kostka-Kirche und in allen katholischen Kirchen des Landes verbreitet wurden. Dokumente zu Leben und Werk von Primas Kardinal Stefan Wyszyński aus den Jahren 1949 bis 1962 enthält die Sammlung Peter Raina. Sie umfasst auch Berichte zum Verhältnis von katholischer Kirche und Staat zwischen 1947 und 1989. Darunter befinden sich Protestbriefe gegen die Einschränkung der Rechte von Gläubigen und gegen die Unterdrückung der Kirche wie auch Briefe des Polnischen Episkopats, vertreten durch Erzbischof Bronisław Dąbrowski, an den Innenminister Czesław Kiszczak zwischen 1981 und 1989. Einen besonderen Stellenwert in dieser Sammlung haben die Berichte über die Lage in den Internierungslagern und Dokumente über die Hintergründe der Ermordung von Jerzy Popiełuszko und Grzegorz Przemyk.
Über die Beziehungen zwischen kommunistischem Staat und katholischer Kirche im Danziger Raum geben Dokumente aus der Sammlung Wojciech Turek zwischen 1945 und 1977 Aufschluss. Darunter befinden sich auch Schriften des katholischen Abgeordnetenkreises „Znak".

Die hohe moralische Autorität christlicher Persönlichkeiten wie Papst Johannes Paul II. und Priester Jerzy Popiełuszko spiegelt sich in einer Fülle von Text- und Bilddokumenten wider. Das Archiv verfügt über zahlreiche Photographien, Briefmarken, Vignetten und Devotionalien (vgl. Sammlung Photographien und Sammlung Objekte).

Jugend- und Studentenbewegung

Der größte Teil der in den 1980er Jahren publizierten unabhängigen Schriften aus der Jugend- und Studentenbewegung entstand unter dem Dach der Solidarność und der katholischen Kirche. Unter den mehr als 300 Titeln befanden sich rund 50 Schriften, die auf privater Initiative beruhten. Dieser Bestand umfasst den so genannten „trzeci obieg" (dritten Umlauf). Der dritte Umlauf bezeichnet die publizistischen Bemühungen vor allem der Jugend seit 1980. Sie richteten sich sowohl gegen die zensierte Presse der staatlichen Medien als auch gegen die unabhängige Gewerkschaftspresse.

Hervorzuheben sind auch Schülerzeitungen, die unabhängig von den staatlichen Schulbehörden erschienen. Zu nennen sind Titel wie *Korespondent* (Korrespondent; Warschau), *Quo vadis* (Breslau), *Wprost* (Direkt; Danzig). Daneben artikulierte sich auch die außerschulische Jugend mit einer Reihe von Titeln: *BMW* (*Biuletyn Młodzieży Walczącej;* Bulletin der kämpfenden Jugend) oder *Mucha* (Fliege; Organ der Grundschulen). Die Pfadfinderorganisationen brachten 23 Mitteilungsblätter heraus, darunter *Echo Harcerza* (Echo des Pfadfinders) und *Harcerz Opolski* (Oppelner Pfadfinder).

Verbreitet wurden auch Zeitschriften von Jugendgruppen im Rahmen von politischen Gruppierungen wie *Bratniak* (Studentengenossenschaft), *Polskie Porozumienie Niedpodległościowe* (Polnische Verständigung für Unabhängigkeit), *Orzeł Biały* (Weißer Adler) oder Zeitschriften der *Konfederacja Polski Niepodległej* (Konföderation Unabhängiges Polen). Auch aus anderen Bereichen der Jugendpresse verfügt das Archiv über eine bedeutende Sammlung von Zeitschriften wie *Dezerter* (Deserteur), das Sprachrohr polnischer Anarchisten, und Schriften der *Federacja Młodości Walczącej* (Föderation der kämpfenden Jugend).

Deserteur. Informationsblatt der Bewegung Freiheit und Frieden, 1987 (Ausschnitt)

Die Studentenpresse, die bereits im Winter 1980 und spätestens im Frühjahr 1981 nach der Anerkennung des Unabhängigen Studentenverbands (*Niezależny Związek Studentów, NZS)* einen Aufschwung erlebte, entfaltete sich auch unter den Bedingungen des Kriegsrechts. An den Universitäten erschienen Mitteilungsblätter, die aus Papiermangel oft Flugblattcharakter hatten. So verbreiteten die Breslauer Studenten eine Schrift namens *Akces* (Zugang), an der Katholischen Universität Lublin wurde *Curier* (Kurier) in Umlauf gebracht, an der Universität Lodz *Notatnik Akademicki* (Akademisches Mitteilungsblatt) oder an der Jagiellonen-Universität Krakau *Serwis Informacyjny NZS* (Informationsdienst NZS) (vgl. Sammlungen Periodika und Kleinschriften). Weitere Schriften zur Studentenbewegung enthält die Sammlung Wojciech Turek, deren Materialien sich vor allem auf den Danziger Raum konzentrieren: Akademischer Bund *Verbum*, die politische Gesellschaft Młoda Polska und Polityka Polska.

Politische Gruppierungen

Die Archivbestände decken das breite Publikationsspektrum der politischen Strömungen der 1970er und 1980er Jahre ab. Enthalten sind die frühen Dokumente (Programme, Resolutionen, Aufrufe, Protokolle) der *Polska Partia Socjalistyczna* (*PPS*; Polnische Sozialistische Partei). Die 1892 gegründete Partei arbeitete während der kommunistischen Herrschaft in Polen in der Emigration. Seit Anfang der 1980er Jahre entwickelte sie in Polen publizistische Aktivitäten. Im zweiten Umlauf gab sie sowohl *Robotnik* (Arbeiter) als auch *Naprzód* (Vorwärts) und *Poznański Informator PPS* (Posener Informationsschrift) heraus.

Die politische Gruppierung *Polskie Porozumienie Niepodległościowe* (*PPN*; Polnische Verständigung für Unabhängigkeit) entstand im Mai 1976. Zahlreiche ihrer Schriften, die im Untergrundverlag NOWA in der Reihe „Opracowania zespołów problemowych" gedruckt wurden, befinden sich im Polnischen Archiv, darunter auch das Gründungsdokument und Programmentwürfe von 1979. Die gleichnamige Zeitschrift der Gruppierung *PPN* befindet sich in der Sammlung Periodika des zweiten Umlaufs.

Zu den nationalkonservativen Gruppierungen gehört *Konfederacja Polski Niepodleglej* (*KPN*; Konföderation Unabhängiges Polen). Sie vertrat eine radikale antikommunistische Haltung. Im Bestand Kleinschriften befinden sich ihre Gründungsprotokolle aus dem Jahr 1979, Resolutionen, Manifeste, Kommuniqués, Broschüren, Zeitschriften und in der Sammlung Periodika ihre Publikationsorgane: *Droga* (Weg), *Przyszłość Polski* (Zukunft Polens) und *Strzelec* (Schütze).

Die 1984 gegründete *Liberalno-Demokratyczna Partia 'Niepodległość'* (*LPD*; Liberal-Demokratische Partei ‚Unabhängigkeit') knüpfte an die Traditionen liberalen Denkens an und stellte sich den aktuellen Aufgaben bei der Schaffung eines demokratischen Staates.

Das Archiv verfügt über zahlreiche Quellen zur Tätigkeit von *Ruch Młodej Polski* (Bewegung Junges Polen). In der Sammlung Wojciech Turek befinden sich außerdem Dokumente aus der Region Danzig zur *Gdańskie Towarzystwo Polityczne „Młoda Polska"* (Danziger Politische Vereinigung „Junges Polen") wie auch zur Danziger Vereinigung *Polityka Polska* (Polnische Politik) aus den 1980er Jahren.

Das *Komitet Porozumienia na rzecz Samostanowienia Narodu* (Verständigungskomitee für Nationale Selbstbestimmung) gab die Zeitschrift *Rzeczpospolita* (Republik) heraus; *Kongres Solidarności Narodu* (Kongress der Volkssolidarität) verlegte die Zeitschrift *Solidarność Narodu* (Volksolidarität).

Für die Untergrundbewegung waren auch die

Unabhängiges Polen. Zeitschrift der PPN, Nr. 1, 1986

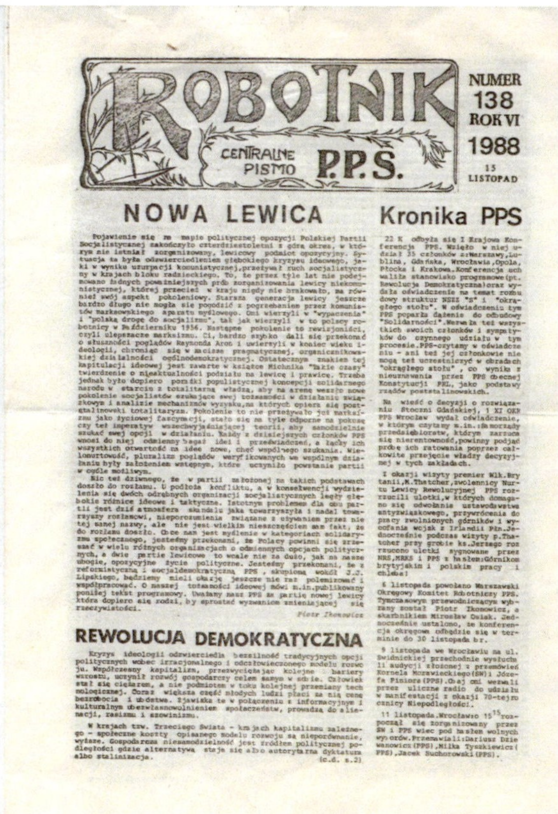

Der Arbeiter, Zeitschrift der PPS, Nr. 138, 15.11.1988

der Solidarność nahe stehenden, eigenständigen politischen Gruppierungen wie *Solidarność Walcząca* (Kämpfende Solidarität) und *Kongres Solidarności Narodu* (Kongress der Volkssolidarität) von Bedeutung.

Seit Mitte der 1980er Jahre entsteht auch in Polen unter Beteiligung verschiedener politischer Gruppierungen eine Umwelt- und Friedensbewegung. Die größte, landesweit vertretene Bewegung *Wolność i Pokój* (Freiheit und Frieden) gab über zwanzig verschiedene Mitteilungsblätter heraus. Zu nennen sind vor allem die in Breslau, Krakau und Stettin verlegten „Zentralorgane" der *Wolność i Pokój*-Bewegung: *Serwis Informacyjny Ruchu WiP* (Informationsservice der Bewegung Freiheit und Frieden) und *Co Było?* (Was war?). Weitere Periodika von Natur- und Umweltklubs zu ökologischen Fragen waren: *Beek* (Tierschutzverein), *Serwis Ochrony Środowiska* (Umweltschutz-Service), *Wielkopolski Informator Ekologiczny* (Großpolnische Ökologische Informationsschrift), *Zielona Lista* (Grüne Liste), *Zielone Brygady* (Grüne Brigaden), *Zielone Lustro* (Grüner Spiegel) (vgl. Sammlungen Periodika und Kleinschriften).

Fragen der nationalen und ethnischen Minderheiten wurden von unterschiedlichen politischen Gruppierungen in ukrainisch-, polnisch- und kaschubischsprachigen Zeitschriften diskutiert. Im Archiv befinden sich die zwischen 1986 und 1989 publizierten Zeitschriften *Dialog* (Dialog), *Sučasnist'* (Gegenwart), *Zustriči* (Begegnungen). Sie setzten sich mit der Geschichte der ukrainisch-polnischen Beziehungen, der Rezeption der Solidarność-Bewegung in der Ukraine, Aspekten des ukrainischen Widerstands gegen die Sowjetmacht wie auch mit der Rolle der UPA (Ukrainische Aufstandsarmee) im Zweiten Weltkrieg auseinander. *Dialogi* (Dialoge), die an die Edition des polnisch-ukrainischen Bulletins von 1932 anknüpften, beschäftigten sich mit der geistigen und materiellen Situation der Kirche in der Ukraine, berichteten über den atomaren Supergau in Tschernobyl und deckten die Hintergründe der Deportation von Ukrainern und Lemken im Sommer 1947 auf. Die beiden in der Kaschubei aufgelegten Zeitschriften *Kaszëba* (Kaschubei) und *Tatczëzna* (Vaterland) widmeten sich zum einen der Untergrundarbeit für die Solidarność im Wejherower Land, zum anderen der sprachlichen Autonomie des Kaschubischen unter den repressiven Bedingungen in der VR Polen. Die Zeitschrift *Obóz* (Lager) setzte sich mit Fragen der nationalen und ethnischen Zusammenarbeit zwischen einzelnen Ländern in Ost- und Ostmitteleuropa und der politischen Unabhängigkeit Polens auseinander. In den 1980er Jahren wird die Minderheitenproblematik kaum in Monographien thematisiert. Ausnahmen sind die Publikationen von Bohdan Skaradziński (Pseudonym für Kazimierz Podlaski) zum Verhältnis der Polen zu Weißrussen, zu Litauern und Ukrainern nach 1945.

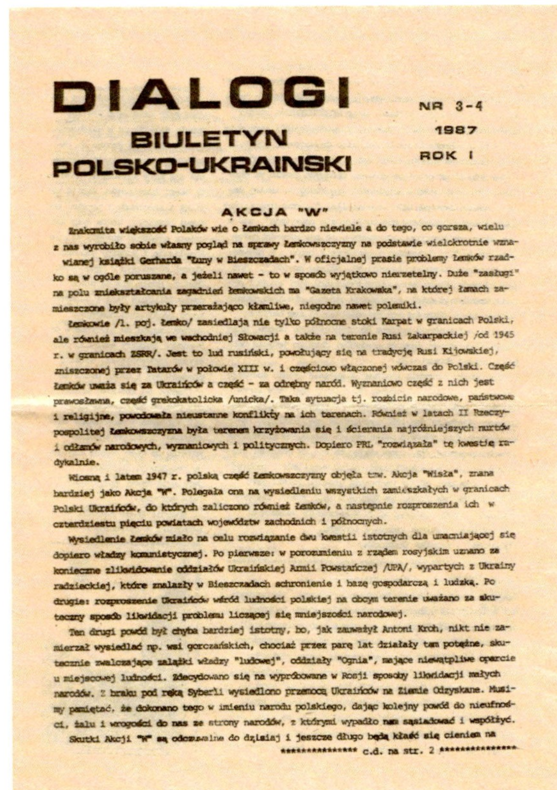

DIALOGI
BIULETYN POLSKO-UKRAINSKI

NR 3-4
1987
ROK I

AKCJA "W"

Znakomita większość Polaków wie o Łemkach bardzo niewiele a do tego, co gorsza, wielu z nas wyrobiło sobie własny pogląd na sprawy Łemkowszczyzny na podstawie wielokrotnie wznawianej książki Gerharda "Łuny w Bieszczadach". W oficjalnej prasie problemy Łemków rzadko są w ogóle poruszane, a jeżeli nawet - to w sposób wyjątkowo nierzetelny. Duże "zasługi" na polu zniekształcania zagadnień łemkowskich ma "Gazeta Krakowska", na której łamach zamieszczone były artykuły przerażająco kłamliwe, niegodne nawet polemiki.

Łemkowie /l. poj. Łemko/ zasiedlają nie tylko północne stoki Karpat w granicach Polski, ale również mieszkają we wschodniej Słowacji a także na terenie Rusi Zakarpackiej /od 1945 r. w granicach ZSRR/. Jest to lud rusiński, powołujący się na tradycję Rusi Kijowskiej, zniszczonej przez Tatarów w połowie XIII w. i częściowo włączonej wówczas do Polski. Część Łemków uważa się za Ukraińców a część - za odrębny naród. Wyznaniowo część z nich jest prawosławna, część grekokatolicka /unicka/. Taka sytuacja tj. rozbicie narodowe, państwowe i religijne, powodowała nieustanne konflikty na ich terenach. Również w latach II Rzeczypospolitej Łemkowszczyzna była terenem krzyżowania się i ścierania najróżniejszych nurtów i odłamów narodowych, wyznaniowych i politycznych. Dopiero PRL "rozwiązała" tę kwestię radykalnie.

Wiosną i latem 1947 r. polską część Łemkowszczyzny objęła tzw. Akcja "Wisła", znana bardziej jako Akcja "W". Polegała ona na wysiedleniu wszystkich zamieszkałych w granicach Polski Ukraińców, do których zaliczono również Łemków, a następnie rozproszenia ich w czterdziestu pięciu powiatach województw zachodnich i północnych.

Wysiedlenie Łemków miało na celu rozwiązanie dwu kwestii istotnych dla umacniającej się dopiero władzy komunistycznej. Po pierwsze: w porozumieniu z rządem rosyjskim uznano za konieczne zlikwidowanie oddziałów Ukraińskiej Armii Powstańczej /UPA/, wypartych z Ukrainy radzieckiej, które znalazły w Bieszczadach schronienie i bazę gospodarczą i ludzką. Po drugie: rozproszenie Ukraińców wśród ludności polskiej na obcym terenie uważano za skuteczny sposób likwidacji problemu liczącej się mniejszości narodowej.

Ten drugi powód był chyba bardziej istotny, bo, jak zauważył Antoni Kroh, nikt nie zamierzał wysiedlać np. wsi gorczańskich, chociaż przez parę lat działały tam potężne, skutecznie zwalczające zalążki władzy "ludowej", oddziały "Ognia", mające niewątpliwe oparcie u miejscowej ludności. Zdecydowano się na wypróbowane w Rosji sposoby likwidacji małych narodów. Z braku pod ręką Syberii wysiedlono przemocą Ukraińców na Ziemie Odzyskane. Musimy pamiętać, że dokonano tego w imieniu narodu polskiego, dając kolejny powód do nieufności, żalu i wrogości do nas ze strony narodów, z którymi wypadło nam sąsiadować i współżyć.

Skutki Akcji "W" są odczuwalne do dzisiaj i jeszcze długo będą kłaść się cieniem na

*************** c.d. na str. 2 ***************

Dialoge. Polnisch-ukrainisches Bulletin, Nr. 3-4, 1987

PISMO RUCHU
WOLNOŚĆ i POKÓJ
czerwiec 1987 nr 2
SZCZECIN

MIĘDZYNARODOWE SEMINARIUM POKOJOWE
Warszawa 7-9 maja 1987
Ruch „Wolność i Pokój"

W dniach 7-9 maja w pomieszczeniach parafialnych warszawskiego kościoła Miłosierdzia Bożego przy ul. Żytniej odbyło się międzynarodowe seminarium zorganizowane przez Ruch "Wolność i Pokój". Wzięło w nim udział ponad 200 osób z Polski i ponad 60 z zagranicy - przedstawiciele organizacji politycznych i społecznych, ruchów pokojowych z Belgii, Czechosłowacji /przedstwiciel Karty 77 Jirzi Vancura/, Danii, Finlandii, Francji, Holandii Norwegii, RFN, Szwecji, Szwajcarii, USA, Wielkiej Brytanii, Jugosławii i Berlina Zachodniego. Zebrani rozważyli głównie problematykę związaną ze sposobami działania na rzecz pokoju, budową zaufania i porozumienia między społeczeństwami, badali związki między pokojem a prawami człowieka, pokojem a polityczną demokracją.

Pierwszego dnia miało miejsce spotkanie panelowe zatytułowane: "Tchnąć prawdziwe życie w porozumienie helsińskie" prowadzone przez Joan Epstein z USA, Haralda Epsteina z RFN oraz Bronisława Geremka, odbyła się również sesja historyczna. Tego dnia wypowiadali się m.in. T. Łepkowski, K. Kersten[illegible], J. Holzer, T. Szarota, S. Kieniewicz, O.J. Salij, S. Bratkowski. W piątek seminarium toczyło się w czterech grupach dyskusyjnych na temat nowego etapu polityki odprężeniowej, współpracy ruchów pokojowych na Wschodzie i Zachodzie, zagadnień związanych z odmową służby wojskowej i walką bez przemocy, a także zagadnień ekologicznych. Odprawiono mszę, a przedstawiciele różnych wyznań modlili się o pokój.

Ostatniego dnia seminarium w sobotę uczestnicy przyjęli wspólne dokumenty, deklarację "Pokój a prawa człowieka", deklarację i "Apel na Międzynarodowy Dzień Sprzeciwu Sumienia 15 maja" domagającą się prawa do odmowy służby wojskowej, "Protest w sprawie Moskiewskiej Grupy Budowy Zaufania", której odmówiono przybycia do Polski oraz "Deklarację ekologiczną" nawołującą do międzynarodowej współpracy i likwidacji wojskowych i cywilnych instalacji jądrowych.

Tego dnia uczestnicy seminarium złożyli kwiaty na grobie ks. Jerzego Popiełuszki, a w niedzielę pojechali do Machowej, aby uczcić pamięć Ottona Schimka.

Zorganizowaniu seminarium ostro przeciwdziałały władze. Urząd ds. Wyznań wystosował do warszawskiej Kurii pismo, w którym inicjatywa WiP określona została jako "prowokacja na międzynarodową skalę, która godzi w wizytę Ojca Św. w Polsce. Milicja i SB zatrzymały w kilku miastach Polski 27 osób, z tego kilka przetrzymywano dwa razy po 48 godz. Ponad 20 osób nie dostało wiz wjazdowych do Polski, m.in. posłowie parlamentu Norwegii, Parlamentu Europejskiego, przedstawiciel ruchu Pugwash. Seminarium było natarczywie inwigilowane przez pracowników SB, tak że zebrani zdecydowali się nie opuszczać pomieszczeń parafialnych i nocowali na miejscu.

Seminarium spotkało się z ogromnym zainteresowaniem zachodnich środków społecznego przekazu jako pierwsza tego typu inicjatywa w krajach socjalistycznych. To dodatkowo denerwowało władze, mitygowane jednak przez odbywające się równolegle imprezy oficjalne: Kongres PRON i Dzień Zwycięstwa.

/PWA Region Mazowsze, nr 100, 13.05.87/

1

Zeitschrift der Bewegung Freiheit und Frieden, Stettin, Nr. 2, Juni 1987

Kulturzeitschriften

Ein wichtiger Sammlungsschwerpunkt des Archivs sind Kulturzeitschriften, die für die unabhängigen Künstler und Schriftsteller der 1980er Jahre oft das einzige Sprachrohr bildeten, darunter *Arka* (Arche), *Brulion* (Schmierheft), *Czas Kultury* (Kulturzeit), *Kultura Niezależna* (Unabhängige Kultur), *NaGłos* (Laut), *Obecność* (Gegenwart), *Puls* (Puls), *Wezwanie* (Herausforderung) und die erste unabhängige Kulturzeitschrift *Zapis* (Aufzeichnung). Jede dieser Zeitschriften repräsentierte ein breites kulturelles Spektrum. Die in Warschau redigierte *Zapis* (1977–1981) veröffentlichte sowohl Texte aus den Bereichen Prosa, Lyrik, Essay, Feuilleton als auch Notizen über bedeutende Ereignisse in der Kulturpolitik. Zu ihren Autoren gehörten Schriftsteller, Dichter, Wissenschaftler und Publizisten wie Jerzy Andrzejewski, Stanisław Barańczak, Kazimierz Brandys oder Marek Nowakowski. Sie publizierten in *Zapis* ihre von den Zensurbehörden verbotenen Texte und nutzten die Zeitschrift als Forum autonomen Denkens. 1978 erschien die von den Dichtern und Schriftstellern Jacek Bierezin und Witold Sulkowski herausgegebene Literaturzeitschrift *Puls*. Sie wurde bis 1980 in Polen und danach von der Organisation *Puls Publications* in London als Exilzeitschrift vertrieben. Die in Krakau zwischen 1983 und 1989 verlegte Literatur- und Kulturzeitschrift *Arka* wurde in 26 Ausgaben in Umlauf gebracht. Eine Extraausgabe, Nr. 13, druckte eine Auswahl von Texten aus der russischen Exilzeitung *Russkaja mysl'* (Russisches Denken). Die ebenfalls in Krakau publizierte Zeitschrift *Brulion* begriff sich als literarisches Sprachrohr der jungen Generation, die im Untergrund gegen die Werke bereits etablierter oppositioneller Schriftsteller polemisierte. *Czas Kultury* hingegen, 1986 in Posen entstanden, druckte nicht nur literarische Texte, sondern dokumentierte auch die Kunst- und Musikszene vor allem im westpolnischen Raum. *NaGłos* stellte eine Besonderheit dar. Sie publizierte unzensierte Texte von Lesungen, die im Krakauer katholischen Milieu, dem Treffpunkt der polnischen literarischen Elite seit 1982, stattfanden.

Kultura Niezależna wurde 1984 unter dem Eindruck des desolaten Kulturbetriebs in Warschau gegründet. Die Zeitschrift setzte sich kritisch mit der Situation der unabhängigen Kultur auseinander, publizierte Essays, Gedichte, Interviews, Stellungnahmen und kommentierte wichtige kulturelle Ereignisse im monatlichen Rhythmus.

Wezwanie erschien zwischen 1982 und 1989 mit insgesamt 15 Ausgaben. Ihr Untertitel ‚Unabhängige Literaturzeitschrift' verwies auf die Ambitionen einer jungen Schriftstellergeneration, deren Texte in den wenigen offiziellen Literaturzeitschriften aus politischen und ästhetischen Gründen nicht erscheinen durften.

Diese Kulturzeitschriften bildeten die Grundlage für die unabhängige literarische und kulturelle Entwicklung in Polen. Etwa drei Dutzend weitere regionale Kulturzeitschriften sind entstanden, darunter auch solche, die der allgemeinen Bildung dienten, wie Publikationen des *Społeczny Komitet Nauki* (Gesellschaftliches Komitee der Wissenschaft) und des *Komitet Kultury Niezależnej* (Komitee für Unabhängige Kultur). Beide waren der Solidarność angegliedert. Hinzu kommen zahlreiche interne Schriften der Polnischen Akademie der Wissenschaften.

Von Bedeutung für die Entfaltung des kulturellen Lebens waren auch die von NOWA veröffentlichten geheimen Dokumente zum Vorgehen der Zensurbehörde, wie z.B. „Czarna księga cenzury w PRL" (Schwarzbuch der Zensur in der VR Polen) und „Z księgi zapisów Głównego Urządu Kontroli Prasy, Publikacji i Widowisk" (Anweisungen aus dem Zentralen Kontrollamt der Presse und des Publikations- und Medienwesens). Eine besondere Form der polnischen Untergrundpublizistik bilden politische Satire und Karikatur.

Gegenwart. Unabhängige literarische Zeitschrift, Breslau, Nr. 10, 1985 (Vorder- und Rückseite)

Schmierheft, Zeitschrift, Krakau, Nr. 2-3, 1987

Orange Alternative Lodz. Plakat zum Jahrestag der Ausrufung des Kriegsrechts. Aufschrift: *13.12. – Tag der Solidarität mit der Bürgermiliz*

Literatur

Nach der Gründung der ersten polnischen Untergrundverlage in der zweiten Hälfte der 1970er Jahre konnten zahlreiche von der staatlichen Zensur zurückgewiesene oder direkt für den Samizdat produzierte literarische Texte publiziert werden. Die monographische Sammlung des Polnischen Archivs besteht aus rund 3.500 gedruckten Buchpublikationen, die zumeist in Kleinformaten auf Druckmaschinen unterschiedlichster Art hergestellt wurden. Sie erschienen unter schwierigen Bedingungen, wiesen erstaunlich hohe Auflagen auf und wurden wie die Zeitschriften in den zweiten Umlauf gebracht. Das breite Spektrum der literarischen Werke umfasste Romane, Erzählungen, Dramen und Gedichte, aber auch Reportagen, Erinnerungen, Tagebücher, Feuilletons. Außerdem wurden Sachbücher und wissenschaftliche Arbeiten veröffentlicht.

Der größte Untergrundverlag NOWA druckte in den ersten vier Jahren, zwischen 1977 und 1980, bis zur Entstehung der Solidarność-Bewegung im August 1980 vor allem historische und politische Schriften. Daneben wurden zahlreiche literarische Texte verlegt, die alle für das Bremer Archiv erworben werden konnten. Darunter befinden sich vor allem Werke von Exilautoren, die in staatlichen Verlagen nicht gedruckt werden durften. Die kleinformatigen „Bibuła"-Ausgaben einzelner Werke von Henryk Grynberg, Zbigniew Herbert, Gustaw Herling-Grudziński, Czesław Miłosz oder Alexander Wat gehörten ebenso dazu wie die erste polnische Ausgabe der „Blechtrommel" von Günter Grass, die 1979 bei NOWA erschien. Weitere Titel wie „Kompleks polski" (Der polnische Komplex) und „Mała apokalipsa" (Kleine Apokalypse) von Tadeusz Konwicki folgten 1977 bzw. 1979 als Sondernummern der unabhängigen Kulturzeitschrift *Zapis*. Beide Buchtitel wurden Ende der 1980er Jahre in mehreren unabhängigen Verlagen nachgedruckt. Ein Phänomen der späten 1970er Jahre war die Wanderung zahlreicher Buchtitel zwischen Samizdat und Tamizdat, die entweder im polnischen Samizdat publiziert und dann von Exilverlagen in Paris oder London übernommen wurden oder aus den westlichen Exilverlagen, dem Tamizdat, nach Polen zurückkehrten. Seit Beginn der 1980er Jahre wuchs die Zahl der kleinen Untergrundverlage, so dass auch Werke ausländischer Autoren in den zweiten Umlauf gelangen konnten, darunter „Archipel Gulag" und „Krebsstation" von Aleksandr Solženicyn sowie „1984" und „Farm der Tiere" von George Orwell.

Das Bremer Archiv besitzt etwa zwei Drittel der zwischen 1976 und 1990 in Polen außerhalb des staatlichen Verlagswesens erschienenen Buchtitel.[1]

[1] Bestandskatalog „Monographien im polnischen Zweiten Umlauf 1976 – 1990", bearbeitet von Angela Murche-Kikut. Band 2 in der Reihe „Archiv der Forschungsstelle Osteuropa. Quellen zur Zeitgeschichte und Kultur", Bremen 2008.

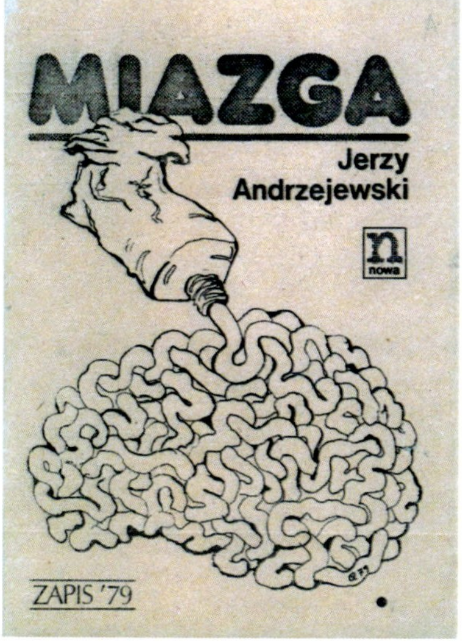

Jerzy Andrzejewski: *Der Brei*, Warschau 1979

Zbigniew Herbert: *Bericht aus einer belagerten Stadt und andere Gedichte*, Warschau 1984

Janusz Szpotański: *Genosse Lump*, Warschau 1989

Marek Sobczyk: *Marihuana*, 14. Dezember 1981, Öl auf Leinwand, 90 x 90 cm

Bildende Kunst

Die Samizdat-Ausstellung der Forschungsstelle Osteuropa im Jahre 2000 in Berlin wurde zum Anlass genommen, schon vorhandene Kunstbestände (Gemälde, Graphiken, Mail Art, Künstlerbücher, Konzeptkunst, Photographien) zu erweitern. In erster Linie handelte es sich um Erwerbungen von künstlerischen Arbeiten der 1979 gegründeten Künstlergruppe *Łódź Kaliska*. Mit ihren spektakuläre Aktionen, anarchischen Happenings und künstlerisch-programmatischen Arbeiten verschaffte sie sich in diesem Zeitraum große Anerkennung. Neben ihren Kunstwerken verfügt das Archiv über neun Ausgaben der Künstlerzeitschrift *Tango*, die *Łódź Kaliska* zwischen 1983 und 1987 in einer kleinen Auflage herausgab. Darüber hinaus erwarb die Forschungsstelle Osteuropa aus den Beständen der *Galeria Wymiany* (Exchange Gallery) in Lodz seltene Kunstdokumentationen, in denen die Warschauer und Lodzer unabhängige Kunstszene präsentiert sind sowie kunsttheoretische Schriften, die im Selbstverlag der Galerie ediert wurden. Hier wären zu nennen: „PST! czyli Sygnia Nowej Sztuki or Signs of New Art 1981–1984“ (PST! Oder Zeichen einer neuen Kunst 1981–1984) und „Kultura Zrzuty“ (Kultur der Verwerfung).

Aus dem Bereich der politischen Kunst ist Marek Sobczyks großformatiges Ölgemälde „Gandzia“ (Marihuana; 1981) zu nennen, das die Forschungsstelle Osteuropa im Jahr 2001 erwarb. Das Bild entstand unmittelbar unter dem Eindruck der Ausrufung des Kriegsrechts im Dezember 1981 und stellt General Jaruzelski als afrikanischen Despoten dar.

Einen besonderen Wert verkörpern zahlreiche Kataloge, die Künstler aus Warschau, Krakau, Posen und Breslau in Selbstverlagen hergestellt haben. Ihre Gestaltung und ihre künstlerischen Inhalte verweisen auf die pluralistischen Konzepte, die parallel zum offiziellen Kunstbetrieb, teilweise aber sogar mit dessen Hilfe entwickelt wurden.

Außerdem ist eine große Anzahl von Kleinkunstobjekten (Visuelle Poesie, Photographien, Mail Art, Konzeptkunst) polnischer Künstler in der Sammlung Groh enthalten (vgl. Sammlung Klaus Groh).

Weiterhin sind Videoarbeiten, etwa von Józef Robakowski, zu nennen, die in der Zwischenzeit Gegenstand von Forschungsarbeiten im Zusammenhang mit einer Ausstellung über experimentelle Kunst in Polen (Neues Museum Weserburg Bremen, 2006) geworden sind. Darüber hinaus besitzt das Polnische Archiv auch einen kleinen Bestand an Photographien, die künstlerische Aktionen dokumentieren. In erster Linie handelt es sich dabei um Performances, die Zbigniew Warpechowski in privaten und halbstaatlichen Galerien in den 1980er Jahren veranstaltet hat.

Theater

Unabhängige Theatergruppen, die ihre Wurzeln meist in den Studententheatern der späten 1950er Jahre haben, zeichneten sich in Polen durch originelle Inszenierungen, eigenwillige Ästhetik und Mut zum politischen Engagement aus. Die Ensembles gründeten sich in den 1960er und frühen 1970er Jahren. Das Archiv der Forschungsstelle Osteuropa verfügt über einige Zeugnisse dieses Schaffens: Programmhefte, Broschüren über das renommierte Posener *Teatr Ósmego Dnia* (Theater des Achten Tages), Videobänder mit Aufzeichnungen seiner Inszenierungen, in Untergrundverlagen erschienene Monographien über andere Theaterensembles, Ausgaben des unabhängigen *Biuletyn Teatralny* (Theater-Bulletin), Resolutionen des Theaterverbandes über die Auflösung des Verbandes der polnischen Bühnenkünstler (1982). Außerdem besitzt das Archiv Photographien von Inszenierungen, die in kirchennahen Einrichtungen, in Kirchenräumen oder in kleinen Klubs stattfanden, sowie Tonkassetten mit Mitschnitten von Kabarettaufführungen.

Theater des Achten Tages. Szene aus dem Stück „Preisnachlass für alle". Premiere am 22. März 1977 in Posen

Pompeji. Kassette mit Liedern des Barden Jacek Kaczmarski aus dem Verlag NOWA

Film

Der Schwerpunkt der Filmsammlung liegt auf Spiel- und Dokumentarfilmen, die während der kommunistischen Ära in liberalen Zwischenphasen oder unter den halblegalen Bedingungen der Solidarność-Periode produziert wurden und zum Teil erst nach dem politischen Umbruch in die Kinos kamen. Die Videosammlung, die laufend ergänzt wird, verfügt gegenwärtig über rund 150 Bänder und Kassetten (VHS oder DVD).

Verhör. Regie Ryszard Bugajski, 1983. Auf dem Einband: Krystyna Janda in dem gleichnamigen, 1982 verbotenen Film

Musik

Die Sammlung im Musikbereich konzentriert sich auf die Jugendmusikszene der 1970er bis 1980er Jahre und auf den Protestsong nach 1981. Es handelt sich dabei um Kassettenmitschnitte von Rockmusikkonzerten und Auftritten populärer Barden (Jan Krzysztof Kelus, Jacek Kaczmarski, Przemysław Gintrowski). Während Rockmusik – mit wenigen Ausnahmen – zu den offiziell geduldeten kulturellen Betätigungen gehörte, die der Machtapparat zur Kanalisierung von staatsfeindlichen „Elementen" benutzte, lieferten die Mitschnitte der wenigen öffentlichen Auftritte und der Wohnungskonzerte von Protestsängern verbotenes Tonmaterial, das bei Hausdurchsuchungen in der Regel beschlagnahmt wurde. Es handelte sich dabei um Mitschnitte verbotener Lieder aus der Solidarność-Zeit und um patriotische Liedertexte (vgl. Sammlung Audio- und Videomaterial).

Die im Polnischen Archiv aufbewahrten Tondokumente bieten ebenso wie die zahlreichen Rockzeitschriften aus den staatlichen Musikverlagen wie etwa *Non Stop*, aber auch aus dem inoffiziellen dritten Umlauf, aus dem mehr als 20 verschiedene Titel (*One Love, Christ Core, Power u.a.*) vorhanden sind, eine Quelle für vergleichende Untersuchungen der Jugendkultur der 1980er und frühen 1990er Jahre.

Forschung und Lehre

Aus der großen Anzahl unabhängiger Zeitschriften, die sich historischen, politischen, soziologischen und religiösen Themen zuwandten, sei besonders hingewiesen auf die aus Warschau stammende *Głos* (Die Stimme), die zwischen 1977 und 1990 in mehr als 66 Ausgaben herauskam, auf *Karta* (Blatt), eine unabhängige zeitgeschichtliche Monatsschrift, die zwischen 1982 und 1989 erschien, ferner auf das politische Vierteljahresheft *Krytyka* (Kritik; 33 Ausgaben zwischen 1978 und 1990) und auf *Res Publica* (38 Ausgaben zwischen 1979 bis 1990).

Zeitschriften mit vorwiegend publizistischem und teilweise populärwissenschaftlichem Charakter waren: *Obserwator Wielkopolski* (Großpolnischer Beobachter), ein Blatt für Mitglieder und Freunde der NSZZ Solidarność, das zwischen 1981 und 1990 in 160 Ausgaben in Posen erschien. *Obóz* (Lager), eine in Warschau zwischen 1981 und 1990 in 19 Ausgaben publizierte Zeitschrift, die sich auch mit der Darstellung der politischen Verhältnisse in den sozialistischen Ländern beschäftigte, sowie die in Danzig herausgegebene Zeitschrift *Przegląd Polityczny* (Politischer Überblick), die von 1983 bis 1988 mit zehn Ausgaben im zweiten Umlauf präsent war. Noch häufiger erschien die Monatszeitschrift *Nowa Respublika* (Die neue Republik), die zwischen 1984 und 1989 31 Ausgaben aufweisen konnte. Vor allem die in Warschau und Krakau im Untergrund verlegten politischen Zeitschriften hatten ein hohes Renommee, da sich unter den verantwortlichen Herausgebern und Redakteuren international angesehene Historiker und Publizisten wie Władysław Bartoszewski, Bronisław Geremek, Stefan Kisielewski, Marcin Król, Tadeusz Mazowiecki und Adam Michnik befanden.

Eine wesentliche Bereicherung des unabhängigen Wissenschaftsbetriebs war die 1977 von Władysław Bartoszewski initiierte „Fliegende Universität", der 1978 die Gesellschaft für Wissenschaftliche Kurse (*Towarzystwo Kursów Naukowych – TKN)* folgte. Sie versorgte die Studenten, die an den Vorlesungen und Seminaren der Gesellschaft teilnahmen, mit Skripten. Wichtige Themen der historischen Aufarbeitung von weißen Flecken der jüngsten Geschichte waren Katyń und Jalta, das polnisch-deutsche wie auch das polnisch-russische Verhältnis. Im Bereich der Philosophie waren es vor allem die Schriften von Leszek Kołakowski und Leszek Nowak, deren Exilausgaben in den Untergrundverlagen nachgedruckt wurden. Außerdem existierte seit 1978 in Warschau das Wissenschaftliche Diskussionsforum *Doświadczenie i Przyszłość* (*DiP*; Erfahrung und Zukunft). Seine politischen und ökonomischen Abhandlungen erschienen in einer Zeitschrift gleichen Titels.

Leszek Kołakowski: *Wer von euch möchte das vom Pech verfolgte Nashorn aufheitern?*, Krakau 1986

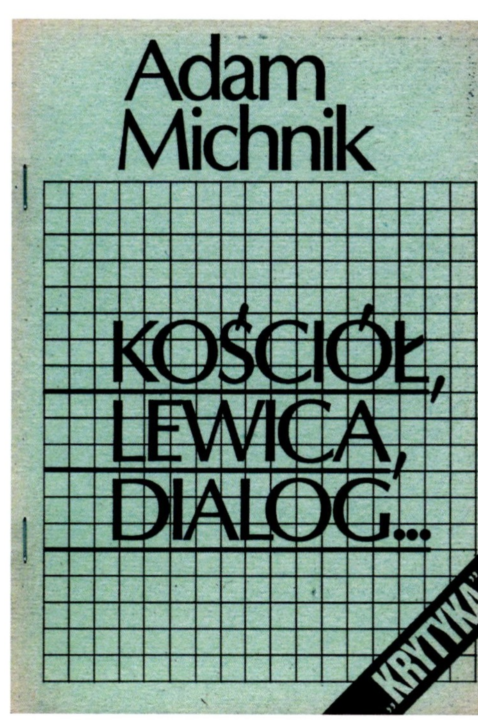

Adam Michnik: *Die Kirche und die polnische Linke*, Warschau 1983

Exil

Die Bibliothek der Forschungsstelle verfügt über zahlreiche Werke wichtiger polnischer Exilautoren aus den Jahren 1945 bis 1989. Außerdem besitzt sie eine Reihe von Exilzeitschriften, darunter *Puls* und *Aneks* (beide London), *Kultura* (Paris), *Cross Currents* (Ann Arbor, USA) und *L'Alternative* (Paris).

Die im Archiv aufbewahrten handschriftlichen Dokumente und Druckerzeugnisse aus dem Exil beschränken sich auf das von den Solidarność-Büros in west- und nordeuropäischen Metropolen herausgegebene Informationsmaterial. Es handelt sich hierbei um einzelne Ausgaben von Bulletins der Solidarność-Büros in Bremen, Brüssel, Kopenhagen, Paris und Stockholm. Ein umfangreiches Konvolut von Materialien umfasst Protestresolutionen gesellschaftlicher Organisationen und privater Personen, die sich gegen die Einführung des Kriegsrechts in Polen wandten, Dankschreiben an kirchliche Organisationen, die Hilfstransporte nach Polen finanzierten, Zeitungsausschnitte, die sich auf die Ereignisse während der Durchsetzung des Kriegsrechts in Polen beziehen, wie auch Schriftstücke von Sozialistischen Osteuropakomitees, die in der Bundesrepublik Deutschland in den 1980er Jahren gegründet wurden.

SOLIDARNOŚĆ

FAKTEN UND KOMMENTARE NR. 2, 12. 4. 1982
ZEITSCHRIFT DES INFORMATIONSBÜROS DER
SOLIDARNOSC IN BREMEN

Anschrift: Eduard Grunow Str. 2
2800 Bremen 1
Tel. 0421 / 7 71 21

An den General Jaruzelski

Für die mit Lüge beschmutzten Worte
Für die Uniform befleckt mit Bruderblut
Für die Hände mit Gewalt getrennt
Für das Volk mit Hunger gequält
Für die erschrockenen Augen des Kindes

Trage deine Uniform ab, zur Ehre der Partei
Das Volk dankt dir, General!

Für das Progrom ohne Mitleid
Für die mißbrauchte Ehre der Soldaten
Für die Qual der fürchterlichen Ohnmacht
Für die Trennungsschmerzen von Mann und Frau
Für die Tränen und Trauer der Einsamkeit

Freue dich, daß du so prächtig gewirkt hast
Das Volk dankt dir, General!

Für die mit Schlagstöcken gebrochenen Knochen
Für den Alptraum des Bruderkampfes
Für die Saat von Haß und Zorn
Dafür, daß der Soldat zum Henker wurde
Für das erwürgte Morgenrot der Freiheit

Das Denkmal deiner Taten hast du dir ewig gesetzt
Das Volk dankt dir, General!

Für die wieder angelegten Handschellen
Für das Grauen von Lagern auf polnischem Boden
Für die ausgestrahlten falschen Reden
Für die Gemeinheit der Verräter unter uns
Für die verbotene Sprache der Wahrheit

Streck die Brust raus am Kreml für die Orden
Das Volk dankt dir, General!

Das Volk sendet dir seinen Dank
Daß er auf dir laste wie Steine
Nimm ihn schnell an ohne Zieren
Vielleicht wecken sie dein Gewissen
Denn General, du kennst die Stunde
Wenn du vor dem höchsten Befehlshaber der Welt stehst
Und deinen letzten Tätigkeitsbericht abgibst
Mit dem Zeichen Kains-befleckt mit dem Blut des Bruders

Fakten und Kommentare. Zeitschrift des Informationsbüros Solidarność in Bremen, Nr. 2, 12.4.1982

Tschechoslowakei

Ivo Bock

Die Gesamtbestände des Tschechoslowakischen Archivs der Forschungsstelle Osteuropa umfassen annähernd 1.000 Monographien und Sammelwerke sowie mehr als 120 periodische Titel des Samizdat, die zum Teil vollständig, zum Teil in einer Auswahl vorhanden sind. Hinzu kommen hunderte Kleinschriften, zahlreiche Kunstobjekte, Kunstkataloge, Plakate und Photographien sowie Tonband- und Videomitschnitte, außerdem eine Schreibmaschine, mit der Samizdat-Texte geschrieben und vervielfältigt wurden, eine so genannte „Antiwanze" zum Aufspüren von Abhöreinrichtungen u.a.m.

Thematisch lassen sich die tschechischen und slowakischen Materialien in folgende Bereiche gliedern: *Charta 77*, religiöse, ökologische und Friedensgruppen, andere informelle gesellschaftliche Gruppen und Keimzellen von Parteien, Periodika und audiovisuelle Informationsmedien, Literatur (Belletristik), bildende Kunst, kultureller Underground, Prager Jazz-Sektion und Wissenschaft. Außerdem verfügt die Forschungsstelle über Materialien des tschechischen Exils, unter anderem Dokumente aus dem Bestand der Zeitschrift *Listy* (Rom) und des Index-Verlags (Köln), ein Konvolut von Typoskripten aus dem Besitz des Reich-Verlags (Luzern) und Teile des persönlichen Archivs von Klaus Juncker, dem langjährigen Leiter des Rowohlt Theater-Verlags.

Václav Havel: *Versuch, in der Wahrheit zu leben*, Prag 1980

Die *Charta 77* und andere Menschenrechtsgruppen

Zum Kern der tschechoslowakischen Bestände gehören die Materialien der *Charta 77*, der im Januar 1977, knapp neun Jahre nach der Niederschlagung des „Prager Frühlings", gegründeten Menschen- und Bürgerrechtsbewegung. Sie sind für die Erforschung der Geschichte der ČSSR während der beiden letzten Jahrzehnte der kommunistischen Herrschaft unverzichtbar, handelte es sich hierbei doch um die bedeutendste Keimzelle der tschechoslowakischen Opposition, die schließlich maßgeblich zum Sturz des alten Regimes beitrug.

In der Sammlung Periodika des Samizdat befindet sich der komplette Satz des vom Januar 1978 bis Januar 1990 erschienenen Bulletins *Informace o Chartě 77* (Informationen über die Charta 77), kurz *Infoch*. In dem Mitteilungsblatt, das meist im monatlichen, gegen Ende der 1980er Jahre zum Teil sogar im vierzehntäglichen Rhythmus herausgegeben wurde, erschienen einerseits die „Dokumente der Charta 77", andererseits verschiedene Petitionen, Proteste, Aufrufe und offene Briefe der Menschenrechtsbewegung sowie Interviews, interne Debatten und Ankündigungen von Neuerscheinungen im Samizdat. Die meist gut recherchierten und sorgfältig formulierten „Dokumente der Charta 77" behandeln verschiedene Aspekte des politischen, gesellschaftlichen und kulturellen Lebens des Landes, die in den staatlich kontrollierten Medien verzerrt dargestellt oder verschwiegen wurden. Neben der allgemeinen Problematik der Verstöße gegen Menschen- und Bürgerrechte, zu deren Respektierung der tschechoslowakische Staat sich verpflichtet hatte, gehören dazu die Lage der Kirchen und religiösen Orden, die Diskriminierung von Minderheiten (Roma), das verzerrte Bild der Nationalgeschichte in der offiziellen Historiographie, die Stationierung sowjetischer Mittelstreckenraketen in der ČSSR, das Gefängnissystem, die Umweltverschmutzung, die Sicherheit von Kernkraftwerken, die schulische und berufliche Diskriminierung von politisch missliebigen Bürgern und ihren Angehörigen sowie die verheerenden Auswirkungen einer Kulturpolitik, die hunderte von Kunstschaffenden mit Publikations-, Ausstellungs- und Aufführungsverboten belegte. Im *Infoch* erschienen außerdem die „Mitteilungen des VONS", des *Výbor na obranu nespravedlivě stíhaných* (Komitee zur Verteidigung von zu Unrecht Verfolgten). Diese Gruppe von Aktivisten aus den Reihen der Unterzeichner der *Charta 77* berichtete bis Ende 1989 mehr als tausendmal über konkrete Fälle

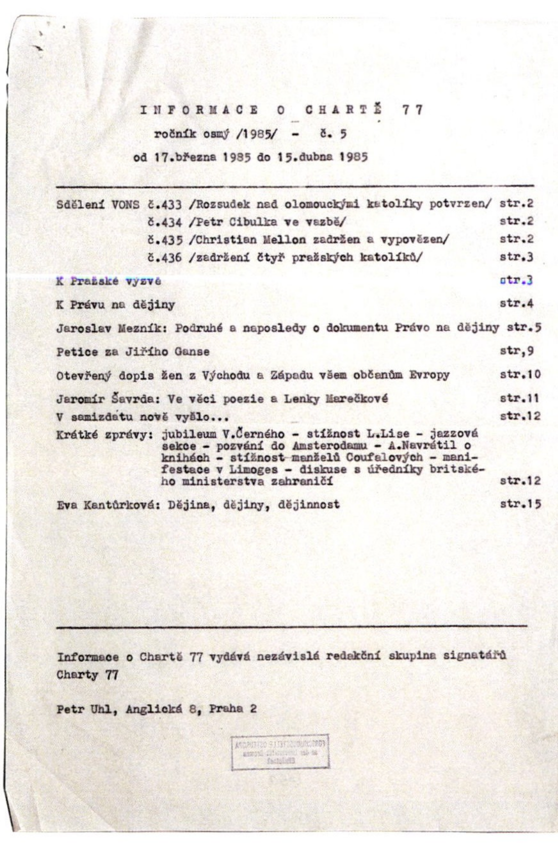

INFORMACE O CHARTĚ 77
ročník osmý /1985/ – č. 5
od 17.března 1985 do 15.dubna 1985

Sdělení VONS č.433 /Rozsudek nad olomouckými katolíky potvrzen/ str.2
č.434 /Petr Cibulka ve vazbě/ str.2
č.435 /Christian Mellon zadržen a vypovězen/ str.2
č.436 /zadržení čtyř pražských katolíků/ str.3
K Pražské výzvě str.3
K Právu na dějiny str.4
Jaroslav Mezník: Podruhé a naposledy o dokumentu Právo na dějiny str.5
Petice za Jiřího Ganse str,9
Otevřený dopis žen z Východu a Západu všem občanům Evropy str.10
Jaromír Šavrda: Ve věci poezie a Lenky Marečkové str.11
V samizdatu nově vyšlo... str.12
Krátké zprávy: jubileum V.Černého – stížnost L.Lise – jazzová sekce – pozvání do Amsterodamu – A.Navrátil o knihách – stížnost manželů Coufalových – manifestace v Limoges – diskuse s úředníky britského ministerstva zahraničí str.12
Eva Kantůrková: Dějina, dějiny, dějinnost str.15

Informace o Chartě 77 vydává nezávislá redakční skupina signatářů Charty 77

Petr Uhl, Anglická 8, Praha 2

Informationen über die Charta 77, Nr. 5, 1985

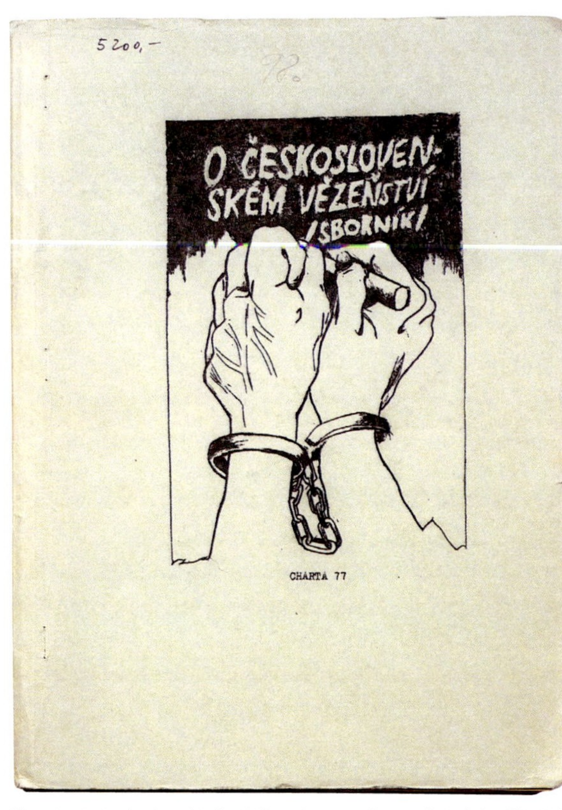

Über das tschechoslowakische Gefängniswesen. Sammelband der Charta 77, Prag 1988

Treffen tschechischer und slowakischer Unterzeichner der *Charta 77* in den Weißen Karpaten, 1980er Jahre

repressiven Vorgehens staatlicher Organe gegen einzelne Bürger. Führende Mitglieder des Komitees wurden im Oktober 1979 zu hohen Freiheitsstrafen verurteilt.

In regulären Ausgaben oder in Sondernummern des Bulletins der *Charta 77* fanden darüber hinaus programmatische Debatten etwa über das Selbstverständnis und die Perspektiven der Menschen- und Bürgerrechtsbewegung, die Entspannungs- und Abrüstungspolitik und die Friedensbewegungen im Westen statt. Mit diesen stand die *Charta 77* in intensivem Briefkontakt. Die tschechischen Dissidenten hoben hierbei gegenüber den westlichen Friedensaktivisten immer wieder die „Unteilbarkeit des Friedens" hervor, unter der sie verstanden, dass die „Achtung der Rechte und Freiheiten der eigenen Bürger das Kriterium für die Glaubwürdigkeit der Friedenspolitik einer jeden Regierung, eine Voraussetzung für das Vertrauen auch in den internationalen Beziehungen" bilde.[1] Das war nicht nur eine Kritik am Verhalten der Partei- und Staatsführung, sondern auch und vor allem eine Warnung vor westlichen Illusionen hinsichtlich der Vertrauenswürdigkeit der kommunistischen Regime.

Im Bulletin der *Charta 77* erschien im März 1985 auch die „Prager Erklärung", in der erstmalig die Wiedervereinigung Deutschlands als unverzichtbarer Teil der Überwindung der Spaltung Europas vorgedacht wurde. Hier finden sich schließlich Solidaritätsadressen an verfolgte Dissidenten in anderen ost- und ostmitteleuropäischen Ländern und Berichte über grenzüberschreitende Aktivitäten der *Charta 77*, insbesondere gemeinsam mit Vertretern der polnischen Opposition. In diesen Zusammenhang gehören die „Erklärungen der polnisch-tschechoslowakischen Solidarität" nach konspirativen Treffen von Dissidenten aus den beiden Ländern im Riesengebirge, an der Grenze zwischen Polen und der ČSSR.

[1] Přípravnému výboru Shromáždění za mír a život, proti jaderné válce v Praze v červnu 1983 (= Dokument der Charta 77, 19/1983).

Das Archiv der Forschungsstelle Osteuropa besitzt außerdem zahlreiche Arbeiten einzelner namhafter Unterzeichner der *Charta 77*. In der Sammlung Samizdat-Kleinschriften finden sich u.a. mehrere programmatische Texte des Philosophen Jan Patočka, die das Selbstverständnis und die Strategie des Dissens überaus prägnant darstellen. So heißt es in „Co můžeme očekávat od Charty 77?" (Was können wir von der Charta 77 erwarten?): „Je größer die Angst und Servilität, desto frecher waren, sind und werden auch in Zukunft die Mächtigen sein. Es gibt kein anderes Mittel, ihren Druck zu verringern, als sie zu verunsichern, ihnen bewusst zu machen, dass Ungerechtigkeit und Diskriminierung nicht vergessen werden."[2] Patočka, einer der ersten drei Sprecher der *Charta 77* – die anderen Sprecher waren Václav Havel und der vormalige Außenminister Jiří Hájek –, ist im März 1977 nach stundenlangem Verhör durch die Staatssicherheit, das seinem Gespräch mit dem niederländischen Außenminister folgte, verstorben. In derselben Sammlung befindet sich auch Václav Bendas visionärer Aufsatz „Paralelní polis" (Die parallele Polis), der den systematischen Aufbau paralleler Strukturen in verschiedenen Bereichen des gesellschaftlichen Lebens (Kultur, Bildung, Medien, Wirtschaft und Politik) vorschlägt.

Ein lebhaftes Echo auch außerhalb des Landes lösten vor allem die Schriften von Václav Havel aus, so dessen offener Brief an den Partei- und Staatschef Gustáv Husák von 1975 und vor allem der Essay „Moc bezmocných" (Die Macht der Ohnmächtigen; deutscher Titel: Versuch, in der Wahrheit zu leben) von 1978, der als ein Schlüsseltext der tschechoslowakischen Dissidentenbewegung gilt. Starke Beachtung fand ferner Milan Šimečkas Analyse des nach 1968 etablierten Regimes in „Obnovení pořádku" (Die Wiederherstellung der Ordnung). Mit dem Wesen der

[2] Zit. nach Charta 77, 1977 – 1989. Od morální k demokratické revoluci (hrsg. von Vilém Prečan), Prag 1990, S. 38–42.

Milan Šimečka: *Die Wiederherstellung der Ordnung*, 1978

kommunistischen Herrschaft beschäftigen sich auch zwei slowakische Arbeiten: „Augiášov chliev reálneho socialismus" (Der Augiasstall des realen Sozialismus) von Miroslav Kusý und „Velký brat a Velká sestra" (Der große Bruder und die große Schwester) von Kusý und Milan Šimečka. Der Sammlung Monographien und Sammelwerke des Samizdat gehören neben den genannten Werken Festschriften und Gedenkbücher für einzelne Dissidenten an, ebenso Sammelbände mit Berichten zum Beispiel über das tschechoslowakische Gefängnissystem oder Debatten über den „Sinn der Geschichte" und die Rolle des Dissens sowie zahlreiche Werke der Gefängnisliteratur. Beispiele für die zuletzt genannte Gattung sind Rudolf Battěks „Strast z nekonečna" (Das Leid der Unendlichkeit), Václav Bendas „Z dopisů z vězení" (Aus den Gefängnisbriefen) und Václav Havels oft übersetzte „Dopisy Olze" (Briefe an Olga).

Dem Milieu der tschechoslowakischen Menschen- und Bürgerrechtsbewegung entstammen auch einige periodische Titel der späten 1980er Jahre aus der Sammlung Periodika des Samizdat: *Informační bulletin Československo-polské solidarity* (Informationsbulletin der tschechoslowakisch-polnischen Solidarität) und *Informační zpravodaj československého helsinského výboru* (Mitteilungsblatt des tschechoslowakischen Helsinki-Ausschusses), das Organ des 1988 gegründeten gleichnamigen Ausschusses. Die *Charta 77* bildet schließlich auch das Hauptthema der im Archiv vorhandenen Photographien Ivan Kyncls. Die Aufnahmen zeigen etwa die Treffen der Sprecher der *Charta 77* und die Begräbnisse von Jan Patočka und František Kriegel – des einzigen Spitzenpolitikers aus der Dubček-Riege, der sich geweigert hatte, das „Moskauer Protokoll" nach der Okkupation der Tschechoslowakei im August 1968 zu unterschreiben – und die Gerichtsgebäude und Gefängnisse, in denen politische Gefangene festgehalten wurden.

Wiederaufbau traditioneller slowakischer Holzhäuser (Ladislav Snopko), 1984. Photo: Zuzana Bartošová

Religiöse, ökologische und Friedensgruppen

Einen weiteren thematischen Fokus des tschechoslowakischen Archivs bilden inoffizielle religiöse Zirkel und Aktivitäten. Die Sammlung Periodika des Samizdat und der Bestand Ján Šimulčík enthalten fast vollständige Sätze der tschechischen Zeitschriften *Informace o církvi* (Informationen über die Kirche), *Křesťanské obzory* (Christliche Rundschau), *Teologický sborník* (Theologischer Sammelband) und *Teologické texty* (Theologische Texte) sowie ihrer slowakischen Pendants *Katolícký mesačník* (Katholisches Monatsblatt), *Náboženstvo a súčasnosť* (Religion und Gegenwart), *Rodinné spoločenstvo* (Familiengemeinschaft), *Radosť a nádej* (Freude und Hoffnung), *Bratislavské listy* (Bratislava-Blätter), *Serafínsky svet* (Seraphische Welt) und *Una sancta catholica*.

In der Sammlung Monographien und Sammelwerke des Samizdat befinden sich sieben Judaica aus der „Edice Alef", vier Arbeiten der Theologin Božena Komárková, ein Band mit Predigten und Vorträgen des ab den 1970er Jahren mit Berufsverbot belegten evangelischen Geistlichen Jan Šimsa, die historische Darstellung „Dějiny římskokatolické církve v Čechách a na Moravě 1948 –1978" (Die Geschichte der römisch-katholischen Kirche in Böhmen und in der Slowakei 1948 –1978) und das „Slovník biblické teológie", die slowakische Übersetzung eines voluminösen, von einem französischen Autorenkollektiv verfassten Lexikons der biblischen Theologie in drei Bänden mit insgesamt nahezu 2.000 Seiten. In der Sammlung Samizdat-Kleinschriften ist ein Schreiben von Kardinal Tomášek an die Gläubigen von Anfang 1988 zu finden, in dem der Primas der tschechischen katholischen Kirche die Menschen dazu ermuntert, eine im Jahr zuvor von dem mährischen Aktivisten Augustin Navrátil initiierte Petition für die Trennung von Staat und Kirche und die Erneuerung der Religionsfreiheit zu unterschreiben. Am Ende kamen an die 600.000 Unterschriften zusammen – eine für die damalige Tschechoslowakei unglaublich hohe Zahl.

Im persönlichen Bestand Ján Šimulčík befindet sich ferner ein Konvolut von verschiedenartigen Broschüren und Kleinschriften religiöser Provenienz aus der Slowakei, darunter mehrere Enzykliken von Papst Johannes Paul II., Hirtenbriefe slowakischer Bischöfe, Texte des vom Regime verfolgten Bischofs Ján Ch. Korec, diverse katechetische Schriften mit Titeln wie „Pane, nauč nás modliť sa" (Herr, lehre uns zu beten), „Buď vůle tvá" (Dein Wille geschehe) und Auszüge aus Studien über die Lage der Kirche und der Gläubigen in der ČSSR, in Sonderheit in der Slowakei. Die Sammlung Photographien und Diapositive enthält Aufnahmen von Pilgerreisen in das mährische Velehrad und die slowakischen Orte Lutina und Šaštín, an denen sich im Verlauf der 1980er Jahre immer mehr Menschen beteiligten. Andere Photographien zeigen die „Kerzendemonstration" für Religionsfreiheit im März 1988 in Bratislava. Daran nahmen etwa 2.000 Menschen teil, die von der Polizei mit Wasserwerfern auseinandergetrieben wurden.

Im Bereich des tschechischen und slowakischen religiösen Samizdat noch vorhandene Lücken werden gegenwärtig geschlossen. Nur spärlich vertreten sind bislang die in dem „Verlag" des katholischen Theologen Oto Mádr in Prag seit den frühen 1980er Jahren herausgegebenen Editionen „Duch a život" (Geist und Leben), „Přátelé" (Freunde), „Alfa – Omega" und „Orientace" (Orientierung), in denen bis zur Wende insgesamt 84 Titel teilweise in hohen Auflagen erschienen. Das Archiv besitzt auch nur wenige der von dem Slowaken Ivan Polanský seit den 1970er Jahren angefertigten Mitschriften von Sendungen des Radio Vatikan.

In den 1980er Jahren entstanden in der Tschechoslowakei Keimzellen unabhängiger Umwelt- und Friedensbewegungen, denen sich vor allem junge Menschen anschlossen. Interessanterweise hatten diese Initiativen nur wenig Kontakt mit ihren Pendants im Westen. Das lag nicht nur an der vom kommunistischen Regime errichteten Informationsblockade, sondern hatte auch mit der Linksorientierung westlicher Friedens- und Umweltaktivisten zu tun, die

Familiengemeinschaft, Nr. 4, 1987

bei den jungen Tschechen und Slowaken auf Skepsis stieß. Die Ökologiegruppen waren vor allem im slowakischen Landesteil sehr aktiv, wenn sie auch in Größe und Effizienz mit den Bewegungen in Ungarn und in der DDR nicht zu vergleichen waren.

Zu einem der wichtigsten Foren der slowakischen Naturschutzbewegung entwickelte sich das in der Sammlung Periodika des Samizdat vorhandene Bulletin *Bratislava nahlas* (Bratislava mit lauter Stimme). Hierbei handelte es sich um ein Phänomen der Grauzone zwischen dem offiziellen, staatlich lizenzierten Schrifttum und dem des Samizdat. *Bratislava nahlas* war nämlich das Organ des offiziellen Naturschutzverbands, das sich allmählich der Kontrolle durch seinen Herausgeber entzog und immer deutlichere Kritik an der staatlichen Umweltpolitik übte. Ähnliches gilt für *Ochránca prírody* (Der Naturschützer), das Mitteilungsblatt der regionalen Gliederung des Verbandes für die Hauptstadt Bratislava. In Sondernummern des Periodikums, das nach eigenen Angaben nur „für den internen Gebrauch" bestimmt war, wurden zum Beispiel die Luftverschmutzung und die Verschmutzung des Donauwassers eingehend analysiert. Die beiden Mitteilungsblätter sind im Bremer Archiv genauso vollständig vorhanden, wie das seit 1987 in Prag herausgegebene *Ekologický bulletin* (Das ökologische Bulletin). Außerdem dokumentiert die umfangreiche Sammlung Photographien und Diapositive die verschiedenen Aktivitäten zum Schutz der Natur und des kulturellen Erbes in der Slowakei – vom Wiederaufbau der traditionellen slowakischen Holzhäuser bis hin zu Protestaktionen gegen das bei Gabčíkovo und Nagymaros an der tschechoslowakisch-ungarischen Grenze gebaute gigantische Donaustauwerk. Die Sammlung Periodika des Samizdat enthält darüber hinaus alle fünf Nummern des *Bulletin nezávislého mírového sdružení* (Bulletin der Unabhängigen Friedensvereinigung) aus den Jahren 1988 und 1989.

Andere informelle gesellschaftliche Gruppen und Keimzellen von Parteien

In der zweiten Hälfte der 1980er Jahre entstanden in der ČSSR weitere informelle Gruppen. Das Spektrum reichte von *Sdružení věřících katolických laiků* (Vereinigung gläubiger katholischer Laien) über die Masaryk-Gesellschaft bis hin zu *Společenství přátel USA* (Gemeinschaft der Freunde der USA) und *Společnost za veselejší současnost* (Gesellschaft für eine fröhlichere Gegenwart), die mit witzig-provokanten Aktionen wie einem Protestlauf gegen die widerrechtliche Inhaftierung von Dissidenten im Zentrum Prags auf sich aufmerksam machte. Eine weitere Gruppe, *České děti* (Böhmische Kinder), setzte sich in ihrem Manifest – offenbar allen Ernstes – für die Rückgabe des enteigneten Adelsbesitzes und die Erneuerung des Königreichs Böhmen ein. Dokumente dieser Gruppen befinden sich insbesondere in der Sammlung Samizdat-Kleinschriften.

Mit politischen Forderungen traten in den letzten Jahren vor 1989 – neben einer Organisation, die sich für die Rechte der ungarischen Minderheit einsetzte – vor allem *Hnutí za občanskou svobodu (HOS;* Bewegung für Bürgerfreiheit), *Demokratická iniciativa* (Demokratische Initiative) und die reformkommunistische *Obroda* (Wiedergeburt) hervor. *HOS* zum Beispiel forderte im Oktober 1988 in dem Manifest „Demokracie pro všechny" (Demokratie für alle) den politischen Pluralismus, eine demokratische Verfassung, die Erneuerung des Rechtsstaats und die Respektierung der „nationalen Selbständigkeit" nicht nur der beiden Staatsvölker, sondern auch der ungarischen, polnischen, deutschen und ruthenischen Minderheit. Es handelte sich zwar nicht um Parteien, wohl aber um politische Plattformen, die höchstwahrscheinlich zur Gründung von Parteien geführt hätten. Die Entstehung dieser Gruppen dokumentiert jedenfalls die zunehmende Differenzierung der tschechoslowakischen Opposition, die nicht zuletzt durch die sich fortsetzende innenpolitische Entkrampfung in der zweiten Hälfte der 1980er Jahre, in Folge der sowjetischen Perestrojka, ermöglicht wurde. Die Mehrzahl der neuen Gruppen gab Mitteilungsblätter heraus, die in der Sammlung Periodika des Samizdat vollständig oder in wesentlichen Teilen vorhanden sind, so *Magazín Společenství přátel USA* (Magazin der Gemeinschaft der Freunde der USA), *Alternativa, Zpravodaj Hnutí za občanskou svobodu* (Mitteilungsblatt der Bewegung für Bürgerfreiheit), *Glosář* (Glossar) und *Dialog 88*. Außerdem verfügt das Bremer Institut in der Sammlung Monographien und Sammelwerke des Samizdat über einige Zeugnisse früherer Versuche, eine linke, aber KP-kritische politische Plattform aufzubauen. Dazu zählen der von einer Autorengruppe um Rudolf Battěk herausgegebene Band „Nezávislí socialisté 1977–1979" (Unabhängige Sozialisten 1977–1979), der auf die Nähe der Initiative zur Sozialdemokratie westlichen Zuschnitts schließen lässt, und Petr Uhls vom Trotzkismus inspiriertes „Program společenské samosprávy" (Programm der gesellschaftlichen Selbstverwaltung).

Periodika und audiovisuelle Informationsmedien

Einen breiten Raum nahmen im tschechischen und slowakischen Samizdat neben den Mitteilungsblättern von Organisationen und informellen Gruppen sowie wissenschaftlichen Fachzeitschriften, die gesondert behandelt werden sollen, periodische Schriften für ein nichtorganisiertes und nichtprofessionelles Publikum ein. Dazu zählte zum einen eine Vielzahl von Titeln, deren Interesse sich weitgehend auf ein Sachgebiet konzentrierte. Die Sammlung Periodika des Samizdat umfasst z.B. mehrere Blätter für Politik wie *Fakta, připomínky, události* (Fakten, Anmerkungen, Ereignisse) und *Ze zásuvky i z bloku* (Aus der Schublade und dem Notizblock). Einige ihrer Ausgaben waren monothematisch. So widmete sich die Februarnummer 1988 von *Ze zásuvky i z bloku* verschiedenen Aspekten des „Prager Frühlings", der sich zum zwanzigsten Mal jährte. Daneben finden sich anspruchsvolle Titel, die eventuell auch als Fachzeitschriften angesehen werden könnten: zum Beispiel *Čtverec* (Quadrat), der „Sammelband für internationale Politik" (so der Untertitel), und das politiktheoretische Periodikum *Diskuse* (Diskussion/-en). Nummer 1/1979 der zuerst genannten, von Jiří Dienstbier, dem späteren Außenminister der Tschechoslowakei, herausgegebenen Zeitschrift enthielt beispielsweise Artikel über „Konzepte und Realitäten der tschechoslowakischen Außenpolitik seit 1918" (Autor: Jiří Hájek, der Amtsinhaber von 1968), den Eurokommunismus, den neu gewählten Papst Johannes Paul II., den Aufstand gegen den Schah im Iran und eine Zwischenbilanz der Präsidentschaft von Jimmy Carter. Sie wurden ergänzt durch ein Interview mit Andrej Sacharov und einen Artikel über Aleksandr Solženicyns Kritik des Westens.

Größter Beliebtheit erfreuten sich Literatur- und Kulturzeitschriften. In der Sammlung vertreten sind zum Beispiel vollständige Jahrgänge des in Hradec Králové seit 1982 erschienenen Periodikums *Prostor* (Raum), des 1985 gegründeten voluminösen Brünner Magazins *Host* (Gast) und nicht zuletzt der bereits seit

1981 herausgegebenen *Obsah* (Inhalt). Die Bedeutung dieser äußerlich ganz unspektakulären Zeitschrift, die nicht einmal einen richtigen Titel trug (als informelle Bezeichnung setzte sich *Obsah* durch, da als Titelblatt das Inhaltsverzeichnis verwendet wurde), ergibt sich aus der Tatsache, dass zu ihren Autoren zahlreiche namhafte Schriftsteller und Dichter gehörten, die nach 1968 mit Publikationsverbot belegt waren. *Obsah* hatte zwischen 1981 und 1989 immerhin 90 Ausgaben (und mehrere Beilagen) vorzuweisen. Hierher bzw. zu den Fachzeitschriften gehören ferner der ebenfalls über lange Zeit herausgegebene (35 reguläre und drei Sondernummern zwischen 1981 und 1989) *Kritický sborník* (Kritischer Sammelband), das von 1971 bis 1982 von der Prager Jazz-Sektion publizierte Magazin *JAZZ* sowie *Někdo něco* (Jeder etwas), eine seit 1985 zirkulierende Zeitschrift für bildende Kunst. *Kritický sborník* enthielt neben Studien und Rezensionen wichtiger Werke der Samizdat-Literatur auch Berichte aus den anderen Bereichen der inoffiziellen Kultur und Informationen über Neuerscheinungen im Samizdat. Alle genannten Titel sind vollständig vorhanden, genauso wie die zehn Nummern der wichtigsten slowakischen Kulturzeitschrift *Fragment K* (einschließlich ihrer Vorläufer *Fragment* und *K*).

Andere Zeitschriften decken mehrere Sachgebiete ab. Im Bremer Archiv befindet sich der komplette Satz des seit 1984 herausgegebenen Magazins *Střední Evropa* (Mitteleuropa), dessen Interesse der Geschichte – hier vor allem den christlichen Wurzeln – der im Titel genannten Region sowie politischen und kulturellen Themen galt. Nahezu vollständig vertreten sind auch die von 1984 bis 1989 erschienenen *Komunikace* (Kommunikation/-en), die sich vor allem an Theologie-, Philosophie- oder Kunstinteressierte richteten. Weitere Zeitschriften ähnlichen Typs liegen in einzelnen Ausgaben vor, etwa die zwischen 1977 und 1980 bzw. 1981 und 1985 erschienenen Blätter *Dialogy* (Dialoge) und *Horizont*, die politische und kulturelle Themen behandelten. Als Durchbruch bei der Herausgabe periodischer Titel wurde von der Opposition 1987 das Erscheinen der ersten Nummern der *Lidové noviny* (Volkszeitung) gefeiert. Den Zeitungscharakter des Periodikums signalisierten bereits äußerlich die Übernahme des Titels der renommierten liberalen Zeitung der Zwischenkriegszeit, das Spalten-Layout und das Impressum, in dem die Redaktion (Chefredakteur: Jiří Ruml) und der Redaktionsrat (Vorsitzender: Jiří Dienstbier) genannt wurden. Wie reguläre Zeitungen wies *Lidové noviny* auch die üblichen Sparten auf: Politik, Kultur, Sport und Leserbriefe; Wirtschaftsfragen wurden selten behandelt. Das Periodikum erschien von 1987 bis 1989 zwar erst im monatlichen Rhythmus, der Übergang zur wöchentlichen und später sogar zur täglichen Periodizität war aber fest geplant. Außerdem liegen zwei Probenummern (Nulté číslo) und zwei Sondernummern (Zvláštní číslo) der Zeitung über die Massendemonstrationen im November 1989 vor. Auf der Titelseite der ersten Sondernummer ist ein Kommentar Jiří Dienstbiers mit dem bezeichnenden Titel „Der Anfang vom Ende“ zu finden. Auch *Lidové noviny* ist im Archiv der Forschungsstelle vollständig vorhanden.

Seit den 1980er Jahren gab es mehrere Versuche, das Geschehen in der alternativen Kultur und im Dissens auf Video festzuhalten. Einige von ihnen sind im Bremer Archiv (in der Sammlung Audio- und Videomaterial) zu finden. Vollständig vorhanden ist darin vor allem das *Originální videožurnál* (Originelles Videojournal) aus den Jahren 1987 bis 1989, das regelmäßig etwa über Treffen und Diskussionsrunden der *Charta 77*, nicht genehmigte Konzerte und Ausstellungen, polnisch-tschechoslowakische Begegnungen im Riesengebirge, Demonstrationen und erste öffentliche Auftritte der Bürgerrechtsbewegung und anderer informeller Gruppen berichtete, die Ende der 1980er Jahre allmählich Massencharakter erreichten. Außerdem interviewte und porträtierte *Originální videožurnál* immer wieder einzelne politische Dissidenten sowie Literaten und Künstler mit Publikations- bzw. Ausstellungsverbot.

Literatur

Den Schwerpunkt des tschechoslowakischen Archivs bilden Texte aus dem Bereich der Kultur, vor allem der Literatur. Das entspricht dem Gewicht der literarischen Produktion im Samizdat des Landes. Anders als etwa in Polen nahm die Literatur im tschechischen und slowakischen Samizdat eine dominante Stellung ein. Die Gründe dafür liegen auf der Hand: Unter den Opfern der nach 1968 eingeleiteten „Normalisierung“ waren besonders viele Schriftsteller und Dichter.

Der Bestand Zdenka Phillipsová mit annähernd 300 von der Bestandsbildnerin vervielfältigten Ausgaben der bedeutendsten Buchreihe des tschechischen Samizdat, der „Edice Petlice“ (Edition hinter Schloss und Riegel), in der zwischen 1972 und 1989 fast 400 Titel erschienen sind, ist das Herzstück der Samizdat-Literatur im Tschechoslowakischen Archiv. Die Bedeutung dieses Einmannverlags von Ludvík Vaculík für die tschechische Literatur der 1970er und 1980er Jahre kann nicht hoch genug eingeschätzt werden. Nicht zu dessen Autoren zu gehören, kam fast einer Disqualifizierung gleich. So sind im Titelverzeichnis die Werke der Creme der tschechischen literarischen Kultur jener Jahrzehnte fast vollständig zu finden, darunter

Ivan Blatný: *Nahe bei Kathedralen*, Prag 1981

Jan Hanč: *Ereignisse I*, Prag 1979

Arbeiten der Lyriker Jaroslav Seifert (Literaturnobelpreisträger von 1984), Karel Šiktanc, Jan Skácel und Oldřich Mikulášek, der Schriftsteller Bohumil Hrabal, Ludvík Vaculík, Jiří Gruša und Ota Filip, der Dramatiker Václav Havel, Josef Topol und Milan Uhde und der Literaturkritiker Václav Černý, Bedřich Fučík, Jiří Pechar und František Kautman. In der „Edice Petlice" erschienen auch Werke bedeutender slowakischer Literaten wie Dominik Tatarka und Ivan Kadlečík.

Darüber hinaus enthält die Sammlung über 100 weitere Ausgaben der „Edice Petlice". Dazu gehören auch literarische Sammelbände und Anthologien, zum Beispiel die komplette Ausgabe des seit 1976 jährlich erschienenen Bands „Československý fejeton – fejtón" (Das tschechoslowakische Feuilleton), die Jahrgänge 1982 bis 1987 von „Z Obsahu" (Aus dem Inhalt / dem Inhaltsverzeichnis) mit ausgewählten Texten aus der Zeitschrift *Obsah* (vgl. dazu oben) sowie „Hodina naděje" (Die Stunde der Hoffnung), ein Almanach der tschechischen Literatur, der gleichzeitig in Deutschland unter dem Titel „Die Stunde namens Hoffnung" veröffentlicht wurde. Erwähnung verdienen ferner die auch ins Deutsche übersetzten „České rozhovory“ (Tschechische Gespräche) Jiří Lederers, Interviews mit namhaften tschechischen Literaten, die nach 1968 in Ungnade gefallen waren, und nicht zuletzt das zweibändige Werk „Slovník českých spisovatelů“ (Lexikon tschechischer Autoren) mit bio-bibliographischen Informationen über annähernd 600 Autoren (neben Schriftstellern auch Kritiker und Journalisten), deren Arbeiten zwischen Ende der 1940er und Ende der 1970er Jahre in der Tschechoslowakei vorübergehend oder dauerhaft nicht aufgelegt, in offiziellen Literaturgeschichten und -lexika nicht erwähnt und, soweit früher erschienen, aus den öffentlichen Bibliotheken entfernt worden waren.

In der Sammlung Monographien und Sammelwerke des Samizdat befinden sich ferner zahlreiche Ausgaben der anderen tschechischen Bucheditionen, die ebenfalls schwerpunktmäßig oder ausschließlich literarische Werke enthielten, wie der „Edice Expedice“ (Edition Expedition), der „Česká Expedice“ (Tschechische Expedition), der „Edice Krameriova Expedice“ (Edition Kramerius' Expedition), der „Edice Popelnice“ (Edition Mülleimer) und der „Edice Kvart“ (Edition Quarto). Die „Edice Expedice“ nahm ihren Betrieb im Jahr 1975 auf. Sie hatte einen namentlich genannten Herausgeber: Václav Havel. Die Bücher enthielten ein Impressum, in dem neben dem Autor und dem Titel der Editionsname, die Nummer des Titels in der Editionsreihe und die Formel „Im Jahre .... für sich und seine Freunde von Václav Havel abgeschrieben“ angeführt wurden; während Havels Haftaufenthalten stand dort „... von Olga Havlová abgeschrieben“. Im Bremer Archiv sind 24 Titel der „Edice Expedice“ vorhanden, neben literarischen vor allem philosophische und kunsthistorische Werke.

Reichhaltiger vertreten ist die Produktion der von Jaromír Hořec herausgegebenen „Česká Expedice“ (v.a. in den Beständen Jaromír Hořec und Jiří Jirásek), die oft als die schönste Buchreihe des tschechischen Samizdat bezeichnet wird. Sie ist nicht nur sorgfältig ediert und professionell gebunden, sondern die meisten ihrer Ausgaben sind auch mit wertvollen Originalgraphiken oder -zeichnungen illustriert. In der Forschungsstelle befindet sich etwa die Hälfte der insgesamt 100 Titel der Edition, darunter fast zwanzig Arbeiten des Herausgebers der Reihe, der meist das Pseudonym Jiří Hynek verwendete. Von der Produktion der von Jiří Gruntorád geleiteten „Edice Popelnice“ besitzt das Bremer Archiv 62 von 124 Titeln. Mit 17 Titeln ist allein Egon Bondy vertreten, die Schlüsselfigur des tschechischen Underground (vgl. dazu unten), während je fünf Titel auf Bohumil Hrabal und Václav Havel und je drei Titel auf Pavel Kohout und den populären Liedermacher Jaroslav Hutka entfallen. Bescheidener sind die Bestände des Bremer Archivs im Falle von Jan Vladislavs „Edice Kvart“ – benannt nach dem Format der Bücher – (fünf von 107 Werken) und von Vladimír Pistorius' „Edice Krameriova Expedice“ (elf von 120 Werken).

Eine eigene Infrastruktur baute die Prager Surrealistengruppe um Vratislav Effenberger auf. Im Bremer Archiv sind zum Beispiel mehrere Titel der Serie „LeLa“ zu finden, darunter „Opak zrcadla“ (Rückseite des Spiegels) und „Otevřená hra“ (Offenes Spiel). Bei dem letztgenannten Werk handelt es sich um Aufzeichnungen einer „thematischen Exposition der Surrealistischen Gruppe“, die neben literarischen Texten auch Kunstreproduktionen enthält. Auf der Rückseite der Einbände befinden sich bewusst irreführende Angaben über den Herausgeber und den Erscheinungsort: „Coopérative d'Impressions Nouvelles“ und „Genève“. In Wahrheit sind die Hefte, deren graphische Gestaltung für den tschechischen Samizdat von ungewöhnlich hoher Qualität ist, wohl in Prag entstanden. Andererseits liegen schlichte Typoskripte einzelner Mitglieder der Gruppe vor, so etwa Teile einer Werkauswahl von Zbyněk Havlíček und die Aufsatzsammlung „Obrysy surrealistické fenomenologie imaginace“ (Umrisse der surrealistischen Phänomenologie der Imagination) von Vratislav Effenberger.

Annähernd 20% der literarischen Texte in der Sammlung Monographien und Sammelwerke des Samizdat gehören keiner Edition an. Es handelt sich vielfach um Arbeiten, die zuvor oder später in einer oder in mehreren Editionen erschienen sind. So verfügt die Forschungsstelle über drei Abschriften von Pavel Kohouts satirischem Roman „Katyně“ (Die Henkerin): Während zwei von ihnen der Produktion der „Edice Petlice“ bzw. der „Edice Popelnice“ entstammen, erschien eine Ausgabe außerhalb der Editionen. Im Falle von Bohumil Hrabals bekanntem Roman „Obsluhoval jsem anglického krále“ (Ich habe den englischen König bedient) besitzt das Bremer Archiv neben drei Editionsausgaben – zwei aus der „Edice Petlice“ und eine aus der „Edice Popelnice“ – eine Abschrift außerhalb der Editionen. Ähnlich verhält es sich mit verschiedenen Arbeiten von Václav Havel, Ivan Klíma, Ota Filip und Jaroslav Seifert. Im tschechischen Samizdat wurden oft einzelne Titel wiederholt herausgegeben, um die niedrigen Auflagen der einzelnen maschinenschriftlichen Editionen wettzumachen. Außerhalb der Editionen erschienen vielfach auch ausgewählte oder gesammelte Werke einzelner Schriftsteller und Dichter. In der Sammlung gibt es beispielsweise zwei Bände des Gesamtwerks von Bohuslav Reynek und vier Bände einer (insgesamt in sieben Bänden erschienenen) Werkausgabe von Jan Zahradníček.

Vladimír Havrilla: *But the Second Side of the Record*, 1981, Farbsiebdruck, 70 x 99 cm

Bildende Kunst

Der tschechoslowakische Bereich des Archivs verfügt auch über einen bedeutenden Bestand an Kunstobjekten und Kunstdokumentationen. Eine Vielzahl an tschechischen und slowakischen Arbeiten der 1960er bis 1980er Jahre enthält die Sammlung von Klaus Groh (vgl. S. 92f.).

Von dem Kunstwissenschaftler Tomáš Štraus erwarb die Forschungsstelle ein Konvolut von annähernd 250 graphischen Werken der slowakischen Konzeptkunst: Siebdrucke, Holzschnitte, Tuschzeichnungen und Collagen führender Vertreter der slowakischen Neoavantgarde der 1970er und 1980er Jahre wie Jozef Jankovič, Stanislav Filko, Rudolf Sikora, Július Koller, Juraj Meliš, Jana Želibská, Vladimír Havrilla und Dezider Tóth. Darunter ist auch das Kunstalbum „Symposion III/76" mit 26 graphischen Blättern verschiedener Autoren, das anlässlich des frühen Todes eines Mitglieds der Gruppe, Miloš Laky, entstand. Das Album war eine typische Erscheinungsform der slowakischen Kunst dieser Jahrzehnte, die keinen Zugang zu offiziellen Galerien fand. Darüber hinaus sind einige der slowakischen Konzeptualisten mit weiteren Arbeiten vertreten, so Jozef Jankovič mit Graphiken fiktiver Projekte monumentaler Denkmäler, mit denen der Künstler die Gigantomanie des kommunistischen Regimes paro-diert, Michal Kern mit Photographien der Land Art und Július Koller mit Objekten der Konzeptkunst, Mail Art und Photographien von Aktionskunst. Auch von Stanislav Filko, Peter Meluzín, Alex Mlynárčik, Milan Pagáč, Rudolf Sikora, Dezider Tóth und Jana Želibská besitzt das Archiv Originalarbeiten.

Die Grenze zwischen dem Erlaubten und dem Verbotenen war in der Tschechoslowakei im Bereich der Kunst nicht ganz so scharf gezogen wie im Falle der Literatur. Im Laufe der Jahre gelang es immer besser, kunstferne Räumlichkeiten in der Provinz oder an der Peripherie der Städte für regelmäßige Ausstellungen zu nutzen und so einen alternativen Kunstbetrieb aufzubauen, an dem Künstler, die in den großen, prestigeträchtigen Galerien nicht ausstellen durften, teilhaben konnten. Es waren dies beispielsweise Kulturhäuser, Einrichtungen des Jugendverbands, Institute der Akademie der Wissenschaften und Eingangshallen von Filmklubs und kleinen Theatern. Bemerkenswerte Ausstellungen fanden aber auch etwa in einem Tennisklub der tschechischen Hauptstadt, auf einem

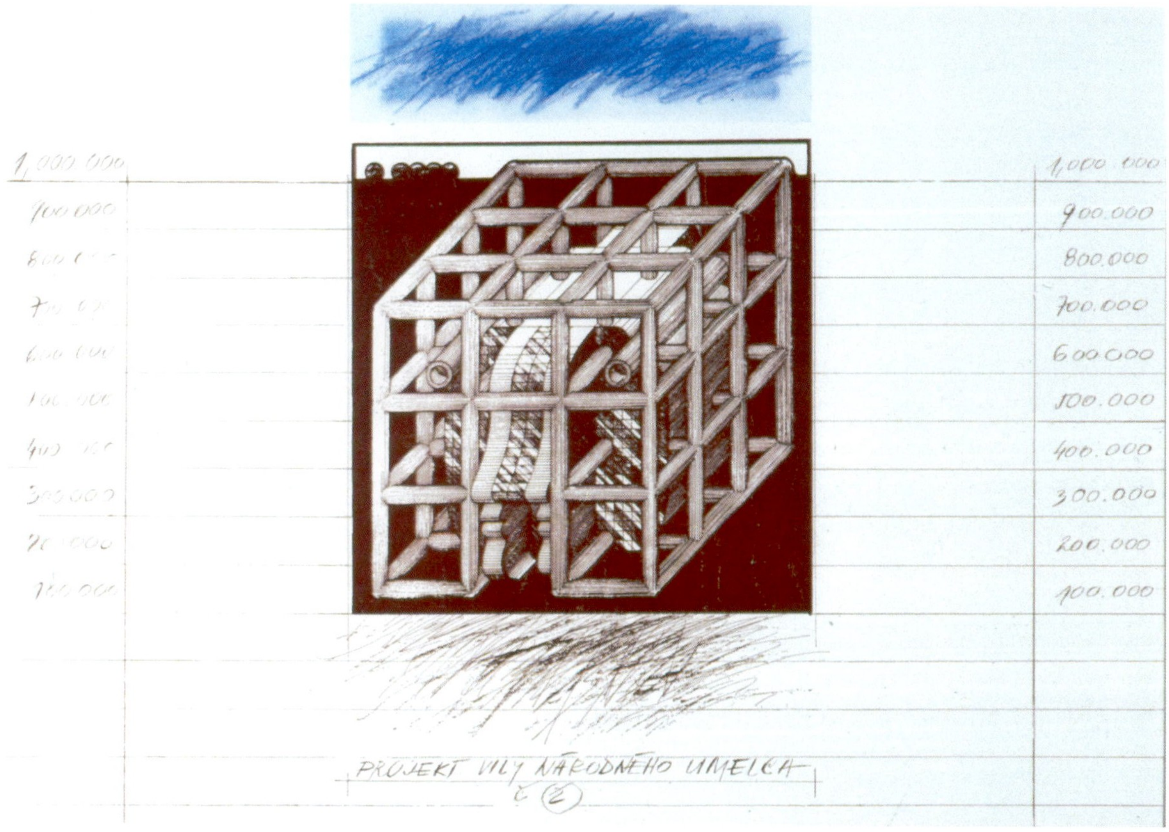

Jozef Jankovič: *Projekt der Villa eines Nationalkünstlers*, 1976, Farbsiebdruck, 50 x 50 cm

abgeernteten Hopfenfeld, in den Innenhöfen des Prager historischen Viertels Kleinseite oder in der Galerie H der Brüder Hůla, einer umgebauten Scheune in der Kleinstadt Kostelec – offensichtlich der einzigen tschechischen Privatgalerie der 1980er Jahre –, statt. Diese Grauzone repräsentieren in der Sammlung Dokumente der alternativen Kunst zahlreiche Kataloge, Photo- und Diadokumentationen, Einladungen und anderes Material. Erwähnt seien an erster Stelle die Mappen, in denen die Ausstellungen im Kulturzentrum Opatov an der Peripherie Prags alljährlich von deren Organisatoren dokumentiert wurden. Jede Ausstellung bekam darin ein Blatt mit einem Kurzprofil des Künstlers auf der einen und der Abbildung eines Kunstobjekts auf der anderen Seite. Im Archiv vorhanden sind auch alle zwölf Nummern der slowakischen Katalogreihe „Dotyky a spojenia" (Berührungen und Verbindungen), zahlreiche kleine Kataloge der Galerie 55 in der Industriestadt Kladno, der Katalog „78/1985" mit Informationen über 78 vornehmlich Prager Künstler und das Buch „Cesty po ateliérech" (Wege durch Ateliers), in dem der Kunstwissenschaftler Jiří Šetlík Arbeiten bekannter tschechischer Gegenwartskünstler, die mit Ausstellungsverbot belegt waren, vorstellt. Der Dokumentation inoffizieller oder halboffizieller Kunstaktionen dienen auch zahlreiche Photographien und Diapositive (vgl. v.a. den Bestand Hana Hamplová). Zu sehen sind zum Beispiel die Ausstellungen im Kulturzentrum Opatov, in den Prager Innenhöfen und in der Galerie H, die Aktionskunst von Petr Štembera, die Land Art von Ivan Kafka, die schon genannten „Symposien" auf den Prager Tennisplätzen und auf dem Hopfenfeld sowie Porträts verschiedener Künstler in ihren Ateliers und weitere Ausstellungen in Privatwohnungen und im Freien.

Underground

Der Underground bildete in der Tschechoslowakei eine weitgehend autonome Szene (ein „fröhliches Ghetto") innerhalb der inoffiziellen Kultur, die auch über eine eigene Infrastruktur verfügte. Sein Theoretiker und Organisator Ivan M. Jirous charakterisierte das Selbstverständnis dieses Milieus in dem Manifest „Zpráva o třetím hudebním obrození" (Bericht über die dritte musikalische Wiedergeburt) als eine „geistige Position von Intellektuellen und Künstlern, die sich von der Welt, in der sie leben, bewusst abgrenzen". Anschließend griff er sogar zu Formulierungen wie dieser: „Es ist eine Kriegserklärung an das Establishment, an die vorherrschende Ordnung." Der Rockmusik, die im Zentrum der Underground-Aktivitäten stand, verordnete Jirous in dem Manifest eine entsprechende Strategie: „Lieber gar nicht spielen

Jiří Šetlík: *Wege durch Ateliers*, Prag 1987

Mit einem Bein, Nr. 3–4, 1986

als das, was das Establishment wünscht."[3] Kultstatus hatten im tschechischen Underground die Rockgruppen *The Plastic People of the Universe* und *DG 307*, deren Mitglieder 1975 in einem Aufsehen erregenden Prozess zu Freiheitsstrafen verurteilt wurden. Dieses Ereignis war ein wesentlicher Anstoß zur Gründung der *Charta 77*.

Die Sammlung Periodika des Samizdat enthält vor allem zahlreiche Zeugnisse des literarischen Underground, darunter die kompletten Jahrgänge der ältesten Zeitschrift dieses Milieus, des 1979 entstandenen *Vokno* (Fenster), und der seit 1985 erschienenen *Revolver revue* (frühere Titel: *Jednou nohou* [Mit einem Bein] und *Jednou nohou - Revolver revue*) - 16 bzw. 13 Nummern bis 1989. Namentlich die *Revolver revue*, die bis heute in gedruckter Form verlegt wird, hatte ein erstaunlich hohes Niveau sowohl hinsichtlich der graphischen Gestaltung wie vor allem der literarischen Qualität der darin veröffentlichten Texte. Sie entwickelte sich allmählich zu einem Forum für die dritte Generation des tschechischen Underground, die Debütanten der 1980er Jahre. Dazu gehörten literarische Talente wie Jáchym Topol und Petr Placák im Bereich der Prosa, Ivan M. Jirous, K.H. Krchovský, Vít Kremlička und erneut Jáchym Topol (zunächst unter dem Pseudonym Jindra Tma) im Bereich der Lyrik. Großer Beliebtheit erfreuten sich daneben auch die scheinbar ungelenken, naiv stilisierten Verse von Petr Lampl, Quido Machulka und Petr Taťoun. Die Zeitschriftenmacher lenkten die Aufmerksamkeit ihrer Leser auch auf ihre Vorläufer, die Dichter des Underground der frühen 1950er Jahre: Neben Egon Bondy waren das vor allem Ivo Vodseďálek und Honza Krejcarová, die Tochter von Milena Jesenská, der Freundin Franz Kafkas. Außerdem interessierten sie sich für die Avantgardeliteratur anderer Länder und allgemein für Autoren, die außerhalb des Mainstream standen, weil sie gegen politische, moralische oder ästhetische Tabus verstießen. So erschienen in der Zeitschrift Texte von bekannten Dissidenten, z. B. Adam Michnik und Anatolij Marčenko, sowie Werke von Literaten und Künstlern wie Gustaw Herling-Grudziński, dem Autor eines der ersten Bücher über den sowjetischen Gulag, Anna Achmatova, Kazimierz Brandys, Viktor Erofeev, Eduard Limonov und andererseits Andy Warhol, Henry Miller, Charles Bukowski und Tom Waits.

Ferner befinden sich in der Sammlung Arbeiten von Egon Bondy, dem schon genannten Hauptexponenten der ersten Underground-Generation und Mitherausgeber der Anfang der 1950er Jahre erschienenen „Edice Půlnoc" (Edition Mitternacht), der ältesten Keimzelle des tschechischen Samizdat. Viele Werke Bondys, des Gurus der jungen Literaten und Musiker (einige seiner Texte wurden von den *Plastic People* vertont), erschienen aber auch in der schon genannten „Edice Popelnice".

Rockgruppe DG 307, Milan Hlavsa (li.) und Jaroslav Kukal, Mokropsy (bei Prag), 1975

[3] Zpráva o III. hudebním obrození. In: CS. Underground. Sv. 1 (část A, B). From the merry ghetto to the unhuman prison and the forced exile, Praha 1984 [Samizdat], S. 58–85, hier S. 67 und 85.

Jazz-Sektion

Einen eigenen Bestand bildet im Bremer Archiv die 1971 gegründete Prager Jazz-Sektion (vgl. Bestand Karel Srp). Es war dies ursprünglich eine Genreabteilung des Tschechischen Musikerverbands und damit eine Einrichtung des offiziellen Kulturbetriebs. Als Organisatorin der Prager Jazztage erwarb sich die Sektion im Verlauf der 1970er Jahre ein hohes Ansehen im In- und Ausland und wurde auch von offizieller Seite zunächst zumindest toleriert. Probleme stellten sich ein, als die Sektionsleitung allmählich die Fixierung auf den traditionellen Jazz aufgab und sich verschiedenen Spielarten der Rockmusik öffnete. Infolgedessen durften die Prager Jazztage seit 1980 nicht mehr stattfinden. Die Konflikte eskalierten weiter, weil die Jazz-Sektion nunmehr dazu übergegangen war, ohne staatliche Genehmigung, deklariert als Informationsmaterial „für ihre Mitglieder", Zeitschriften und Bücher in hohen Auflagen zu veröffentlichen, die nicht nur den Jazz betrafen und die zum Teil von der Zensur ausdrücklich verboten waren. Nach wiederholten Warnungen und Obstruktionen verfügte die Staatsmacht daher 1984 die Auflösung der Organisation. Die Jazz-Sektion setzte dennoch ihre Aktivitäten fort und veröffentlichte weiterhin vor allem mehrere Mitteilungsblätter, die nunmehr eindeutig den Status des Samizdat hatten. Dabei trieb sie mit der Polizei und der Staatssicherheit lange Zeit ein Katz-und-Maus-Spiel. Das Ende war indes absehbar: Im September 1986 wurden die Mitglieder der Sektionsleitung verhaftet und im März 1987 zwei von ihnen wegen „unerlaubter wirtschaftlicher Aktivitäten" zu Haftstrafen von zehn und 16 Monaten ohne Bewährung verurteilt.

Das Gros der für die sektionsinterne Öffentlichkeit bestimmten Produktion, so die Zeitschrift *JAZZ* (28 Nummern zwischen 1972 und 1982), die „Edition Jazzpetit" (26 Buchtitel 1980 –1985), die „Edition Situace" (15 kleine Kataloge verbotener Künstler 1979 –1983) und weitere Kunstkataloge zu einzelnen Künstlern (Adriena Šimotová und Eva Kmentová) und kollektiven Projekten („Terezín 80" und „Most

VI. Prager Jazztage, Mai 1978.
Photo: Miroslav Jodas

81/82"), findet sich in den Sammlungen Periodika und Monographien und Sammelwerke des Samizdat sowie Dokumente der alternativen Kunst. Der Bestand Karel Srp umfasst Materialien anderen Charakters. Es sind dies einerseits die unregelmäßig erschienenen Mitteilungsblätter *43/10/88* (die Telefonnummer der Jazz-Sektion), *Členské informace* (Mitgliederinformationen), *Diskorama* und *JAZZsTOP*, andererseits Plakate und Informationsblätter zu den Prager Jazztagen, Gelegenheitsdrucke, Kalender, Plaketten und anderes Material sowie Sitzungsprotokolle, Planungspapiere, Tätigkeitsberichte, Geschäftsbücher und die Korrespondenz der Jazz-Sektion mit verschiedenen in- und ausländischen Adressaten.

Eine Vielzahl anderer, unikaler Dokumente illustriert den „Kriminalfall" Jazz-Sektion: Berichte des Kulturministeriums, der Stadt- und der Kulturverwaltung, Protokolle der Finanzkontrolle, der Durchsuchungen und der Verhöre, die Anklageschrift, Fachexpertisen, Zeugenaussagen, ärztliche Atteste, Gutachten vom Wohnort und von der Arbeitsstelle der Angeklagten, Stellungnahmen und Einsprüche der Verteidigung, das Urteil, Beschwerden und Bitten der Inhaftierten und ihrer Angehörigen, Entlassungsprotokolle, Solidaritätsadressen aus dem In- und Ausland u.a.m. Diese Dokumente erlauben es, die Geschichte der Jazz-Sektion neu zu schreiben und dabei den Fokus insbesondere auf die Strategien und Instrumente der Kulturpolitik des kommunistischen Regimes während der „Normalisierungsperiode" im Allgemeinen und auf die von diesem festgelegten Kriterien für die Zugehörigkeit einer kulturellen Einrichtung oder Aktivität zur offiziellen Kultur oder zur alternativen Kultur des Samizdat bzw. zur Grauzone im Besonderen zu richten.

Wissenschaft

Zu den Opfern der nach der Niederschlagung des „Prager Frühlings" eingeleiteten Säuberungen zählten viele Geistes- und Sozialwissenschaftler. Ähnlich wie den Schriftstellern gelang es auch ihnen im Verlauf der Jahre, parallele Infrastrukturen und schließlich sogar so etwas wie einen alternativen Wissenschaftsbetrieb aufzubauen. So fanden in Privatwohnungen oder im Freien Untergrundseminare statt. Auch westliche Medien berichteten etwa über die von Julius Tomin Ende der 1970er Jahre in Prag organisierten Philosophieseminare, deren Veranstalter und Teilnehmer von der Polizei wiederholt belästigt und durchsucht wurden. Zu den Untergrundseminaren erschienen bisweilen namhafte Wissenschaftler aus dem Westen, so zum Beispiel der französische Philosoph Jacques Derrida, der Anfang 1982 nach seinem Vortrag in einer Prager Privatwohnung von der Polizei verhört und zum sofortigen Verlassen der ČSSR gezwungen wurde.

Andererseits entstanden zahlreiche alternative Fachzeitschriften und wissenschaftliche Bucheditionen. Ein beeindruckendes Beispiel dafür stellte die zwischen 1978 und 1989 insgesamt sechsundzwanzig Mal verlegte Zeitschrift *Historické studie* (Historische Studien) dar. Sie liegt in der Sammlung Periodika des Samizdat genauso komplett vor wie die philosophische Zeitschrift *Paraf* (zehn Nummern). Gut vertreten sind ferner einige der in der zweiten Hälfte der 1980er Jahre entstandenen Fachzeitschriften wie *Ekonomická revue* (Ökonomische Revue), *Ekologický bulletin* (Ökologisches Bulletin) und *Sociologický obzor* (Soziologische Rundschau). In der Sammlung Monographien und Sammelwerke des Samizdat zu finden ist darüber hinaus eine Kollektion von wissenschaftlichen Arbeiten: Titel aus der „Edice Historické studie" (Edition Historische Studien), der „Knižnice Historických studií" (Buchreihe der Historischen Studien), der „Edice nové cesty myšlení" (Edition Neue Wege des Denkens), der „Edice Oikumene" und der „Knihovna Střední Evropy" (Mitteleuropa-Bibliothek). Dutzende Aufnahmen von den Untergrundseminaren befinden sich in der Sammlung Photographien und Diapositive.

Ähnlich wie im literarischen Samizdat und in den Zeitschriften wurden auch in der Untergrundwissenschaft häufig Themen behandelt, die in den offiziellen Diskursen tabuisiert waren oder verzerrt dargestellt wurden. Das gilt für die Analysen der wirtschaftlichen und sozialen Entwicklung und des Zustands der Umwelt ebenso, wie auch für die Auseinandersetzung mit „reaktionären" philosophischen Schulen wie dem Existentialismus und mit einzelnen Denkern – zum Beispiel Bernhard Bolzano, Emanuel Rádl und T.G. Masaryk. Allein in den Fachzeitschriften des Samizdat konnte man sich in den 1970er und 1980er Jahren über die Arbeiten exilierter tschechischer Wissenschaftler informieren. So übernahmen die Philosophiezeitschriften *Paraf* und *Reflexe* immer wieder Beiträge der Philosophen Erazim Kohák und Václav Bělohradský sowie Texte über sie.

Vielleicht am markantesten war die kompensatorische Funktion der Untergrundwissenschaft im Falle der Historiographie. So stellte Jan Křen in seiner Arbeit „Konfliktní společenství: Češi a Němci 1780 –1918" (Die Konfliktgemeinschaft: Tschechen und Deutsche 1780 –1918) die Geschichte der deutsch-tschechischen Beziehungen nicht nach dem sonst üblichen Schwarz-Weiß-Schema dar, sondern zeichnete das Bild einer „fast zweihundertjährigen Gemeinschaft mit Licht-

Untergrundseminar in der Wohnung von Ivan Dejmal, Prag Ende der 1970er Jahre. Photo: Ivan Kyncl

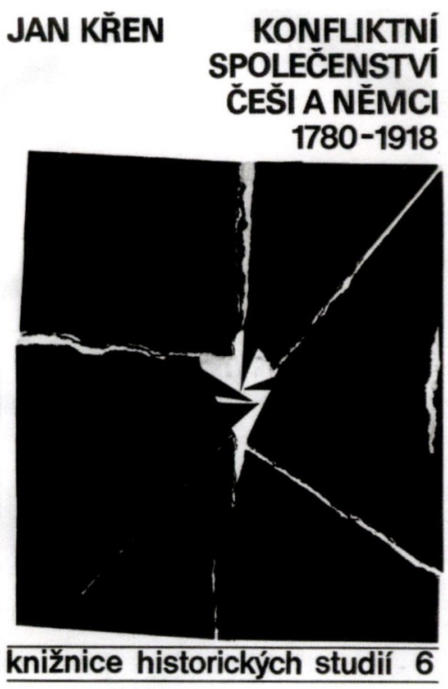

Jan Křen: *Die Konfliktgemeinschaft. Tschechen und Deutsche 1780 – 1918,* Prag 1986

und Schattenseiten", zu deren Zerfall beide Seiten beigetragen hätten. So sei in den achtziger Jahren des 19. Jahrhunderts in beiden nationalen Gesellschaften ein „Nationalismus ethnisch-völkischen Typs" aufgekommen, der die „nationale Segregation" befördert habe.[4] Václav Kurals Monographie „ÚVOD" (der Name der Leitung einer antifaschistischen Widerstandsbewegung) konterkarierte wiederum die in der offiziellen Historiographie übliche Fixierung auf den kommunistischen Widerstand gegen die deutsche Okkupation. Gegen die kommunistische Version des slowakischen Nationalaufstands gegen die Naziherrschaft 1944 polemisierte in seiner Studie „O historiografii Slovenského národneho povstania znova a viac" (Noch einmal und mehr zur Historiographie des Slowakischen Volksaufstands) Jozef Jablonický, indem er ein kritisches Licht auf die Rolle der Roten Armee und der Kommunisten in dieser Erhebung warf. Einen Tabubruch stellte auch die heftige Debatte über die Vertreibung der Deutschen aus der Tschechoslowakei dar. Ihren Ausgangspunkt bildeten die provokativen Thesen, die ein anderer slowakischer Historiker, Ján Mlynárik, unter dem Pseudonym Danubius in der Exilzeitschrift *Svědectví* (Zeugnis) veröffentlicht hatte. Die wichtigsten Beiträge zu dieser Debatte wurden in einer zweibändigen Dokumentation zusammengefasst, die – wie zahlreiche andere Meinungsäußerungen zu diesem Themenkomplex – ebenfalls im Bremer Archiv vorhanden ist.

[4] Zit. nach Křen, Jan: Die Konfliktgemeinschaft. Tschechen und Deutsche 1780 –1918 (Veröffentlichungen des Collegium Carolinum, Band 71), München 1996, S. 14 und 179.

Tschechoslowakisches Exil und westeuropäische Bestandsbildner

Die reichhaltige Produktion tschechischer Exilverlage, -zeitschriften und -Informationsagenturen wurde von der Forschungsstelle ebenfalls systematisch gesammelt. Sie wird aber nicht im Archiv, sondern in der Bibliothek des Instituts verwahrt. Eigene Archivbestände bilden etwa die Materialien des Politologen und Herausgebers Adolf Müller und des Publizisten und Politikers Jiří Pelikán, in denen sich Teile des internen Schrifttums (einschließlich der Buchhaltung und der Druckvorlagen) einerseits des Index-Verlags in Köln, andererseits der *Gruppe Listy*, der Herausgeberin der gleichnamigen, in Rom gedruckten „Zeitschrift der tschechoslowakischen sozialistischen Opposition", befinden. Hinzu kommen weitere Bestände mit privaten Dokumenten von fünf Exiltschechen: des Journalisten Jiří Lederer (insbesondere das Material für den Band „České rozhovory" – Tschechische Gespräche), der Wissenschaftler Michal Reiman, Vilém Kahan und Vladimír Horský (jeweils Dokumente, Bücher, Photokopien, Exzerpte und eigene Typoskripte) und des Graphikers und Publizisten Karel Trinkewitz (Collagen, Korrespondenz, persönliche Notizen, Zeitungsausschnitte, offizielle und Exilperiodika). Zu dieser Kategorie zählt auch der Bestand Nikolaj Terlecký, der Typoskripte von Arbeiten des russischstämmigen Schriftstellers enthält, der Anfang der 1920er Jahre mit der ersten Emigrationswelle aus Sowjetrussland in die Tschechoslowakei gekommen war und dort bis 1965 lebte.

Ferner erwarb das Bremer Institut wesentliche Teile des privaten Archivs von Klaus Juncker, dem Gründer und langjährigen Leiter des Rowohlt Theater-Verlags in Reinbek bei Hamburg, der seit den 1960er Jahren die Autorenrechte von Václav Havel im Westen vertrat. Es enthält Buchausgaben und Rollenbücher von Havels Werken in mehreren Sprachen, Theaterprogramme, Plakate, wissenschaftliche Arbeiten sowie Ton- und Videoaufzeichnungen von Theateraufführungen, Interviews und Filmdokumente, die durch Photographien, Briefe, Gesprächsprotokolle, Verträge und eine umfangreiche Sammlung von Presseausschnitten ergänzt werden. Schließlich besitzt das Archiv der Forschungsstelle eine Kollektion von Typoskripten der in der Tschechoslowakei seit der Niederschlagung des „Prager Frühlings" mit Publikationsverbot belegten Schriftsteller Ivan Klíma, Alexandr Kliment, Pavel Kohout und Eda Kriseová. Dieses Material wurde dem Archiv von Jürgen Braunschweiger überlassen. Es gehörte ursprünglich dem heute nicht mehr existierenden Reich-Verlag in Luzern, der in den 1970er und 1980er Jahren deutsche Übersetzungen von Werken der genannten Autoren veröffentlichte.

Ungarn

György Dalos

Die ungarischen Bestände der Forschungsstelle Osteuropa umfassen mehrere hundert Archiveinheiten. Vertreten sind die wichtigsten Publikationen des Samizdat aus der Zeit zwischen 1972 und 1989, unter ihnen viele Schlüsseldokumente zur Tätigkeit der ungarischen demokratischen Opposition. Den Kern der Kollektion bilden Materialien, die das Bremer Institut in der ersten Hälfte der 1980er Jahre erworben hat. Dabei handelt es sich um die früheste Produktion der „zweiten Öffentlichkeit" und die ersten Periodika und Bücher des inoffiziellen Verlagswesens. Dieses Material wurde später um weitere Journale, um belletristische und theoretische Ausgaben sowie um Flugblätter, Photographien und künstlerische Veröffentlichungen ergänzt. Einen besonderen Teil des Archivs bilden die Drucksachen der Zeit des Umbruchs, welche den Übergang von der Untergrundliteratur zur freien Presse und von illegalen Gruppen zu Parteien, Vereinen und demokratischen Institutionen dokumentieren.

Miklós Haraszti: *Der Staatskünstler*, Budapest 1986

Samizdat und Opposition

Das Phänomen des unkontrollierten Manuskriptverkehrs existierte bereits in den sechziger Jahren, ebenso wie die losen Zusammenkünfte kritischer Geister, auf denen Ideen über Politik, Ökonomie, Philosophie und Kunst jenseits des offiziellen Diskurses ausgetauscht wurden. Allerdings trugen diese Auseinandersetzungen rein privaten Charakter und fanden in Freiräumen statt, die die relative kulturelle Liberalität der Partei zunächst ermöglicht hatte. Erst mit dem Scheitern der Wirtschaftsreform von 1968 und der Straffung der ideologischen Linie des gesamten Ostblocks im Sinne der Brežnev-Doktrin entstanden Strömungen, die ihre Ausdrucksmöglichkeiten nur außerhalb der staatlichen Medienstruktur finden konnten. Teile der früheren Reformintelligenz, unter anderem Philosophen der Budapester Schule um György Lukács, studentische Dissidenten sowie Schriftsteller und Künstler von der Peripherie des Kulturbetriebs bildeten das Milieu, in dem inoffizielles Schrifttum produziert und konsumiert wurde. Äußere Ereignisse (Helsinki-Prozess, Gründung des *KOR* in Polen und der *Charta 77* in Prag) und persönliche Initiativen vor allem von Miklós Haraszti, György Bence, János Kis und János Kenedi trugen dazu bei, dass Samizdat und demokratische Opposition als klare Strukturen in Erscheinung traten.

Die Ausweitung der Publikationsmöglichkeiten blieb noch lange Zeit die Hauptbeschäftigung oppositioneller Gruppen, die wegen ihrer technischen Schwäche zunächst auf die Multiplikatorenrolle ausländischer Medien wie der Sender Freies Europa und BBC, solcher Zeitschriften wie *Osteuropa-Info*, *Labour Focus on Eastern Europe* und *Gegenstimmen* oder ungarischer Exilverlage angewiesen waren. In dieser frühen Phase der „zweiten Öffentlichkeit" entstanden in sehr niedriger Auflage die richtunggebenden Schriften des Samizdat wie der von András Kovács herausgegebene Essayband „Marx a negyedik évtizedben" (Marx im vierten Jahrzehnt, 1977), die von János Kenedi zusammengestellte Anthologie „Profil" (1978) mit Texten, die von den Staatsverlagen abgelehnt worden waren, und die von Ferenc Donáth initiierte, dem Andenken des 1979 verstorbenen namhaften ungarischen Politikers und Publizisten István Bibó gewidmete Festschrift „Bibó emlékkönyv" (Bibó-Gedenkbuch, 1980), an der sich 76 Autoren beteiligten. Bereits diese frühen Publikationen, die im Bremer Archiv vorliegen, ließen die Konturen einer auf Menschenrechtsfragen, nationale und soziale Probleme ausgerichteten Bürgerbewegung erkennen.

Die organisatorische Weiterentwicklung führte über die Gründung der Fliegenden Universität (1978), der sozialpolitischen Gruppe *Szegényeket Támogató Alap* (*SZETA*; Stiftung zur Unterstützung der Armen, 1979) und der Selbsthilfeorganisation für entlassene Intellektuelle *Munka Után Kutató* (*MUKI*; Institut zur Arbeitssuche, 1980) sowie die Eröffnung einer Verkaufsstelle für Samizdat-Literatur (die „Rajk-Boutique", 1981) hin zu einer Vernetzung der unterschiedlichen Gruppen. Studentenorganisationen an mehreren Hochschulen (1981), die Friedensgruppe *Dialógus* (Dialog, 1982), die ökologische Bewegung *Duna kör* (Donau-Kreis, 1984) und die Gruppe *Kelet-nyugat dialógus* (Ost-West-Dialog, 1986) erweiterten das Tätigkeitsfeld und die soziale Basis der Andersdenkenden. Außerhalb der Budapester Intellektuellenszene existierten bereits Formen des konfessionellen Dissens, die von dem Staatlichen Kirchenamt gemaßregelte Methodistengruppe und die katholischen Basisgemeinschaften. Zu dem Gesamtbild gehörte auch Militärdienstverweigerung aus politischen Gründen.

Die Partei und die Geheimpolizei nahmen den Kampf mit den unabhängigen Gruppierungen auf, es fanden Hausdurchsuchungen und Festnahmen statt, Erwerbstätige wurden entlassen, Studierende relegiert, Auslandsreisen verweigert. Dennoch sah sich die Staatsmacht angesichts der immer schlechter werdenden Wirtschaftslage zu einer relativ gemäßigten Gangart gezwungen, zumal sie in den 1980er Jahren bereits auch mit dem Widerstand von intellektuellen Eliten konfrontiert war, deren Loyalität zuvor als gesichert gegolten hatte. Hinzu kam, dass die Grenzen zwischen offizieller und nichtoffizieller Kultur in Ungarn immer fließend waren.

Im Sommer 1985 trafen sich in dem unweit von Budapest gelegenen Dorf Monor Vertreter der demokratischen Opposition, der literarischen Strömung „Populisten" und Reformökonomen, um gemeinsam die Krise des Landes zu erörtern. Das Protokoll dieses Treffens, das in demselben Jahr veröffentlicht wurde, befindet sich im Archiv der Forschungsstelle (vgl. „Monori tanácskozás" – Die Tagung von Monor). Bei aller Demonstration der Gemeinsamkeiten zeigte sich bereits in diesem frühen Stadium die politische und weltanschauliche Vielfalt der Bestrebungen, die die späteren Differenzen bereits erahnen ließ. Die Gründung des Ungarischen Demokratischen Forums (1987), der Jugendpartei *FIDESZ* (1988) und des Bundes Freier Demokraten (1988) wies bereits in die Richtung eines parlamentarisch-pluralistischen Systems.

Periodika

Dieser überaus differenzierte Prozess fand in der Entwicklung des Samizdat seinen Niederschlag und ist auch am ungarischen Bestand des Bremer Archivs ablesbar. Die erste periodische Schrift, das Journal *Beszélő* (Der Sprecher), begann im Dezember 1981 regelmäßig zu erscheinen. *Beszélő*, eine Art Sprachrohr der demokratischen Opposition, hatte eine Auflage von etwa 2.000 Exemplaren und kostete 60 Forint. Obwohl dies das Mehrfache des Verkaufspreises eines staatlich subventionierten Journals war, konnte dieser Betrag kaum die Selbstkosten decken. Namen und Adressen der Redakteure waren in jeder Nummer angegeben, Autoren hingegen schrieben oft unter Pseudonymen. Später wurde das Journal um eine Sonderausgabe mit dem Titel *Máshonnan beszélő* (Der Sprecher von Anderswo) ergänzt, die literarische und politische Texte ausländischer Autoren in ungarischer Übersetzung beinhaltete. Ein ähnliches Profil hatte der *Keleteurópai figyelő* (Osteuropäischer Beobachter), der allerdings stärker regional ausgerichtet war.

Neben dem *Beszélő* mit seiner gemäßigt-legalistischen, theoretisierenden, auf den gebildeten Leser zielenden Linie existierte eine Reihe von mehr oder weniger regelmäßig erscheinenden Zeitschriften. Die Journale *Hírmondó* (Der Bote, 1984) und *Demokrata* (Der Demokrat, 1987) versuchten, mit einer lockeren Sprache auf uninformierte Leser einzuwirken, wobei sie zu einer radikaleren antikommunistischen Haltung neigten. Dasselbe lässt sich auch über den sporadisch erscheinenden *Magyar figyelő* (Ungarischer Beobachter, 1981) und den *Kisúgó* (Der Enthüller, 1981) sagen. Die Friedensbewegung gab die *Béke füzetek* (Friedenshefte, 1982) und die Zeitschrift *Dialógus* (Dialog, 1983) heraus. Eine besondere Würdigung verdienen schließlich die Materialien der ökologischen Bewegung, so das Mitteilungsblatt *A Duna kör hírei* (Nachrichten des Donau-Kreises, 1984 – 1986) und die Zeitschrift *Vízjel* (Wasserzeichen, 1986). Alle genannten Titel sind im Archiv der Forschungsstelle in der Sammlung Periodika und auch im Bestand Demszky vertreten. Zu erwähnen sind noch zwei Nummern des von den Methodisten veröffentlichten konfessionellen und literarischen Journals *Nyitott ajtó* (Die offene Tür, 1979) und vor allem die in Bremen ebenfalls vorhandene Ausgabe „Roundtable Digest“ (1987) mit einer Auswahl von Texten aus mehreren Samizdat-Periodika in englischer Sprache.

Einen noch wichtigeren Versuch zur Überwindung der Sprachbarrieren unternahm György Krassó (1936 –1991). Der Publizist aus der Generation der „Sechsundfünfziger“ hatte nach langen Behördenschikanen 1985 das Land verlassen und gründete drei Jahre später in London das *Hungarian October Free Press Information Center.* Diese private Nachrichtenagentur sollte durch ihre *Newsletter* die westlichen Medien mit authentischen Informationen über Ungarn versorgen.

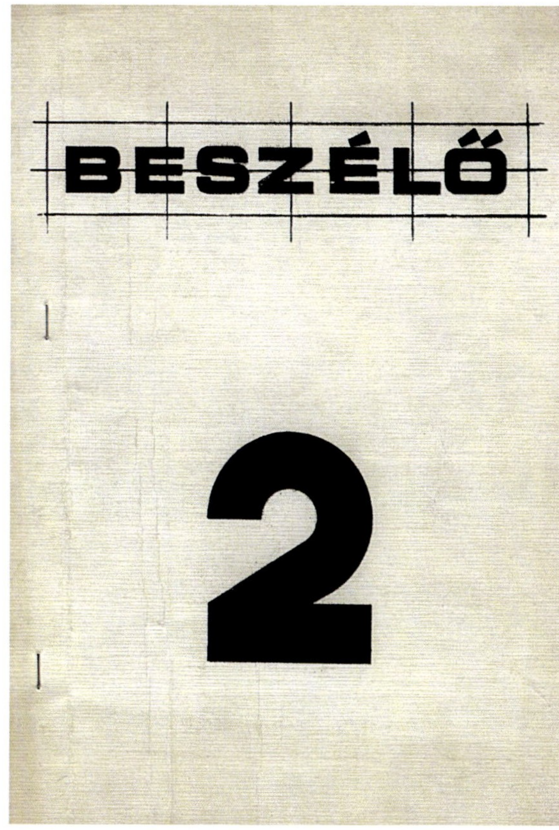

Der Sprecher, Nr. 2, 1981

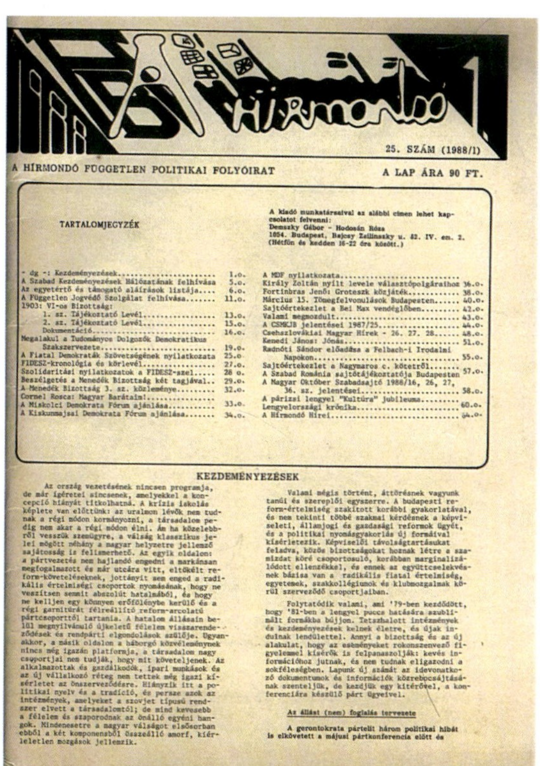

HÍRMONDÓ 1.

25. SZÁM (1988/1)

A HÍRMONDÓ FÜGGETLEN POLITIKAI FOLYÓIRAT

A LAP ÁRA 90 FT.

A kiadó munkatársaival az alábbi címen lehet kapcsolatot felvenni:
Demszky Gábor – Hodosán Róza
1054. Budapest, Bajcsy Zsilinszky u. 42. IV. em. 2.
(Hétfőn és kedden 16-22 óra között.)

TARTALOMJEGYZÉK

KEZDEMÉNYEZÉSEK

Az ország vezetésének nincsen programja, de már ígéretei sincsenek, amelyekkel a koncepció hiányát titkolhatná. A krízis iskolás képlete van előttünk: az uralmon lévők nem tudnak a régi módon kormányozni, a társadalom pedig nem akar a régi módon élni. Ám ha közelebbről vesszük szemügyre, a válság klasszikus jelei mögött néhány a magyar helyzetre jellemző sajátosság is felismerhető. Az egyik oldalon: a pártvezetés nem hajlandó engedni a markánsan megfogalmazott és már utcára vitt, eltökélt reform-követeléseknek, jottányit sem enged a radikális értelmiségi csoportok nyomásának, hogy ne veszítsen semmit abszolút hatalmából, és hogy ne kelljen egy könnyen erőfölénybe kerülő és a régi garnitúrát félreállító reform-arculatú pártcsoporttól tartania. A hatalom állásain belül megnyilvánuló újkeletű félelem visszarendeződések és rendpárti elgondolások szülője. Ugyanakkor, a másik oldalon a háborgó közvéleménynek nincs még igazán platformja, a társadalom nagy csoportjai nem tudják, hogy mit követeljenek. Az alkalmazottak és gazdálkodók, ipari munkások és az új vállalkozó réteg nem tettek még igazi kísérletet az önszerveződésre. Hiányzik itt a politikai nyelv és a tradíció, és persze azok az intézmények, amelyeket a szovjet típusú rendszer elvett a társadalomtól; de mind kevesebb a félelem és szaporodnak az önálló egyéni hangok. Mindenesetre a magyar válságot elsősorban ebből a két komponensből összeálló amorf, kiérleletlen mozgások jellemzik.

Valami mégis történt, áttörésnek vagyunk tanúi és szereplői egyszerre. A budapesti reform-értelmiség szakított korábbi gyakorlatával, és nem tekinti többé szakmai kérdésnek a képviseleti, államjogi és gazdasági reformok ügyét, és a politikai nyomásgyakorlás új formáival kísérletezik. Képviselői távolságtartásukat feladva, közös bizottságokat hoznak létre a szamizdat köré csoportosuló, korábban marginalizálódott ellenzékkel, és ennek az együttcselekvésnek bázisa van a radikális fiatal értelmiség, egyetemek, szakkollégiumok és klubmozgalmak körül szerveződő csoportjaiban.

Folytatódik valami, ami '79-ben kezdődött, hogy '81-ben a lengyel puccs hatására szublimált formákba bújjon. Tetszhalott intézmények és kezdeményezések kelnek életre, és újak indulnak lendülettel. Annyi a bizottság és az új alakulat, hogy az eseményeket rokonszenvező figyelemmel kísérők is felpanaszolják: kevés információhoz jutnak, és nem tudnak eligazodni a sokféleségben. Lapunk új számát az ideevonatkozó dokumentumok és információk közrebocsájtásának szenteljük, de kezdjük egy kitérővel, a konferenciára készülő párt ügyeivel.

Az állást (nem) foglalás tervezete

A gerontokrata pártelit három politikai hibát is elkövetett a májusi pártkonferencia előtt és

Der Bote, Nr. 1, 1986

Verlage und Bücher

Das unabhängige Verlagswesen begann seine Tätigkeit mit der Präsentation des Gedichtbandes „Örökhétfő“ (Ewiger Montag, 1981) von György Petri (1943–2000). Das Buch des mit Publikationsverbot belegten Lyrikers erschien in einer Auflage von 960 Siebdruckexemplaren, versehen mit einem Foto des Autors. Ein Exemplar befindet sich im Archiv der Forschungsstelle. Das Verdienst, dieses Bravourstück geleistet zu haben, gebührte den beiden Leitern des „AB Független Kiadó“ (Unabhängiger AB-Verlag), Gábor Demszky und Jenő Nagy. Ebenso wie *Beszélő* eine Art Institution war, galten die Publikationen des „AB“ schon allein aufgrund ihrer hohen Titelzahl als maßgebend für die gesamte Samizdat-Produktion. Demszky und Nagy, die als erste in der „zweiten Öffentlichkeit“ ein Copyrightzeichen verwendeten, verfügten über prominente Hausautoren wie György Konrád, János Kenedi, János Kis, Miklós Haraszti und Gáspár Miklós Tamás. Im Bremer Archiv sind aus der Produktion des „AB Független Kiadó“ vorhanden: Konráds Romane „A cinkos“ (Der Komplize, 1983) und „Kerti mulatság“ (Das Gartenfest, 1987) sowie seine Essays „Az állami ember és a cenzúra“ (Staatsmensch und Zensur, 1986) und „Antipolitika“ (Antipolitik, 1986), Kenedis „A magyar demokratikus ellenzék válsága“ (Die Krise der demokratischen Opposition in Ungarn, 1984), Kis’ „Vannak-e emberi jogaink?“ (Haben wir Menschenrechte?, 1986, erweiterte Ausgabe 1987), Harasztis „Kései bevezetés a kádárizmusba“ (Späte Einführung in den Kadarismus, 1985) und „A cenzúra esztétikája“ (Der Staatskünstler, 1986), Tamás’ „A magyar kérdés“ (Die ungarische Frage, 1982) und Dalos’ „1985“ (1985). Hinzu kommen Übersetzungen aus anderen Literaturen, zum Beispiel George Orwells „Állati gazdaság“ (Farm der Tiere, 1984), Arthur Koestlers „Sötétség délben“ (Sonnenfinsternis, 1984), Milan Kunderas „A tréfa“ (Der Scherz, 1987) und „A lét elviselhetetlen könnyűsége“ (Die unerträgliche Leichtigkeit des Seins, 1987), Bill Lomax’ „Magyarország 1956“ (Ungarn 1956, 1986) und Zdeněk Mlynářs „A Kreml felől jő a fagy“ (Nachtfrost, 1987).

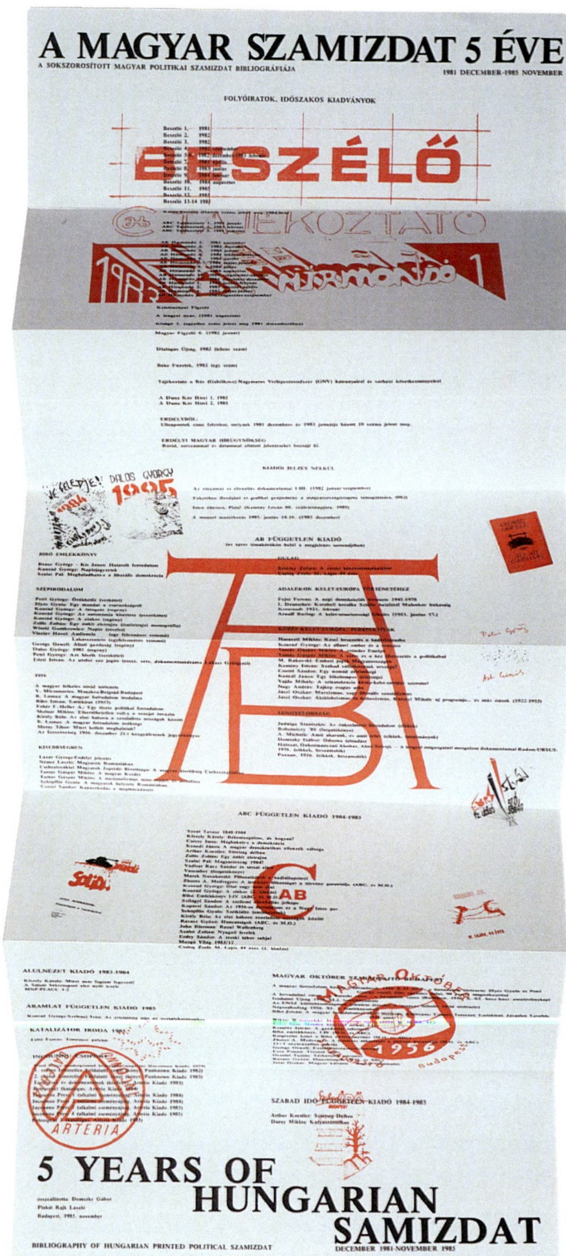

Fünf Jahre ungarischer Samizdat. Faltblatt des Unabhängigen AB-Verlags, Budapest 1985

Auch die Verlage „Magyar Október“ (Ungarischer Oktober) und „Katalizátor Iroda“ (Büro Katalysator) gaben zahlreiche Samizdat-Titel heraus. Aus der Produktion des zuerst genannten, von Krassó gegründeten Verlags sind in Bremen unter anderem István Bibós „A magyar forradalomról“ (Über die ungarische Revolution, 1984), Miklós Harasztis vielfach übersetzte Dokumentarprosa „Darabbér“ (Stücklohn, 1985), István Keménys „A gazdasági reformról“ (Über die Wirtschaftsreform, 1984), Oszkár Jászis „Magyar kálvária, magyar föltámadás“ (Ungarischer

György Petri: *Sie glauben es so*, Budapest 1985

István Eörsi: *Die Stimme seines Herrn*, Budapest 1985

Kalvarienberg, ungarische Auferstehung, 1984), eine Bilanz der bürgerlichen Revolution und der Räterepublik der frühen zwanziger Jahre, sowie die Anthologie „Gloria victis 1956 – 86“ (1987) und George Orwells Antiutopie „1984“ (1984) zu finden, während „Katalizátor Iroda“ durch István Eörsis „Emlékezés a régi szép időkre“ (Erinnerung an die schönen alten Zeiten, 1988), gemeint sind die Gefängnisjahre des Autors, Ferenc Fejtős „Történész pályám“ (Meine Historiker-Laufbahn, 1985), Imre Kovács' „Magyarország megszállása“ (Die Okkupation Ungarns, 1988) und eine Übersetzung von Michail Bulgakovs satirischem Roman „Kutyaszív“ (Hundeherz, 1986) vertreten ist. Vorhanden sind auch einzelne Ausgaben der anderen rund 20 Verlage wie zum Beispiel „Szabad Idő Kiadó“ (Freizeitverlag), „Áramlat Független Kiadó“ (Unabhängiger Verlag Strömung) oder „Elsötétítés Kiadó“ (Verlag Verdunkelung). Außerdem hervorzuheben sind der Verlag „Alulnézet Kiadó“ (Verlag Sicht von unten), in dem der Aufsatz „Miért nem fogtam fegyvert?“ (Warum ich nicht zur Waffe griff, 1983) des damals bekanntesten Militärdienstverweigerers, Károly Kiszely, erschien, und das wahrscheinlich eigens zum Zweck der Herausgabe des Sammelbands „Fordulat és reform“ (Wende und Reform, 1986) ins Leben gerufene Unternehmen „Társulás Kiadó“ (Verlag Assoziierung). Bei diesem Band handelt es sich um eine kollektive Arbeit von 60 Ökonomen, die die Notwendigkeit einer radikalen Umwälzung der Wirtschaft unterstrichen.

Wie einige der zitierten Titel belegen, spielte das im offiziellen Diskurs tabuisierte Thema des Volksaufstands von 1956 im ungarischen Samizdat eine überaus wichtige Rolle. Zu nennen sind in diesem Zusammenhang „Magyarországi napló“ (Das ungarische Tagebuch, 1986) des polnischen Schriftstellers Wiktor Woroszylski, Béla Királys „Az első háború szocialista országok között“ (Der erste Krieg unter sozialistischen Ländern, 1986), Tamás Aczéls und Tibor Mérays „Tisztító vihar“ (Die Revolte des Intellekts, 1986), der Sammelband „Az 1956-os magyar forradalom előzményei, alakulása és utóélete“ (Die ungarische Revolution 1956. Vorgeschichte, Ablauf und Nachwirkung, 1987) von Miklós Vásárhelyi und anderen, in dem die Ergebnisse einer Budapester Tagung vom Dezember 1986 zusammengefasst sind, und das Dokument „Gond és vallomás“ (Sorge und Bekenntnis, 1983). Bei dem zuletzt genannten Titel handelt es sich um das Protokoll einer Sitzung des Schriftstellerverbandes von Ende 1956, auf der die Literaten ein öffentliches Treuebekenntnis zu den Idealen der niedergeschlagenen Revolution abgelegt hatten.

János Kis: *Haben wir Menschenrechte?* Budapest 1986

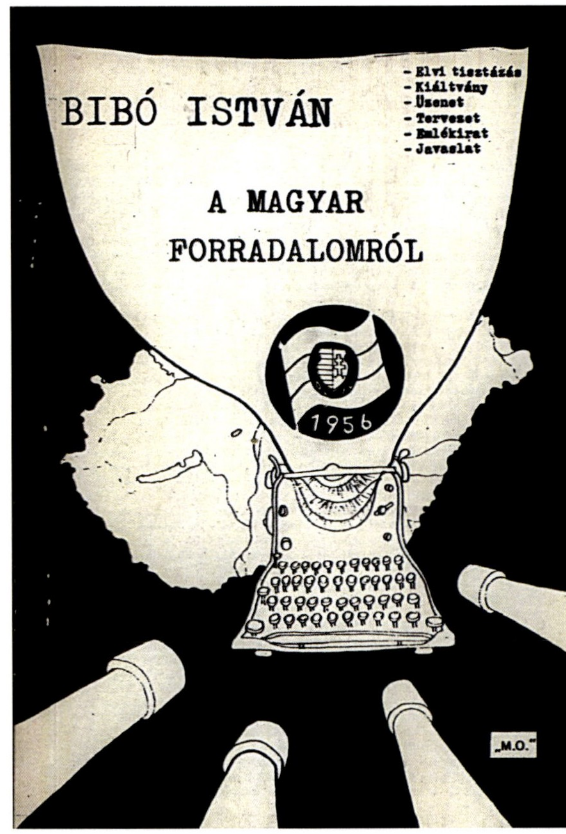

István Bibó: *Über die ungarische Revolution*, Budapest 1984

Lücken im historischen Gedächtnis füllten auch Veröffentlichungen wie „Másodszor emigrációban" (Die zweite Emigration, 1986), Erinnerungen des führenden Sozialdemokraten Vilmos Böhm. Im gleichen Kontext zu erwähnen sind schließlich Samizdat-Titel wie Zsolt Csalogs „M. Lajos 44 éves" (Lajos M. 44 Jahre, 1986), ein Bericht über das Schicksal eines ungarischen Bürgers, der nach dem Krieg in einem Lager in Sibirien inhaftiert war, und Béla Szászs „Minden kényszer nélkül" (Freiwillige für den Galgen, 1984), Erinnerungen eines Zeugen des Rajk-Prozesses von 1949. Alle diese Werke sind vor allem in der Sammlung Monographien und in den Beständen Demszky und Rajk zu finden.

Insgesamt war der Anteil belletristischer Arbeiten am ungarischen Samizdat geringer als in der Tschechoslowakei und der UdSSR. Dies ist damit zu erklären, dass die Zensur literarischer Texte in Ungarn weniger rigoros war als in den beiden anderen Ländern und den Autoren bis auf einige direkte Tabus weitreichende Ausdrucksmöglichkeiten einräumte.

Gábor Attalai: *Transfer of Sweden*, 1971, Collage, 21 x 30 cm

Bildende Kunst und Underground

Zu Anfang der 1970er Jahre organisierte die ungarische Neoavantgarde freie Ausstellungen in einer früheren Kapelle der katholischen Kirche am Ufer des Plattensees (Balatonboglár). Im Rahmen der Ausstellungen wurden hier auch experimentelle Filme gezeigt und Performances veranstaltet. Diese von der Staatssicherheit beendete Ausstellungstätigkeit dokumentieren Kataloge, Photographien und Einladungskarten. Als bewusste Weiterführung der Aktivitäten von Balatonboglár ist *Artpool* (1979) von György Galántai anzusehen. Er versuchte mit *Artpool Letters* und Briefmarkenserien Text und Bild, Kunst und Dokumentation miteinander zu verbinden. Die Produktion der international orientierten Gruppe mit Beziehungen zur Post-Avantgarde in der DDR, in Polen und in Rumänien, die sich in der Grauzone zwischen der „ersten" und der „zweiten" Öffentlichkeit bewegte, ist im Bestand *Artpool* reich vertreten. Neben zahlreichen Ausgaben der *Artpool Letters*, Katalogen und Photographien ist auch ein Konvolut von Künstler-Briefmarken vorhanden, die auf einer von *Artpool* 1982 in Budapest organisierten internationalen Ausstellung präsentiert wurden.

Die Gruppe *Inconnu* um Tamás Molnár hingegen agierte direkt in den Strukturen der demokratischen Opposition und verstand ihre Tätigkeit, so der Kunstwissenschaftler und Ausstellungsmacher László Beke, als „Instrument des politischen Widerstands". Sie verfertigte unter anderem Photomontagen in Form von Plakaten und Ansichtskarten gegen das Wasserkraftwerk bei Gabčíkovo/Nagymaros an der ungarisch-tschechoslowakischen Grenze und für die Rehabilitierung von Imre Nagy und seinen Kampfgefährten. In der Sammlung Kunst und Kunstdokumentationen der Forschungsstelle ist die Gruppe mit einigen Nummern der *Inconnu Press* (1985) sowie Flugblättern gegen den Bau des Wasserkraftwerks vertreten.

Diese Sammlung enthält außerdem vielfältiges Dokumentationsmaterial zur ungarischen Neoavantgarde, die in den 1970er und 1980er Jahren in privaten Räumen und in verschiedenen Klubs (u.a. im *Fiatal Művészek Klubja*, dem Klub junger Künstler), Kulturhäusern und wissenschaftlichen Instituten (z.B. in der Technischen Hochschule) in Budapest oder in der Provinz ausstellen konnte. Vorhanden sind Ausstellungsankündigungen, Kataloge, Photographien und Flyer, die die Aktivitäten führender Vertreter der ungarischen Kunst dieser Periode wie Imre Bak, Ilona Keserű, György Jovánovics, Endre Tót und Gyula Pauer dokumentieren.

Ein ungarischer Underground existierte lediglich in Ansätzen als lose Verbindung zwischen einzelnen, aus dem offiziellen Kanon ausgegrenzten Künstlern und zwischen kreativen Gemeinschaften. Nach den Spielregeln eines Systems mit allgemeiner Arbeitspflicht galten alle diejenigen, die keine Arbeitsstelle nachweisen konnten, von vornherein als „asozial". Kein Zufall, dass typische Vertreter des Underground, so der Performancekünstler Tamás Szentjóby (St. Auby) oder das Zimmertheater um den Schauspieler und Regisseur Péter Halász sehr bald (1974 bzw. 1975) auf behördlichen Druck hin das Land verlassen mussten. In der Sammlung Audiovisuelle Materialien der Forschungsstelle finden sich Audio- und Videokassetten mit Aufnahmen von Rockkonzerten der Gruppen *Bizottság* (Komitee), *Vágtázó Halottkémek* (Rasende Leichenbeschauer), *URH* (UKW), *Kontroll Csoport* (Kontrollgruppe), *Európa Kiadó* (Europaverlag) und *ETA*.

Vom Samizdat zur freien Publikation

Die Zeit nach János Kádárs Ablösung im Frühjahr 1988 war durch eine De-facto-Pressefreiheit gekennzeichnet, in der sich jede Art von Literatur entfalten konnte. Nicht länger drohten Hausdurchsuchungen oder Ordnungsstrafen aufgrund von Verbreitung „illegalen" Schrifttums, und der Markt wurde plötzlich von einer ungeahnten Menge von Presseerzeugnissen überschwemmt. Die Samizdat-Zeitschrift *Beszélő* erschien ab Herbst 1989 als Wochenblatt, im Umfeld der Jungdemokraten wurde das Kulturjournal *Magyar Narancs* (Ungarische Orange) herausgegeben, die Ideenwelt der Konservativen fand sich in der Wochenschrift *Magyar Fórum* (Ungarisches Forum) verkörpert, die allerdings sehr bald unter der Redaktion von István Csurka zum Sprachrohr des Rechtspopulismus wurde. Man versuchte, Presseorgane der Vorkriegszeit, so die liberale *Világ* (Welt) oder das Sprachrohr der Kleinlandwirte, *Kis Újság* (Kleine Zeitung), wiederzubeleben. Wichtiger sind jedoch die Flugblätter, Aufkleber, Erklärungen und Wahlmaterialien der Übergangszeit, die den Facettenreichtum der demokratischen Strömungen widerspiegeln. In der Sammlung Periodika der Übergangszeit ist eine Auswahl dieser Materialien zu finden.

Endre Tót: Aus der Serie *TOTalfreuden*, 1973–75, Siebdruck, 28 x 27 cm

Exil und westeuropäische Bestandsbildner

Die Samizdat- und Oppositionszirkel von Budapest nahmen relativ früh den Kontakt zu den Institutionen des Exils in Westeuropa und den USA auf. Die in Paris von Péter Kende herausgegebene Vierteljahresschrift *Magyar Füzetek* (Ungarische Hefte) widmete ihre zweite Nummer im Dezember 1978 der ungarischen Manuskriptliteratur und dokumentierte auch später den Diskurs der Andersdenkenden in der Heimat. Später startete Kendes Journal eine Buchserie, in der unter anderem Miklós Harasztis „Darabbér" 1980 zum ersten Mal in der Muttersprache des Autors erscheinen konnte. Da die Veröffentlichungen der *Magyar Füzetek* in den Exilbuchhandlungen von Wien bis Chicago erhältlich waren, bedeutete die Kontaktaufnahme mit der Redaktion zumindest die Möglichkeit eines weltweiten Dialogs mit den „Sechsundfünfzigern". Die professionell nachgedruckten Texte erfüllten außerdem die Aufgabe, schlecht erhaltene Originale für die Zukunft zu bewahren.

Weniger umfangreich, dennoch erwähnenswert sind die Veröffentlichungen der ebenfalls in Paris erscheinenden *Irodalmi Újság* (Literaturzeitung). Diese Monatsschrift publizierte unter anderem den „Bericht aus Siebenbürgen" von György Lázár (Pseudonym des Klausenburger Professors Sándor Tóth), eine Bestandsaufnahme der Lage der ungarischen Minderheit in Rumänien, die in einer maschinengeschriebenen Version am Ende der 1970er Jahre bekannt geworden war. Die zum Schmuggeln in ein Miniaturformat umgesetzte Ausgabe des Exiljournals, die sich in Bremen befindet, diente offensichtlich als Vorlage für eine Samizdat-Ausgabe.

Eine ergiebige Quelle zur Erforschung des Samizdat stellen westliche Zeitschriften dar, welche sich in den 1970er und 1980er Jahren konsequent mit der Tätigkeit der Opposition im Ostblock beschäftigt haben und die in der Bibliothek der Forschungsstelle verfügbar sind – vor allem *Osteuropa-Info* (Berlin), *Gegenstimmen* (Wien), *Index on Censorship* und *Labour Focus on Eastern Europe* (beide London). Sie beinhalten Abdrucke von Originaltexten, Interviews und Photographien von Protagonisten der Bürgerbewegungen und sind daher wichtig, ja unentbehrlich für die Erforschung des Themas.

DDR

Frank Eckart

In der DDR der späten 1970er Jahre entstanden kleine, aus Schriftstellern und Künstlern bestehende Gruppen, die im Eigenverlag Zeitschriften, Künstlerbücher und Kunstmappen mit einfachen Mitteln in hoher Professionalität herstellten. Diese Dokumente bilden den Grundstock der DDR-Sammlung der Forschungsstelle Osteuropa. Ein zweiter Sammlungsbestand gründet sich auf Publikationen, die im Umkreis der evangelischen Kirchen der DDR seit 1980 entstanden, wie die Initiativen für Frieden, Ökologie und Menschenrechte oder die Bewegung *Kirche von Unten*. Hinzu kommen Materialien der genossenschaftlich verwalteten *Galerie Oben* in Karl-Marx-Stadt (Chemnitz) und audiovisuelle Materialien.

Ostkreuz. Politik, Geschichte, Kultur, Nr. 1, 1989

Spuren. Zur Geschichte der Friedensbewegung in der DDR, Berlin 1988

Bürgerrechtsbewegung und Initiativen im Umkreis der evangelischen Kirche

In den Sammlungen Monographien und Periodika finden sich rund 150 Zeitschriftenausgaben und Einzelpublikationen. Zu den bekanntesten Periodika gehören die von der *Umweltbibliothek* der Zionskirchgemeinde Berlin herausgegebenen *Umweltblätter*, die mit 18 Ausgaben aus den Jahren 1987 bis 1989 vertreten sind, und die unabhängige Zeitschrift *grenzfall*, herausgegeben von der *Initiative für Frieden und Menschenrechte*, Berlin, mit elf Ausgaben der Jahre 1986 bis 1989. Die *Umweltbibliothek* wurde 1987 einer breiten Öffentlichkeit in der DDR und der Bundesrepublik Deutschland bekannt, als Mitarbeiter des Ministeriums für Staatssicherheit ihre Räume durchsuchten und Mitglieder der Initiative verhafteten. Ziel des operativen Vorgangs unter dem bezeichnenden Namen „Falle" war nachzuweisen, dass *grenzfall* in der Bibliothek produziert wurde. Die *Umweltblätter* waren mit dem Vermerk „Nur zum innerkirchlichen Gebrauch" versehen. Damit galten sie als internes Papier. Die Gemeinde der Zionskirche versuchte so die Gruppe zu schützen. Die *Initiative für Frieden und Menschenrechte* dagegen wirkte außerhalb einer kirchlichen Institution. Nach Lesart der Staatsanwaltschaft war sie damit „illegal", sie galt als „staatsgefährdende Opposition". Bis zur Einstellung der Ermittlungsverfahren am 7. Januar 1988 war es zu öffentlichen Protesten und Bittgottesdiensten mit bis zu 700 Teilnehmern gekommen, die die Schließung der *Umweltbibliothek* verhinderten und die *Umweltblätter* wie auch *grenzfall* als Medien der Opposition in der DDR verteidigten.

Arche Nova, Nr. 1, 1988

Nimmt man heute ein Exemplar der *Umweltblätter* in die Hand, verwundert ihre Einfachheit und schlichte Gestaltung. Gleichzeitig kann man sich kaum mehr vorstellen, wie begierig jede Ausgabe vom Kreis der potentiellen Leser erwartet wurde: Hier konnten sie auf wenigen Seiten, denn es handelte sich nur um wenige Blätter im DIN-A4-Format, Nachrichten und Analysen lesen, die in den offiziellen Medien und Pressepublikationen der DDR nicht vorkamen. Die Genugtuung der Produzenten, trotz allumfassender Zensur die eigene Meinung zu veröffentlichen und damit, wenn auch nur ein wenig, die Grenzen hin zu Meinungsfreiheit und Kritik an bestehenden Zuständen in der DDR zu verschieben, ist nur noch schwer vorstellbar.

Die *Umweltblätter* wurden wie auch der *Friedrichsfelder Feuermelder* und das *Friedrichsfelder Extrablatt*, herausgegeben vom Friedenskreis der Evangelischen Kirche Berlin-Friedrichsfelde (sechs Ausgaben von 1987 bis 1988), und die *Streiflichter*, herausgegeben von der *AG* Umweltschutz beim Stadtjugendpfarramt in Leipzig (zwölf Ausgaben von 1988 bis 1989), durch Spenden finanziert. Dazu kam die unbezahlte Arbeit von Autoren, Herausgebern und Mitarbeitern, die ihre freie Zeit für den aufwendigen Prozess des Drucks der Publikationen opferten. „Zur Bedienung der uralten [Wachsmatrizen-]Maschine wurden 5 Leute gebraucht: Zum Liften des sehr schlecht geschnittenen Papiers, zum Kurbeln, zum Auffangen der ausgeworfenen Exemplare und dem Aussondern von etwa 30% Fehldrucken und schließlich zum Niederhalten einer bestimmten Leiste im Inneren der Maschine. Es war eine aufreibende und langwierige Arbeit."[1] Damit erreichten *grenzfall* und die *Umweltblaetter* 1986 höchstens eine Auflage von 150 Exemplaren je Ausgabe. Eine Ausnahme blieb der erstmals im Jahr 1985 erschienene *mOArning stAr* mit einer Auflagenhöhe von 1.000 Exemplaren. Eine Ausgabe von 1989 befindet sich im Archiv.

[1] Rüddenklau, Wolfgang: Störenfried. DDR-Opposition, 1986 – 1989, Berlin 1992, S. 97.

Selten waren in den Periodika wie auch den Einzelpublikationen dezidiert antisozialistische Stimmen zu finden. Man trat für Frieden ein (z.B. *Spuren. Zur Geschichte der Friedensbewegung in der DDR*, Berlin 1988), forderte ökologisches Denken und Handeln im real existierenden Sozialismus der DDR ein (z.B. Michael Beleites: *Pechblende. Der Uranbergbau in der DDR und seine Folgen*, Wittenberg 1988) sowie staatliche Zusagen zu Menschenrechten und bürgerlichen Freiheiten gemäß der Schlussakte von Helsinki der Konferenz über Sicherheit und Zusammenarbeit in Europa 1975 (z.B. *Aufrisse. Absage an Praxis und Prinzip der Abgrenzung*, 1987/88). Auf Grund der ablehnenden Haltung der SED-Führung gegenüber der Politik von Perestrojka und Glasnost in der Sowjetunion befanden sich selbst auf marxistischer Grundlage formulierte kritische Stimmen im Widerspruch zur staatlichen Doktrin. Sie erhielten mit inoffiziellen Schriften dieser Art ihr Forum (vgl. u.a. *ZRYW. Polen auf dem Weg in eine unabhängige und selbst verwaltete Zukunft? Gruppe Demokratische SozialistInnen*, 1988). Die Vielfalt lokaler Gruppen führte zu einem Spektrum gesellschaftlicher Konzeptionen, Themen und Meinungen, die sich in der staatlich reglementierten DDR-Öffentlichkeit nicht artikulieren konnten. Weitere Beispiele sind das Periodikum *Bekenntnis* des *Ökumenischen DDR-weiten Arbeits- und Koordinierungskreises für das Wehrdienstproblem,* Güstrow (vier Ausgaben von 1988 bis 1989), das sich ausschließlich mit diesem Thema beschäftigte, wie auch die Typoskriptsammlung „Ich zeige an!" (Kontaktgruppe der evangelischen Jugendarbeit, Stadtjugendpfarramt Berlin, 1989) oder die Gedächtnisprotokolle, die über die gewaltsame Auflösung von Demonstrationen am 40. Jahrestag der DDR in Berlin am 7. Oktober 1989 berichteten. *Arche Info*, herausgegeben vom Grün-Ökologischen Netzwerk in den evangelischen Kirchen der DDR (vier Ausgaben von 1988 bis 1989 im Bestand), widmete die einzelnen Ausgaben jeweils einem Thema, wie „Tschernobyl 2 Jahre danach" oder „Die Kommunalwahlen 1989". Sie bildete mit der von der gleichen Initiative herausgegebenen *Arche nova* (vier Ausgaben von 1988 bis 1989) ein Forum, um ein unabhängiges Informationsnetz zu schaffen.

Außerdem gab es Versuche, unabhängige Zeitschriften mit breitem Themenspektrum herauszugeben, wie *Kontext: Beiträge aus Kirche & Gesellschaft. Kultur* der Evangelischen Bekenntnisgemeinde, Berlin-Treptow, (sieben Ausgaben von 1987 bis 1989), *Ostkreuz: Politik, Geschichte, Kultur* (1989) und die Studentenzeitschrift der DDR, *Seminarum*, erschienen an der Karl-Marx-Universität Leipzig (zehn Ausgaben von 1985 bis 1989).

Neue politische Bewegungen und Parteien 1989/1990

Die Sammlung umfasst Texte von DDR-Autoren, die in unabhängigen Zeitschriften der späten 1980er Jahre veröffentlicht worden waren. Ein umfangreiches Konvolut enthält Aufrufe von Kirchengemeinden und interne Diskussionspapiere, Resolutionen von Hochschulen, Bezirksvorständen der Künstlerverbände und anderen Institutionen, die sich den Forderungen der Demonstranten im Herbst 1989 in Leipzig anschlossen. Daneben gibt es den „Aufruf zur Einmischung in eigener Sache", Dokumente von *Aufbruch '89 – Neues Forum*, *Demokratie jetzt*, offene Briefe (z.B. von Konrad Weiß an Michail Gorbačev) und ein Protokoll des ZK der SED aus dem internen Parteiarchiv. Darüber hinaus finden sich zahlreiche Dokumente zum Parteienbildungsprozess Anfang des Jahres 1990 sowie Satzungen, Grundsatzerklärungen und Wahlmaterialien zu den ersten (und letzten) freien Volkskammerwahlen in der DDR am 18. März 1990.

Offene Arbeit, Werkstatt-Gottesdienst 12./13. Okt. '84 in der Hoffnungs-gemeinde Pankow. Literatorturteil: Abendbrot & Frühstück

Künstlerbücher und originalgraphische Zeitschriften

Die Zensur in der DDR war umfassend und lückenlos. Selbst für private Einladungskarten zu Hochzeiten oder für Todesanzeigen, die in großer Stückzahl gefertigt werden sollten, musste man so genannte Drucknummern beantragen. Unter diesen Umständen nutzten Künstler und Schriftsteller besonders seit Mitte der 1970er Jahre eine Gesetzeslücke, indem sie ihre Texte und Bilder in Kunstwerke mit limitierter Auflage verwandelten. „Erste inoffizielle Veröffentlichungen autonomer Literatur wurden vorrangig durch Verbindungen zur bildenden Kunst, besonders zur Grafik, möglich. Die Honorarordnung ‚Bildende Kunst' vom 31.8.1971 legte fest, daß für druckgrafische Werke, bei einer Auflagenhöhe von über 100 Blatt, eine Druckgenehmigung der örtlichen staatlichen Organe, Abteilung Kultur, einzuholen ist. Die daraus folgende Schlußfolgerung, daß alle grafischen Blätter unter einer Auflage von 100 Stück zensurfrei sind, bot der grafischen Kunst sehr viel günstigere Voraussetzungen für inoffizielle Editionen als die Vervielfältigung literarischer Texte, die nur bis zu fünf Durchschlägen pro Schreibmaschinenseite erlaubt war."[2]

Und, Nr. 8, 1983

Der Schriftsteller Uwe Kolbe überschritt mit der von ihm 1979 bis 1982 herausgegebenen Textsammlung „Der Kaiser ist nackt" (davon vier Ausgaben aus dem Jahr 1981 in der Forschungsstelle Osteuropa) diese Grenze. Als Typoskripte auf Durchschlagpapier erschienen erstmals Texte junger Literaten wie Katja Müller-Lange, Thomas Rosenlöcher oder Sascha Anderson unzensiert.

Die 1978 am Obergraben 9 in Dresden gegründete Eigenedition *Obergrabenpresse* schuf überwiegend Mappenwerke, in denen Texte und künstlerische Serigraphien (Graphik, Linolschnitt, Lithographien) lose verbunden wurden. Die Zusammenarbeit von Eberhard Göschel, Peter Hermann, Ralf Winkler (nach seiner Ausreise aus der DDR international bekannt als A.R. Penck), Jochen Lorenz und Bernhard Theilmann war einer der wichtigsten Impulse, um durch die Verbindung von Graphik und Literatur in einem Kunstwerk eigene Positionen und ästhetische Ansätze umzusetzen. In der Forschungsstelle befinden sich insgesamt 14 Beispiele solcher im Eigenverlag hergestellter Kunstmappen, darunter „Aggressionen" von Klaus Süss, die in der *Obergrabenpresse* erschienene Mappe „Ritze" oder eine Arbeit von Bärbel Bohley aus dem Jahr 1986.

Glasnot, Nr. 5, 1988

[2] Sauer, Helgard: Unerwünschte Drucke in der DDR. In: Raabe, Paul (Hrsg.): Der Zensur zum Trotz. Das gefesselte Wort in Europa. Katalog zu der Ausstellung im Zeughaus der Herzog-August-Bibliothek Wolfenbüttel vom 13.5. bis 6.10.1991, Weinheim 1991, S. 285.

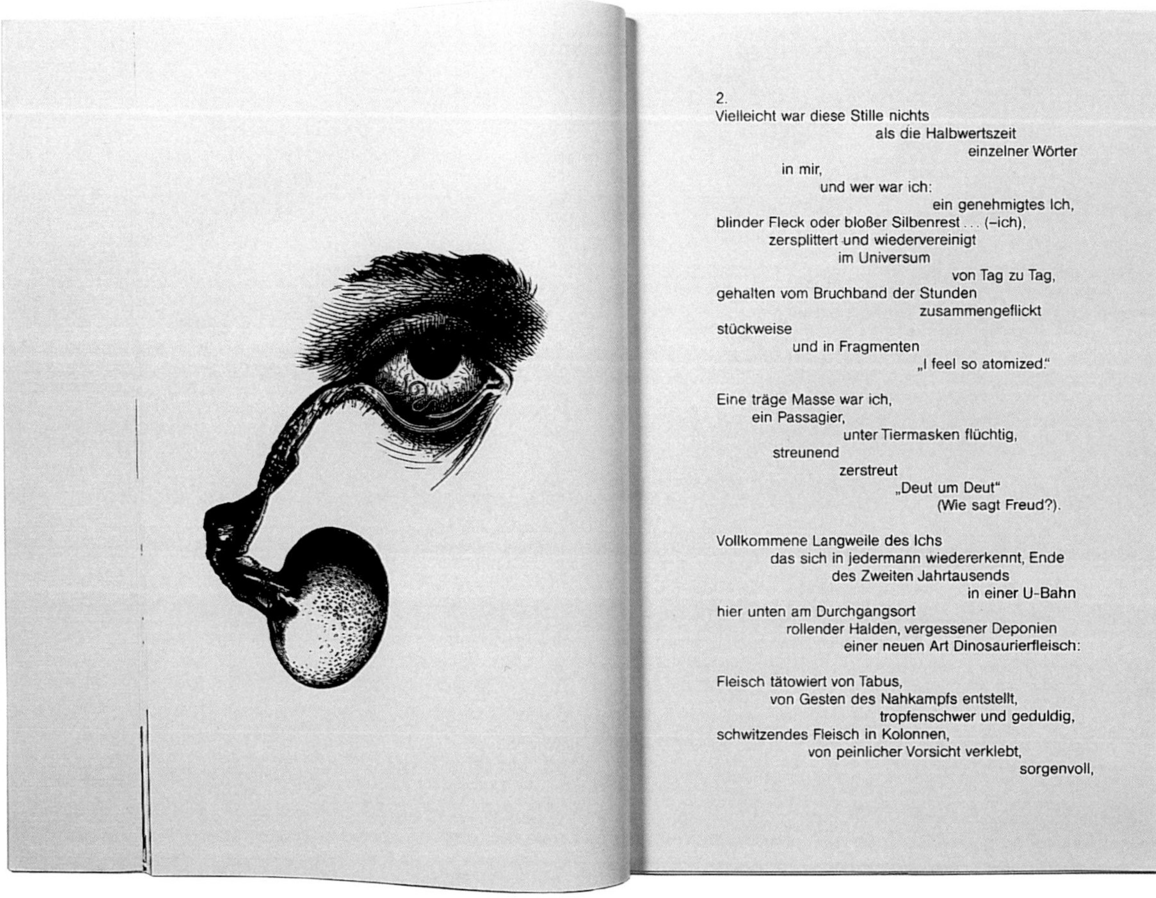

Durs Grünbein [Texte], Via Lewandowsky [Graphik]: *Ghettohochzeit*, Berlin 1988

Unter den Bedingungen der Zensur und angesichts des Mangels an Papier, Farben, Leinwand, Druckmaschinen und Kopierern bestimmten Improvisation und gestalterische Experimente, auch mit buchfremden Materialien wie Stoff, Plastik oder Schleifpapier, die Herstellung der Kunstmappen und Künstlerbücher. Der Dresdner Klaus-Jürgen Zylla, der auch an dem in der Sammlung vorhandenen Buch „Atem" beteiligt war, beschrieb die damalige Situation bei der Produktion solcher Bücher: „1982 kam ich als Siebdrucker an die Hochschule für Bildende Künste Dresden. [...] Ich lernte, Kopierschichten aus Tortenguss zu entwickeln, weil die lichtempfindlicher waren als jene vom VEB. Wasserfarben wurden aus Pigmenten und Tapetenkleister hergestellt, versetzt mit eigenem Harnstoff, weil erst damit die richtige Konsistenz erreicht wurde. Ich karrte säckeweise Suprasil (‚aktiver Füllstoff' - was auch immer das sein mochte) heran."[3]

Typoskript- und Künstlerbücher entwickelten sich seit Anfang der 1980er Jahre zu einer eigenständigen Form, den so genannten originalgraphischen Zeitschriften. Texte als vervielfältigte Typoskripte wechseln sich mit künstlerischen Serigraphien ab, die Einbände waren oft individuell und phantasievoll gestaltet. Sie wurden teilweise wie Kunstwerke signiert und erreichten durch die aufwendige Handarbeit bei der Herstellung in der Regel nur Auflagen von 15 bis 30 Exemplaren. Eine der ersten Zeitschriften war die in Dresden in 15 Nummern in den Jahren 1982 bis 1983 erschienene *und*, von der 14 Ausgaben im Archiv der Forschungsstelle vorhanden sind. Die Initiatoren um den Gitarristen Lothar Fiedler sammelten Beiträge aus dem Freundeskreis und publizierten sie ohne redaktionelle Bearbeitung. Trotz der niedrigen Auflage musste die Heftedition *und* im Jahr 1984 nach behördlichem Verbot eingestellt werden.[4]

[3] Zylla, Klaus-Jürgen: Vorwort. In: Neue Tendenzen. Siebdruckgrafik in der DDR 1980 –1990, Verkaufskatalog, Berlin 1992, S. 2.

[4] Forschungsstelle Osteuropa (Hrsg.): Eigenart und Eigensinn. Alternative Kulturszenen in der DDR (1980 –1990). Mit einem Bestandskatalog, bearbeitet und kommentiert von Frank Eckart, Bremen 1993, S. 120.

Robert Rehfeldt: *Mail Art*, 1980

Im Archiv der Forschungsstelle sind 151 Zeitschriftennummern von 22 verschiedenen Titeln zusammengetragen worden, darunter *Mikado* (sieben Hefte zwischen 1984 und 1987), *Entwerter oder* (neun Hefte zwischen 1984 und 1990) und *Schaden* (15 Hefte zwischen 1984 und 1987). Für die Forschung stehen in Bremen etwa 60% der in der DDR erschienenen originalgraphischen Ausgaben zur Verfügung.

Ein Künstlerbuch weist auf einen wichtigen Umstand in der Entwicklung der DDR-Kultur hin: Der Titel „Die Tage sind gezählt“ spielte auf die Ausbürgerung des Liedermachers Wolf Biermann im Jahr 1976 an und beschrieb die Situation von Künstlern und Schriftstellern, die vor der Wahl standen, in der DDR zu bleiben oder nach West-Berlin oder in die Bundesrepublik Deutschland auszureisen. Einer der Protagonisten der damaligen Szene, Egmont Hesse, stellte fest: „Alle Wellen und Vorstöße in der DDR-Literatur, alle Zusammenballungen von Potential endeten irgendwann mit der Abbröckelung in Richtung Bundesrepublik.“ [5] Dennoch bestanden weiter vielfältige Verbindungen der „Ehemaligen“ in die DDR, was sich auch in den Publikationen des „Tamizdat“ widerspiegelt. Im Archiv befinden sich fünf Publikationen aus der *Mariannenpresse* und der *Edition Malerbücher*, beide West-Berlin. Sie sind Zeugnisse dafür, dass die Zusammenarbeit über die noch bestehenden Mauern und Grenzen hinweg fortgesetzt wurde.

[5] Faktor, Jan: Was ist neu an der jungen Literatur der achtziger Jahre? In: Faktor, Jan: Henrys Jupitergestik in der Blutlache Nr. 3 und andere positive Texte aus Georgs Besudlungs- und Selbstbesudlungskabinett, Berlin 1991, S. 100.

Galerie Oben. Plakat zum zehnjährigen Bestehen, 17.9.1983

Galerie Oben

In den 1970er Jahren gelang es einer Gruppe von Künstlern, im sächsischen Karl-Marx-Stadt ein Zentrum der bildenden Kunst der DDR zu begründen. Am 17. März 1973 wurde die genossenschaftlich verwaltete *Galerie Oben* eröffnet, die sich auch für bis dahin kaum geförderte Kunstformen wie Performance und Aktion einsetzte.[6] Dort wurden Arbeiten von Künstlern vorgestellt, die lange Zeit in der DDR unbeachtet geblieben waren oder von staatlichen Institutionen ignoriert wurden, wie Gerhard Altenbourg, Hartwig Ebersbach, Carlfriedrich Claus oder Lutz Dammbeck. Den erwirtschafteten Gewinn nutzte die Galerie zur Finanzierung von Lesungen, Künstlergesprächen und Konzerten, die das wegweisende Ausstellungsprogramm ergänzten. Nationale und internationale kulturelle Entwicklungen wurden aufgezeigt und mit dem Publikum diskutiert. Die Mitarbeiter waren sich eines sozialen Auftrags bewusst, wollten die Inhalte jedoch selbst bestimmen.

Der Bestand der Galerie – Plakate, (257, davon 124 signierte Originale), Ausstellungskataloge, Autographen, Einladungskarten, Photographien u.a. – gibt einen Überblick über den künstlerischen Anspruch, das Alternativangebot und die Publikationsmöglichkeiten der Karl-Marx-Städter Galerie.

Darüber hinaus werden die besonderen Kommunikationsstrukturen zwischen Künstlern und bestehende Kontakte nach Ost- und Westeuropa in der Mail Art dokumentiert, die auch zum Bestand der Galerie zählt. Hier sei insbesondere auf Arbeiten der in dieser Kunstform in der DDR führenden Künst-ler Robert Rehfeldt („Diese Karte teilt Ihnen meine Gedanken mit“ u.a.), Jörg Gottschalk („Mein Leben war Kunstarbeit“) oder Rolf Staeck („DADA is not ART – DADA is MOVEMENT“) hingewiesen.

[6] Werner, Klaus: die pleinairs. In: Barthel, Gunnar (Red.): Galerie oben. 1973–1983, Dokumentation, Karl-Marx-Stadt 1983, S. 36ff.

Audiovisuelle Materialien

In diesem Bestand befinden sich Tonkassetten mit Lesungen von Dichtern wie Adolf Endler, Gert Neumann oder Rüdiger Rosenthal. Originalgraphische Zeitschriften wie *Schaden* (Heft 10 und 11/1986) oder *Entwerter oder* (Heft 34/1989) enthalten Kassetten, auf denen die Stimmen der Schriftsteller und Aktionskünstler Peter Wawerzinek und Mathias „Baader" Holst wie auch von Sascha Anderson, Elke Erb, Rainer Schedlinski, Franz Lanzendörfer (Pseudonym Flanzendörfer), Lutz Rathenow, Bert Papenfuß-Gorek, Jan Faktor und anderen zu hören sind. Andere Tonträger dokumentieren Auftritte ostdeutscher Rock- und Punkgruppen, die Namen wie „teurer denn je" oder „Ornament und Verbrechen" trugen. Diese Beispiele zeigen, wie die eigenständige Kulturszene der 1980er Jahre zunehmend Tonbänder zur Verbreitung ihrer Texte und Musik nutzte, gegen Ende des Jahrzehnts vereinzelt auch das Medium Video. Eines der wenigen vorhandenen Beispiele hierfür ist eine VHS-Kassette, auf der Ausstellungen der unabhängigen Leipziger Werkstattgalerie *Eigen + Art* festgehalten sind.

Auf mehr als 40 VHS-Kassetten sind darüber hinaus Berichte des DDR-Fernsehens und der westdeutschen Sendeanstalten über den Fall der Berliner Mauer und die Ereignisse bis zur Wiedervereinigung am 3. Oktober 1990 für den institutsinternen Lehr- und Forschungsbetrieb aufgezeichnet.

Mikado, Nr. 1, 1985

Forschungsprojekt Jugendstudie DDR und die Unterstützung von Rudolf Bahro

Zwischen 1982 und 1984 analysierte Wolfgang Büscher die Entwicklung der Jugend in der DDR und ihre Kultur. Das war für die bundesdeutsche DDR-Forschung in der damaligen Zeit ungewöhnlich. Die Ergebnisse der Recherche sind Dokumente der oral history. In 14 Archivkästen werden Abschriften von Interviews mit Jugendlichen aus der DDR, mit Mitgliedern der Punk-Szene, der Friedensbewegung im kirchlichen Umfeld und Vertretern der evangelischen Kirche verwahrt. Ergänzt wird dieser Bestand durch Grundsatzdokumente und Diskussionspapiere der Bewegung *Kirche von Unten*, der evangelischen Kirche sowie durch eine Sammlung von Zeitungsausschnitten. Mit Hilfe dieses Materials können authentische Stimmen und Stimmungen innerhalb von Jugendszenen der damaligen Zeit rekonstruiert und die Inhalte der unabhängigen Publikationen aufgearbeitet werden. Der Bestand enthält auch Dokumente zu Protestaktionen in der Bundesrepublik Deutschland, die nach der Verhaftung des Journalisten Rudolf Bahro, Verfasser von „Die Alternative. Zur Kritik des real existierenden Sozialismus", am 25. August 1977 in der DDR stattfanden. Im Oktober 1979 wurde Bahro amnestiert und nach Aberkennung der DDR-Staatsbürgerschaft in die Bundesrepublik Deutschland ausgewiesen.

Kunstsammlung Klaus Groh

Wolfgang Schlott

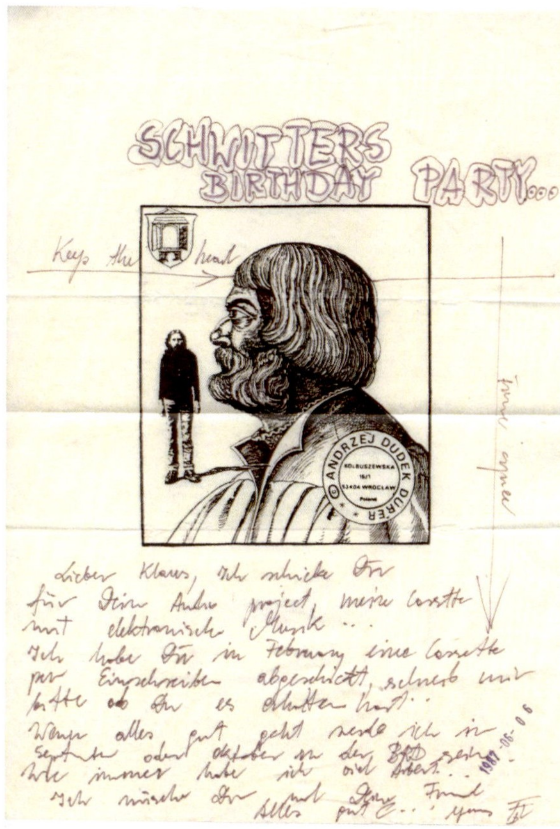

Andrzej Dudek-Dürer: Brief mit Siebdruck, 1987, 29 x 22 cm

Die im Jahre 2004 von der Forschungsstelle erworbene Sammlung umfasst Collagen, visuelle Poesie, Serigraphien, Photographien, Mail Art, Graphik, Künstlerbücher, inoffizielle Briefmarken, Manifeste, Ausstellungskataloge, Plakate, Kleinskulpturen, Briefe, Künstlermappen und andere Kunstobjekte, insgesamt rund 1.800 Positionen. Sie wurden von dem Sammler und Konzeptkünstler Klaus Groh auf seinen zahlreichen Reisen nach Ostmitteleuropa zusammengetragen. Die Sammlung bildet einen repräsentativen Querschnitt durch die unabhängigen Kunstszenen Ungarns, Polens, der Tschechoslowakei, Jugoslawiens, Rumäniens, der Sowjetunion und der DDR der 1960er bis 1980er Jahre. Außerdem enthält sie eine Reihe von bedeutenden Dokumenten der russischen Kunst.

Im ungarischen Teil der Sammlung fallen insbesondere Collagen, künstlerisch gestaltete Briefmarken, Künstlerbücher und Arbeiten der Konzeptkunst auf. Es handelt sich um collagierte Landkarten und die visuelle Poesie von Gábor Attalai, das breite ästhetische Spektrum des Werks von György Galántai, die spielerische Konzeptkunst von Endre Tót, dessen Arbeit „Total Joy“ die Forschungsstelle bereits im Jahr 2003 erworben hat, und Graphiken und Photoarbeiten von Geza Perneczky.

Die Kunst aus dem ehemaligen Jugoslawien repräsentieren die in der Zwischenzeit berühmt gewordene Aktionskünstlerin Marina Abramović mit mehreren Photographien von Happenings aus den 1970er Jahren, Nenan Bogdanović mit Künstlerbüchern und Mail Art, Dobrica Kampelević mit Mini-Künstlerbüchern und Mail Art, Mario Marzidivsek und Radomir Masić mit Sound Art und konkreter Poesie. Vertreten sind auch Miroljub Todorovićs visuelle und Computerpoesie sowie Collagen und Bálint Szombathys Photocollagen auf Papierflaggen („Underground“), Mini-Bücher und gestempelte Umschläge.

Die unabhängige sowjetische Kunst ist vertreten mit einigen Originalwerken wie Collagen und Künstlerbriefmarken von Sergej Sigej, Photographien und visueller Poesie von Ry Nikonova, Dokumentationen von Kunstaktionen von Lev Nusberg sowie mit Buchobjekten von Vagrič Bachčanjan.

Deutlich stärker sind in der Sammlung tschechische und slowakische Künstler vertreten. Erwähnt seien die Photomontagen, Collagen, Gedichtbände, Drucke und Konzeptkunst-Objekte von Miroslav Klivar, die Graphiken, übermalten Landkarten, Künstlerbücher, Kataloge und Stempeldrucke von J.H. Kocman, die Buchobjekte, Collagen, Photos und

Tonbänder des Aktionskünstlers Petr Štembera, die zahlreichen Beispiele für die Schreibmaschinengraphik von Jiří Valoch, die Offset-Graphikendes Slowaken Rudolf Sikora und die Serigraphien,Kunstmappen und Photo-dokumentationen des außerhalb der unabhängigen tschechoslowakischen Szene unbekannten Dalibor Chatrný. Die prominenteste Position in der tschechischen Sammlung nehmen die annähernd 50 Arbeiten des aus Prag stammenden Milan Knížák ein, der bereits in den frühen 1960er Jahren mit seinen spektakulären Straßenaktionen und später mit seinen Beiträgen zur Fluxuskunst, seinen Materialcollagen, darunter die Materialmontage „Kreuz", seinen Zeichnungen und Papierobjekten („Aktuál") die Aufmerksamkeit der Kunstöffentlichkeit in Westeuropa und der Insider in den sozialistischen Ländern auf sich gezogen hat.

Einen weiteren Schwerpunkt der Sammlung bildet die Kunst aus Polen, die sich etwa seit Mitte der 1950er Jahre in einer widersprüchlichen Situation befand. Einerseits entstanden halbprivate Galerien, in denen auch die in Westeuropa aufkommenden neuen Kunstrichtungen präsent waren, eine Entwicklung, die stets infolge bestimmter politischer Ereignisse gebremst wurde. Andererseits entfaltete sich ungeachtet von militärischen und ökonomischen Ausnahmesituationen eine breit gefächerte künstlerische Aktivität, die sich auch in dem Spektrum der Objekte aus der Groh-Sammlung widerspiegelt. Auffällig ist die große Anzahl von Ausstellungskatalogen, die von den Künstlern selbst oder von kleinen Galerien hergestellt wurden. Die *Galeria Współczesna*, *Galeria Sztuki Labirynt*, *Galeria EL*, *Akumulatory*, *Galeria Wymiany* etwa gaben gemeinsam mit den Künstlern ihre in bescheidener typographischer Aufmachung hergestellten Kataloge heraus. Unter den Künstlern, die mit mindestens zehn Arbeiten vertreten sind, finden sich Jan Chwalczyk (Zeichnungen, Abbildungen in Gemeinschaftskatalogen), Andrzej Dudek-Dürer, eine Ausnahmeerscheinung in der unabhängigen polnischen Szene, da er mit Konzeptkunst, Aktionskunst, Hörcollagen, metaphysischen Sitzungen wie auch Photocollagen ein breites, hochartifizielles Spektrum vertritt, wie auch Wanda Golkowska, die mit ihren fein collagierten Federstricharbeiten, übermalten Photos, Graphiken in der Form von Mail Art internationale Anerkennung fand. Vorhanden sind auch die Konzeptarbeiten von Marek Konieczny: Kunstkarten, Poster, collagierte Postkarten, Kataloge, Kinderbücher und Photographien. Der aus Posen stammende Konzeptkünstler Jarosław Kozłowski, der mit seinen Künstlerbüchern, visueller Poesie und eigenwilligen Katalogen eine führende Position in der polnischen unabhängigen Kunstszene einnahm, ist in der Sammlung ebenso vertreten wie die aus Breslau stammenden Andrzej Lachowicz und Natalia LL mit Aktionsphotos, Einladungskarten, Serigraphien, Plakaten und Katalogen. Ewa Partum, Józef Robakowski und die Künstlergruppe *Łódź Kaliska* stehen mit visueller Poesie, Manifesten und Programmen sowie Ausstellungskatalogen für die unabhängige Kunstszene in Lodz. Das künstlerische Spektrum wird erweitert durch Mail Art Objekte von Pawel Petasz, Wacław Ropiecki und Tomasz Schulz sowie durch die Objektbücher von Ryszard Waśko, die er gestempelt und collagiert im Eigenverlag herausgab, darüber hinaus durch Andrzej Wielgoszs Mini-Offset-Drucke und Künstlerbücher und Marianna Bocians Arbeiten zur konkreten Poesie.

Innerhalb der unabhängigen Kunst in der DDR nimmt die Mail Art eine wichtige Position ein. Viele Künstler, darunter Jürgen Gottschalk, Walter Goes, Michael Groschopp, Birger Jesch und Jörg Sonntag, schlossen sich der grenzüberschreitenden Bewegung an. An der Spitze stand Robert Rehfeldt, dessen über 60 Objekte in der Sammlung einen profunden Einblick in seine vielfältigen künstlerischen Positionen gewähren. Darüber hinaus sind Audiotapes und Photocollagen von Jörg Sonntag und Ruth Wolf-Rehfeldt vorhanden.

LL. Natalia: *Konsumtionskunst, Phase VII*, 1972, Photographien, 23 x 30 cm

Bestände nach Ländern

Liste

Bearbeitungsstand Juli 2008

Redaktion: Heidrun Hamersky und Erika Rissmann

Vorbemerkung

Die Sammlungsgeschichte des Archivs spiegelt sich auch in der Struktur der Bestandsverzeichnisse wider. Stand in den Aufbaujahren die Erfassung der Samizdatliteratur im Vordergrund, kamen von Beginn der neunziger Jahre an in großem Umfang Nachlässe und Zeugnisse einzelner Personen oder Körperschaften (primär aus der UdSSR oder der sowjetischen Emigration) hinzu. Ging es zunächst um die Sammlung von Dokumenten „außerhalb der Zensur" in kleinster Auflage oder gar um Unikate, nahm bald in Ländern wie Polen und Ungarn die Produktion unabhängiger Schriftstücke nahezu „Massencharakter" an. In der Folge differieren die Bestandsverzeichnisse nach Ländern und sind durch die spezifischen Züge der jeweiligen Sammlungen geprägt. Alle Versuche einer strengeren Vereinheitlichung hätten enorme Zeitverluste mit sich gebracht, so dass der vorliegende Band einerseits einen ersten umfassenden, länderübergreifenden Überblick vermittelt, andererseits eine Basis darstellt, auf der die weiteren Erschließungsarbeiten vorangetrieben und aufeinander abgestimmt werden können. Mitunter setzen die Verzeichnisse exemplarische Schwerpunkte. Die Mehrzahl der Bestände ist in unterschiedlicher Dichte erschlossen, viele sind nur im Sinne einer ersten Registratur erfasst, aber noch nicht bearbeitet. Die Erstellung von Findbüchern wird die Aufgabe der nächsten Jahre sein.

Technische Erläuterungen

Das Verzeichnis der Archivbestände der Forschungsstelle Osteuropa ist nach Ländern geordnet: Sowjetunion/Russland, Polen, Tschechoslowakei, DDR und Ungarn. Innerhalb der Länder wird einerseits zwischen persönlichen und korporativen Beständen und andererseits nach Sammlungen unterschieden. Die persönlichen Bestände werden durch den Nach- und Vornamen des Bestandsbildners bezeichnet. Die korporativen Bestände enthalten im Wesentlichen Materialien von Redaktionen und Verlagen, von gesellschaftlichen Gruppen oder auch von staatlichen Einrichtungen. Ihre Bestandsnamen orientieren sich an den Bezeichnungen, die gültig waren als die Dokumente verfasst wurden.

Die Bestände werden hier in alphabetischer Reihenfolge aufgeführt. Ihre Beschreibung enthält: die Fondsnummer (F.; nur im Verzeichnis UdSSR/Nachfolgestaaten), Angaben zu Umfang in laufenden Metern (lfm) oder in Archiveinheiten (auch Mappe, Archivkasten), die jeweilige Laufzeit (Datum des ersten und letzten Dokuments), biographische Angaben über den Bestandsbildner sowie eine inhaltliche Charakterisierung (je nach Erschließungsgrad).

Die Umschrift aus dem Kyrillischen erfolgt nach den Regeln der deutschen wissenschaftlichen Transliteration. Einzelne Städtenamen werden zu Gunsten der Lesbarkeit des deutschen Textes in ihrer deutschen Fassung verwendet (Moskau, Warschau, Prag u.a.). Die alphabetische Ordnung des Verzeichnisses beruht auf der transliterierten Version des kyrillischen Bestandsnamens – ohne Berücksichtigung der Diakritika – oder auf der Originalversion bei Bestandsbildnern aus nicht kyrillisch schreibenden Ländern.

Eine Reihe von Beständen unterliegen Sperrfristen.

Trotz großer Sorgfalt und umfangreicher Recherchen konnten nicht alle Angaben zu den persönlichen oder körperschaftlichen Bestandsbildnern eruiert werden. Für Hinweise, die einer weiteren Präzisierung der Angaben dienen, dankt der Herausgeber bereits an dieser Stelle.

UdSSR/Russland

zusammengestellt von Gasan Gusejnov, auf der Grundlage des Materials für Band 3 („Archivführer: Bestände UdSSR/Russland", Gabriel Superfin)

Bestände

Personen

F. 117/2

Abyzov, Jurij Ivanovič

Абызов Ю.И. / Abizovs, Jurijs

1921 – 2006, Übersetzer, Literatur- und Pressehistoriker. Lebte seit 1946 in Lettland (Riga).

2,2 lfm / 1940er – 2000er

Persönliche Dokumente, darunter Protokolle der Hausdurchsuchung und Anklage wegen Herstellung und Verbreitung von Pornographie (1957); Tagebuchaufzeichnungen; Werkmanuskripte; Anekdoten und Epigramme; Zeitungsausschnitte; Abschriften (1940er Jahre) von in den 1910er – 1920er Jahren erschienenen Werken russischer Dichter; Photographien (1944 – 1999); Sammlung von Samizdat-Dokumenten der 1960er – 1970er Jahre, meist in der Abschrift Abyzovs. Materialien Dritter: B.V. Šuplecov (sechs von N.I. Glazkov selbst gefertigte Gedichthefte, 1953 – 1970, teils mit der von Glazkov geprägten Verlagsbezeichnung „Samsebjaizdat").

F. 30.28

Achmetov, Nizametdin Šamsutdinovič

Ахметов Н.Ш.

1949 –, Dichter. 1967 – 1987 in politischer Haft.

4 Archiveinheiten / 1986 – 1990, 2001

Persönliche Dokumente; Werkmanuskripte, darunter Memoiren (überwiegend Kopien); Photographien, Interview (2001).

F. 95

Achminov, German (Hermann) Feofilovič

Ахминов Г.Ф.

1921 – 1985, Politologe. Gehörte zur zweiten Emigrationswelle aus der UdSSR.

2 lfm / 1950er – 1970er

Unterlagen aus seiner politischen und beruflichen Tätigkeit (Institut zur Erforschung der UdSSR in München, Deutsche Welle in Köln); Manuskripte; Briefe Achminovs an A.D. Sacharov.

F. 72

Agurskij, Melek (Mėlib, auch Michail) Samuilovič

Агурский М.С. / Agursky, Michael S.

1933 – 1991. Kybernetiker, Historiker. Bürgerrechtler. 1975 Emigration nach Israel.

1,2 lfm / 1910er[?], 1920 – 1991

Persönliche Dokumente; Werkmanuskripte: Bücher, Aufsätze, Vorträge; Memoiren; persönliche und geschäftliche Korrespondenz (1960 – 1991); Samizdat-Texte; Druckfahnen des 1968 von der Zensur verbotenen Buches „Vavilonskaja bašnja" (Der Turm zu Babel); Typoskript des „Novejšij Plutarch" (Der neueste Plutarch, Teil 2) von D.L. Andreev, V.V. Parin, L.L. Rakov verfasst in den 1950er Jahren im Gefängnis von Vladimir; handschriftlicher Gedichtband von O.S. Prokof'ev (1983); Materialien der Eltern.

F. 8

Ahonen, Heiki

Ахонен Х.

1956 –, estnischer Bürgerrechtler. 1983 – 1987 in politischer Haft. 1988 Ausweisung aus der UdSSR. 1998 Rückkehr nach Estland. Gründer und Direktor des Okkupationsmuseums in Tallinn.

1,35 lfm / 1940er – 1990er

Dokumente des Hilfsfonds für estnische politische Gefangene (1988 – 1990?) und der Partei der Nationalen Unabhängigkeit Estlands. Estnischer Samizdat (Kopien). Materialien Dritter: E. Loss (Unterlagen zum Leben estnischer Emigranten in Deutschland 1946 – 1980).

F. 126/1

Aksel'rod, Boris Michajlovič

Аксельрод Б.М. / Pseud. Boris Vantalov, B. Konstriktor

1950 –, Dichter, Graphiker. Aktiv in der Leningrader „zweiten Kultur".

3 lfm / 1904, 1929 – 2006

Persönliche Dokumente, auch von Familienmitgliedern (1950 – 2000er Jahre); Manuskripte; Gedichte (1978 – 2006); Samizdat-Literatur; Korrespondenz; Photographien. Materialien Dritter: B.O. Kosteljanec (Manuskripte; Stenogramm eines Auftritts von Ju.N. Tynjanov, 1934; Leserbriefe an die „Literaturnaja Gazeta", 1948; Frontzeitungen und -bücher, 1941 – 1942). In F. 57 Arbeitskleidung.

F. 30.29

Al'brecht, Vladimir Janovič

Альбрехт В.Я. / Albrekht, V.Ja.

1933 –, Mathematiker. Bürgerrechtler, 1983 – 1987 in politischer Haft. 1988 Emigration in die USA.

3 Archiveinheiten / 1937 – 1938, 1955, 1983 – 1998

Dokumente zum Verfahren und zur Rehabilitierung des 1938 erschossenen Vaters Jan Al'brecht und zum eigenen Verfahren. Photographien.

F. 30.56

Al'čuk, Anna Aleksandrovna

Альчук А.А. / wirklicher Name Michal'čuk, Anna Aleksandrovna

1955 – 2008, Dichterin, Künstlerin, Kritikerin.

0,24 lfm / 1972, 1981 – 2000er

Manuskripte; Photographien; Manuskripte und Handschriften anderer Autoren; Aufzeichnungen der Mutter Maja Koljada aus ihrer Haftzeit (1982 – 1984).

F. 64

Aleksandrov, Anatolij Anatol'evič

Александров А.А.
1934 – 1994, Literaturwissenschaftler.

0,4 lfm / 1970er – 1984

Manuskripte (Autographen) von A.N. Mironov, S.V. Sigov, A.A. Taršis, V.I. Ėrl'; Zeitschrift „Transponans" (2 Nummern); Samizdat: Texte von Daniil Charms, zusammengestellt von V. Abramkin.

F. 56.29

Alekseeva, Ljudmila Michajlovna

Алексеева Л.М. / Alexeyeva, Lyudmila M.
Geb. Slavinskaja, 1927 –, Historikerin, Redakteurin. Bürgerrechtlerin, Gründungsmitglied der Moskauer Helsinki-Gruppe. 1977 Emigration in die USA. 1993 Rückkehr nach Moskau.

ca. 200 Photographien / 1960er – 1980er

Photographien von Bürgerrechtlern und Repressionsmaßnahmen der Staatsgewalt gegen Oppositionelle.

F. 7

Alimov, Nikolaj Sergeevič

Алимов Н.С.
1897 – 1977, Ingenieur. 1920 Emigration in die Tschechoslowakei. Seit 1945 in Deutschland.

1 lfm / 1950er – 1970er

Manuskripte; Briefwechsel mit Familie und Freunden, Geschäftskorrespondenz; Unterlagen über seine Arbeit in der Bundesrepublik für die Zeitung „Russkaja mysl'" und die Zeitschrift „Časovoj". Unterlagen seiner Frau N.I. Alimova zur ihrer karitativen Tätigkeit. Materialien Dritter: Autobiographie von I.N. Šumilin.

F. 139

Alloj, Vladimir Efimovič

Аллой В.Е. / Alloy, V.E.
1945 – 2001, Journalist, Verleger. 1975 Emigration nach Frankreich. 1991 – 2001 in Russland und Frankreich.

0,5 lfm / 1970er – 1990er

Geschäftskorrespondenz; Samizdat; Materialien zu dem Sammelband „Pamjat'" (Gedächtnis) und dem Almanach „Minuvšee" (Vergangenes).

F. 30.146

Andriasov, Iosif Aršakovič

Андриасов И.А. / Andriasjan, I. A.
1933 – 2000, Komponist. 1979 Emigration in die USA.

1 Archiveinheit / 1979

Tagebuch (3. Teil, 1977 – 1979, Typoskript).

F. 181

Angarowa, Hilde A.

Ангарова Хильда / Angarova, Hil'da Al'fredovna
Geb. Schießer, Hildegard, 1908 – 1996, Redakteurin, Übersetzerin russischer Literatur. Lebte seit 1928 in Moskau.

0,8 lfm / 1920er – 1990er

Persönliche Dokumente: Urkunden, Ausweise, Auszeichnungen; Tagebücher 1950er Jahre, autobiographische Aufzeichnungen; private und geschäftliche Korrespondenz (1920er – 1990er Jahre); Vorarbeiten zu einem russisch-deutschen Wörterbuch (Karteikasten).

F. 164

Antonov, Vadim Nikolaevič

Антонов В.Н.
1942 – 1995, Dichter, Liedermacher. Inhaftiert wegen krimineller Delikte.

0,4 lfm / 1970er – 1990er

Tagebuch; Gedichtentwürfe; Briefe aus der Untersuchungshaft; Familiendokumente; Photographien; Audiokassetten eines Auftritts in Moskau (1990).

F. 30.191

Apraksina, Natal'ja Dmitrievna

Апраксина Н.Д. / Apraxine, Nathalie D.
Geb. Grinevič, Ende 1890er – ?, Emigrantin der ersten Welle.

0,1 lfm / 1932, 1960er, 1970er?

Bescheinigung über Teilnahme am Ersten Weltkrieg unter dem männlichen Pseudonym Nikolaj Grinevič; Erinnerungen an die 1910er Jahre, Romanmanuskript.

F. 125

Arbitman, Roman Ėmil'evič

Арбитман Р.Э. / Pseud. Rustam Kac, Lev Arkad'evič Gurskij

1962 –, Schriftsteller, Kritiker. In den 1980er Jahren Organisator des Science-Fiction-Klubs (KLF) in Saratov.

0,6 lfm / 1982 – 1998

Werkmanuskripte; Schriftwechsel mit anderen Science-Fiction-Klubs; Informationsmaterialien dieser Klubs aus den 1980er bis 1990er Jahren; Samizdat (S. Lem, A. und B. Strugackij); Fanzines.

F. 144
Arinštejn, Leonid Matveevič
Аринштейн Л.М.
1926 (1925 ?) –, Literaturwissenschaftler. Seit 1988 Mitarbeiter der Sowjetischen/Russischen Kulturstiftung.

1 lfm / 1930er – 2000er

Persönliche Dokumente; Werkmanuskripte; wissenschaftliche Korrespondenz; Photographien.

F. 180
Aronzon, Leonid L'vovič
Аронзон Л.Л.
1939 – 1970, Dichter. Aktiv in der Leningrader „zweiten Kultur".

1,5 lfm / 1939 – 1970er, 2000er

Geburtsurkunde; Manuskripte; Korrespondenz; Photographien; Zeitungsausschnitte. Materialien Dritter: V.L. Aronzon (Audiokassetten, Filme); R.I. Purišinskaja (Korrespondenz, medizinische Dokumente); I.A. Jasnogorodskaja (Briefe, Photographien).

F. 30.55
Arutjunjan, Rubina Rubenovna
Арутюнян Р.Р.
1941 –, aktiv in der alternativen Kulturszene Moskaus der 1960er – 1970er Jahre, Sammlerin nonkonformistischer Kunst. 1981 Emigration nach Deutschland.

0,1 lfm / 1931 – 2005

Manuskripte: Memoiren aus den 1960er – 1970er Jahren; Photographien aus den 1950er – 1980er Jahren; Korrespondenz; Materialien über die Moskauer nonkonformistische Kunst; Urkunden und Briefe der Eltern (1930er – 1940er Jahre).

F. 172
Aržanov, Michail Nikolaevič
Аржанов М.Н.
1924 – 1981, Künstler, Restaurator in Saratov.

0,15 lfm / 1950er – 2000er

Arbeitskalender, Entwürfe und Werknotizen 1950er – 1970er Jahre; Korrespondenz; Photographien.

F. 103
Babenyševa, Sarra Ėmmanuilovna und Babenyševa, Inna Petrovna
Бабенышева С.Э. / Babyenysheva, S.
Geb. Korenblat, 1910 – 2007, Literaturkritikerin. Bürgerrechtlerin. 1981 Emigration in die USA.

Бабенышева И.П. / Babyenysheva, I. / Pseud. Inna Andreeva
1932 –, Tochter. Schriftstellerin, Literaturhistorikerin. Lebt seit 2001 in den USA.

2,5 lfm / 1900er – 1990er

Persönliche Dokumente; Memoiren; Material zu bürgerrechtlichen Aktivitäten; Korrespondenz; Photographien; Samizdat-Texte (darunter Almanach „Metropol'"). Materialien Dritter: M.A. Enzensberger, E.S. Ginzburg (Werkmanuskripte, darunter Gedichte; Materialien zu „Krutoj maršrut" – Marschroute eines Lebens; private Korrespondenz, darunter mit dem Ehemann P.V. Aksenov, der zur selben Zeit in Haft war; Photographien), S.G. Pisachov (Autographen, Ende 1930er[?]; Briefe von Ju.P. Kazakov, L.M. Leonov und anderen; Zeitungsausschnitte.

F. 167
Badaš, Semen Jul'evič
Бадаш С.Ю. / Badasch, Simon Ju.
1921 – 2005, Arzt, Journalist. 1949 – 1955 in politischer Haft. 1982 Emigration nach Deutschland.

2,5 lfm / 1920er, 1970er – 2000er

Manuskripte; Korrespondenz; Photographien.

F. 83/2.2
Bailey, George
Бейли Дж.
1919 – 2001, US-Verbindungsoffizier, Journalist. 1982 – 1985 Direktor von Radio Liberty.

0,25 lfm / 1970er

Materialien zur Geschichte der Zeitschrift „Kontinent" (überwiegend Photokopien). In F. 55 Bücher aus dem Verlag „Slovo" (Berlin).

F. 30.99
Baldin, Viktor Ivanovič
Балдин В.И.
1920 – 1997, Architekt, Restaurator.

52 Dokumente, 44 Photographien / Ende 1930er – 1990er

Persönliche Dokumente; Unterlagen über die Auffindung, Aufbewahrung und Bemühungen um die Rückgabe von 1945 gefundenen Zeichnungen und Bildern an die Bremer Kunsthalle; Photographien.

F. 187
Bančukov, Revol'd Vladimirovič
Банчуков Р.В. / Banchukov, Revold V.
1926 – 1999, Dozent für Literatur, Dichter. Seit 1996 in Deutschland.

1,5 lfm / 1950er – 1990er

Manuskripte: Aufsätze zur russischen Dichtung; Dokumente zu der von ihm geleiteten „Poesiewerkstatt" in Char'kov.

F. 137

Baranovič, Marina Kazimirovna und Baranovič-Polivanova, Anastasija Aleksandrovna, Polivanov, Michail Konstantinovič, Polivanov, Konstantin Michajlovič, Polivanova, Marina Michajlovna und Timenčik, Michail Davidovič

Баранович М.К.
1901 – 1975, Übersetzerin. Seit den 1920er Jahren aktiv in der unabhängigen Kulturszene, später auch im Samizdat. Anthroposophin.

Баранович-Поливанова А.А.
1932 –, Tochter. Philologin.

Поливанов М.К.
1930 – 1992, Ehemann von A.A. Baranovič-Polivanova. Physiker, Mathematiker.

Поливанов К.М.
1959 – , Enkel. Literaturwissenschaftler.

Поливанова М.М.
1953 – , Enkelin. Psychologin.

Тименчик М. Д.
1952 – 2006, Ehemann von M.M. Polivanova. Programmierer, Übersetzer.

0,60 lfm / 1923, 1926, 1950er – 1989

Proto-Samizdat und Samizdat zu Religion, Anthroposophie, Literatur (1920er – 1970er Jahre); Abschrift von B.L. Pasternaks „Doktor Živago", selbst gefertigte Schallplatte (1956). Material zu den Protesten gegen die Schließung der Leninbibliothek (1989 – 1990); Dokumente Dritter: L.V. Gornung (Aufzeichnungen über N. Gumilev, 1926. Gedichtbände von A.S. Kočetkov, Abschrift von A.A. Achmatovas „Poėma bez geroja" – Poem ohne Held, 1945), N.V. Stefanovič (Autorenexemplar eines Gedichtbandes).

F. 5/2.33

Barban, Efim Semenovič

Барбан Е.С.
1935 –, Germanist. Redakteur der Samizdat-Jazzzeitschrift „Kvadrat". 1984 Emigration nach Großbritannien.

2 Archiveinheiten / 1970, 1983

Zeitschrift „Kvadrat" Nr. 9 (Leningrad, 1970), Nr. 17 (Novosibirsk, 1983).

F. 30.138

Basin, Anatolij Nisonovič

Басин А.Н. / Basin, Anatoly N.
1936 –, Künstler. Aktiv in der Leningrader „zweiten Kultur". Seit 1979 in Israel.

0,12 lfm / (1936, 1954 – 1970er), 1975 – 1984

Arbeiten von Künstlern der Leningrader „zweiten Kultur"; literarische Texte; Briefe; Photographien; Kunstkataloge (Kopien); Zeitungsausschnitte.

F. 5/2.38

Batalov, Aleksej Vladimirovič

Баталов А.В.
1928 –, Schauspieler, Regisseur.

1 Archiveinheit / 1960er

Samizdat-Ausgabe von E. Hemingways „Wem die Stunde schlägt", Übersetzung ins Russische von N.A. Volžina und E.D. Kalašnikova.

F. 121

Batšev, Vladimir Semenovič

Батшев В.С. / Batchev, V.S. / Pseud. Viktor Kanev, Vladimir Latušov
1947 –, Dichter. Mitbegründer der Bewegung SMOG (1965 – 1966). 1966 – 1968 in der Verbannung. Seit 1989 in Deutschland. Herausgeber und Redakteur der Zeitschriften „Mosty" und „Literaturnyj evropeec".

1 lfm / 1965, 1967, 1980er – 2004

Manuskripte; Programm eines Auftritts der Gruppe SMOG. Materialien aus der Redaktion der Zeitschrift „Literaturnyj evropeec".

F. 179

Batunskij, Mark Abramovič

Батунский М.А. / Pseud. im Samizdat: Sonin, El'sonin
1933 – 1997, Orientalist. Lebte seit 1993 in Deutschland.

2,5 lfm / 1928, 1940er – 2000er

Persönliche Dokumente. Manuskripte seiner Studien zur Geschichte des Islam und zur Orientalistik in Russland und der UdSSR; Samizdat-Literatur; Photographien. In F. 55 Fachliteratur zu Orientalistik und Religionswissenschaft.

F. 148

Bek, Aleksandr Al'fredovič

Бек А.А.
1903 – 1972, Schriftsteller.

0,7 lfm / 1920er, 1930er – 1971

Werkmanuskripte: Entwürfe und Materialien zum Roman „Volokolamskoe šosse" (Die Wolokolamsker Chaussee), „Sšibka" (Der Zusammenstoß); Tagebuchaufzeichnungen; private Korrespondenz (1920er – 1930er Jahre); Unterlagen zum Publikationsverbot des Romans „Sšibka", erschienen 1971 im Tamizdat unter dem Titel „Novoe naznačenie" (Die Ernennung, deutsch 1974); Photographien. In F. 55 Bücher aus der Privatbibliothek.

F. 145/1

Belobrovceva, Irina Zacharovna

Белобровцева И.З. / Belobrovtseva, I.
Geb. Gazer, 1946 –, Literaturwissenschaftlerin.

0,8 lfm / 1912 – 1970er

Korrespondenz; Samizdat-Texte (darunter zum Prozess gegen A.I. Ginzburg, Ju.T. Galanskov und anderen, Schlusswort des Angeklagten A.A. Amal'rik); Materialien Dritter: E.V. Semenova (Tagebuch 1912 – 1914, Erinnerungen an V.V. Majakovskij; Übersetzungen von Artikeln zu Majakovskij und L.Ju. Brik aus der französischen Presse; Korrespondenz; Photographien).

F. 5/2.35

Belousov, Aleksandr Fedorovič

Белоусов А.Ф.

1946 –, Literaturwissenschaftler.

0,1 lfm / 1960 – 1961

Samizdat-Zeitschrift „Optima" (Leningrad, 3 Nummern, 1960 – 1961).

F. 129

Berzina, Maja Janovna und Vasilevskaja, Roza-Valentina Leonidovna

Берзина М.Я.

1910 – 2002, Ethnogeographin. Samizdat-Typistin für den Bürgerrechtler Ju.Z. Telesin.

Василевская Р.

1945 –, Tochter. Historikerin. Mitarbeit bei der Vervielfältigung von Samizdat.

0,6 lfm / 1965 – 1983

Samizdat-Literatur. In F. 57 Sommeruniformjacke eines Majors der Eisenbahntruppen.

F. 201

Bešenkovskaja, Ol'ga Jur'evna

Бешенковская О.Ю. / Beschenkovskaja, Olga Ju.

Verh. Kuznecova, 1947 – 2006, Journalistin, Lyrikerin. Samizdat-Autorin und aktiv in der Leningrader „zweiten Kultur". Lebte seit 1992 in Deutschland.

0,65 lfm / 1978 – 2000er

Persönliche Dokumente; Manuskripte; Korrespondenz; Manuskripte Dritter; Photographien; Audio- und Videomaterial. In F. 55 Bücher.

F. 30.30

Bezrodnyj, Michail Vladimirovič

Безродный М.В.

1957 –, Literaturhistoriker, Schriftsteller. Seit 1991 in Deutschland.

0,1 lfm / 1900er – 1910er, 1944, 1980er – 1991

Persönliche Dokumente; Briefe von J.M. Lotman, R.D. Timenčik und anderen; einzelne Dokumente aus dem Nachlass des Symbolisten G.A. Tots (1891 – 1990), darunter Postkarten (1911) und Photographien (1910er).

F. 31

Bilweiß, Michail Aleksandrovič

Бильвейс М.А.

1909 – 1977. Lebte seit den 1940er Jahren in Deutschland.

0,8 lfm / 1950er – 1970er

Korrespondenz; Ausschnitte aus deutschen und russischen Emigrantenzeitungen; 2 Bücher mit Widmungen.

F. 175

Birger, Boris Georgievič

Биргер Б.Г.

1923 – 2001, Maler, Graphiker. Bürgerrechtler. Lebte seit 1991 in Deutschland.

2 lfm / 1930er – 2000er

Persönliche Dokumente; Erinnerungen (1942); Korrespondenz (darunter mit H. Böll, M. Dönhoff, I.N. Golomštok, L.Z. Kopelev, A.D. Sacharov, V.T. Šalamov, V.N. Vojnovič); Photographien; private und Familienkorrespondenz. In F. 55 Bücher. In F. 57 Ölgemälde, Graphiken; Handpuppen für Vorstellungen in seinem Wohnungstheater, Masken.

F. 131

Birjukov, Sergej Evgen'evič

Бирюков С.Е.

1950 –, Literaturwissenschaftler, Dichter. Seit 1998 in Deutschland.

0,2 lfm / 1940er – 1990er

Persönliche Dokumente; Korrespondenz; Materialien der von ihm in avantgardistischer Tradition konzipierten „Akademija Zaumi" (Tambov); Materialien Dritter: B.N. Dvinjaninov (Autographen, Gedichte); Photographie von A.A. Achmatova und B.L. Pasternak (mit Widmung von Pasternak); N.I. Ladygin (Gedichtsammlungen mit Palindromen 1974 – 1975); anonymer Sammelband mit populären Romanzen und Gedichten (19. Jh.).

F. 93

Blecher, Leonid Iosifovič

Блехер Л.И.

1949 –, Mathematiker, Soziologe. Mitarbeit bei der „Chronika tekuščich sobytij" (seit 1974) und der Solženicyn-Stiftung.

0,15 lfm / Ende 1970er – 1983

Samizdat-Zeitschrift „Chronika tekuščich sobytij", Nr. 64; Verzeichnis der von der Solženicyn-Stiftung unterstützten Personen; Materialien Dritter: E.V. Šurinova („Chronika tekuščich sobytij", Nr. 65).

F. 160

Bokov, Nikolaj Konstantinovič

Боков Н.К. / Bokov, Nicolas

1945 –, Schriftsteller. Samizdatautor unter mehreren Pseudonymen. 1975 Emigration nach Frankreich.

0,25 lfm / 1962–1977, 1986, 1991

Persönliche Dokumente; Manuskripte (1960er – 1970er Jahre); Korrespondenz (darunter Brief von Solženicyn 1967); Gedichte inoffizieller Dichter (1960er), Samizdat-Abschriften von Gedichten aus den 1920er Jahren; Photographien (Anfang 1970er Jahre); Zeichnungen von V. Šapiro.

F. 117/4

Bombin, Michail Michailovič

Бомбин М.М. / Bombins, Mihails

1951 –, Journalist. In den 1970er Jahren Anhänger der Hippie-Bewegung in der UdSSR. 1986 – 1987 wegen Verbreitung von religiösem Samizdat gerichtlich verfolgt.

0,2 lfm / 1964 – 1991

Samizdat-Texte der Hippiebewegung (vorwiegend Kopien); religiöser Samizdat.

F. 104

Borisov, Vadim Michajlovič

Борисов В.М.

1945 – 1997, Historiker. Beteiligt an dem Samizdat-Sammelband „Iz-pod glyb" (1974, Unter den Erdschollen hervor).

0,6 lfm / 1917 – 1940, 2. Hälfte 1940er – 1993

Manuskripte von Freunden; Materialien Dritter: N.E. Gorbanevskaja, T.M. Litvinova (Gedichte von K.A. Nekrasova aus den 1950er – 1960er Jahren), N.Ja. Mandel'štam (Entwürfe zu „Vtoraja kniga" – Das zweite Buch; Brief an A.V. Zvenigorodskij; O.Ė. Mandel'štams Gesundheitszeugnis von 1936), M.I. Slonim (Gedichte inoffizieller zeitgenössischer Dichter), A.I. Solženicyn (17 Bücher aus der Arbeitsbibliothek; Typoskript der Gesammelten Werke von A.A. Achmatova). Materialien aus der Redaktion der Zeitschrift „Novyj mir".

F. 4

Botvinnik, Noėmi Markovna

Ботвинник Н.М.

1944 – 1993, Biochemikerin. Bürgerrechtlerin.

2,5 lfm / 1950er – 2000

Lebensdokumente; Samizdat-Texte; Photographien von befreundeten Bürgerrechtlern; einzelne Materialien ihres Ehemanns B.S. Kulaev.

Materialien Dritter: Ju.A. Gastev (Dissertation, Unterlagen von L.I. Bogoraz zu Fragen der Bürgerrechte, Manuskripte von Ju.O. Dombrovskij); Materialien der Gesellschaft Memorial und der Redaktion des Informationsbulletins „Ėkspress-Chronika".

F. 6/2

Botvinnik, Noėmi Markovna und Kulaeva, Aleksandra Borisovna, Kulaeva, Stefanija Borisovna

Ботвинник Н.М. (siehe dort)

Кулаева А.Б.

1974 –, Tochter. Philologin. Bürgerrechtlerin.

Кулаева С.Б.

1972 –, Tochter. Mediävistin. Bürgerrechtlerin.

über 100 Dokumente / 1980er – 1990er

Sammlung von Zeitungen, Bulletins, Schriftstücken, Plakaten und Flugblättern zu den gesellschaftlichen Umbrüchen in Leningrad/Sankt Petersburg.

F. 133

Bremer, Christa

1929 –, Aktivistin der Bremer Gruppe von „Amnesty International" (1972 – 1987).

2 lfm / 1970er – 1990er

Briefwechsel mit politischen Gefangenen und Verbannten in der UdSSR (darunter mit V.S. Stus), mit Aktivisten der polnischen Solidarność (darunter mit J. Lipski), mit Aktivisten von „Amnesty International" und mit offiziellen Persönlichkeiten; Photographien; Tätigkeitsberichte.

F. 142

Brusilovskij, Anatolij Rafailovič

Брусиловский А.Р. / Brusilovsky, Anatol

1932 –, Künstler, Autor und Photograph in der Moskauer inoffiziellen Kunstszene der 1960er – 1980er Jahre. Lebt in Deutschland und Moskau.

1,2 lfm / 1950er – 1990er

Manuskripte und Publikationen; Korrespondenz; Photographien; Samizdat-Literatur; Material von Familienmitgliedern, darunter seines Vaters, des Schriftstellers R.M. Brusilovskij (Leserbriefe; Bücher aus der Privatbibliothek in F. 55).

F. 128/3

Brusilovskij, Efim Semenovič

Брусиловский Е.С. / Brusilowski, E.S.

1922 –, Allergologe, Professor der Medizin. Seit 1987 in Deutschland.

0,1 lfm / 1968 – 2007

Persönliche Dokumente: darunter Autobiographie (1987), Protokoll einer Hausdurchsuchung (1978), Unterlagen aus beruflicher Tätigkeit; Photographien, Zeitungsausschnitte (1968 – 1990er). In F. 55 eigene Publikationen.

F. 30.76

Bukalov, Aleksandr Pavlovič

Букалов А.П.

1954 –, Studium der Astronomie. Bürgerrechtler, Mitbegründer von Memorial und einer „Amnesty International"-Gruppe (1993) in Doneck.

10 Dokumente / 1997 – 2000

Briefe von zum Tode verurteilten Häftlingen und ihren Angehörigen, von Menschen, die verfolgt wurden und von „Ostarbeitern". In F. 6/7 Flugblätter zu Wahlen in der Ukraine.

F. 96

Bukovskaja, Nina Ivanovna und Bukovskij, Vladimir Konstantinovič

Буковская Н.И. / Bukovski-Heck, N.I.

Geb. Gek [Heck], 1913 – 2000, Mutter von V.K. Bukovskij. Journalistin.

Буковский В.К. / Bukovsky, V.K.

1942 –, Studium der Biophysik, Regimekritiker und Menschenrechtler. 1963 – 1976 mit Unterbrechungen in politischer Haft. 1976 spektakuläre Ausweisung in den Westen. Lebt in Großbritannien.

1,3 lfm / 1943 – 1980er, 2002

Persönliche Dokumente; autobiographische Aufzeichnungen; Korrespondenz; Photographien. In F. 55 Bücher aus der Privatbibliothek der Familie. In F. 57 im Auftrag des KGB gefertigtes Jackett, das Bukovskij bei dem Austausch gegen den Generalsekretär der KP Chiles, L. Corvalán, trug.

F. 5/2.11

Bulgakov, Michail Michajlovič

Булгаков М.М.

1953 –, Unternehmer.

4 Archiveinheiten / Anfang 1980er

Samizdat-Literatur: Werke der Dichterin Kari Unksova.

F. 33

Bušman, Irina Nikolaevna

Бушман И.Н. / Buschmann, I.N.

Geb. Sidorova-Evseeva, 1921 – 2006, Dichterin, Kritikerin. Lebte seit 1944 in Deutschland.

5 lfm / 1900er – 2006

Persönliche Dokumente; Werkmanuskripte; Korrespondenz; Photographien. Materialien der Mutter (biographische Dokumente und Manuskripte. Korrespondenz, Photographien). In F. 55 ca. 50 Bücher mit Widmungen. In F. 57 Kunstwerke und Gebrauchsgegenstände, darunter Handspiegel eines deutschen Kriegsgefangenen (1915).

F. 5/1.1

Butyrin, Kirill Michailovič

Бутырин К.М.

1940 –, Literaturwissenschaftler. Herausgeber von Samizdat-Zeitschriften.

0,5 lfm / 1980 – 1990er

Leningrader Samizdat-Zeitschriften „Dialog" (Nr. 2, 1980) und „Obvodnyj kanal" (19 Nummern, 1981 – 1993).

F. 6/3

Bykodorov, Vladimir Petrovič

Быкодоров В.П.

1957 –, bis 2006 Direktor des Ekaterinburger Jugendmuseums.

in Bearbeitung / 1980er – 1990er

Sammlung von Flugblättern und Wahlplakaten aus Ekaterinburg.

F. 30.187

Čancev, Aleksej Vasil'evič

Чанцев А.В. / wirklicher Name Sysoev

1946 – 2001, Literaturwissenschaftler. Mitarbeiter der Solženicyn-Stiftung.

0,2 lfm / 1915 – 1986, 1992

Dokumente seines Vaters, V.E. Sysoev: Urkunden, sowjetische Militärkarten und Pläne aus dem Zweiten Weltkrieg. Dokumente der Mutter, F.A. Sysoeva (Briefe der Familie, 1920er Jahre); Unterlagen aus dem Archiv von N.A. Setnickij (darunter Werkmanuskripte, 1915 – 1924 und Übersetzungen). Materialien der Ehefrau, E.P. Šumilova (Dokumente einer Kolchosfamilie).

F. 163

Čertkov, Leonid Natanovič

Чертков Л.Н. / Tchertkov, Leonid / Pseud. L. Moskvin, L. Volgin, V. Selickij

1933 – 2000, Schriftsteller, Literaturhistoriker. 1957 – 1962 in politischer Haft. Seit 1974 in der Emigration (Österreich, Frankreich und Deutschland).

2,5 lfm / 1900er[?], 1920er – 2000

Persönliche Dokumente: darunter Gerichtsurteil (1957), Tagebuchaufzeichnungen (1979), Werkmanuskripte (1958 – 1999), Gedichthefte (1989 – 2000), Aufsätze; Materialsammlung seiner literaturgeschichtlichen Forschungen, darunter zu L.T. Čupjatov, P.P. Muratov, K.K. Vaginov; private und berufliche Korrespondenz; Photographien aus dem Familien- und Freundeskreis sowie aus dem Lager (1950er); Photoalben; Material von Familienmitgliedern: Memoiren der Mutter. In F. 55 Bücher mit Widmungen.

F. 22

Červonnaja, Svetlana Michajlovna

Червонная С.М. / Czervonnaja, Swetlana

1936 –, Kunstwissenschaftlerin, Ethnographin. Lebt seit 2004 in Polen.

1,6 lfm / 1910er – 1990er

Manuskripte zur Kunst der baltischen Republiken; private und geschäftliche Korrespondenz (mit Künstlern und Literaten aus Estland, Lettland, Litauen, Polen); Quellenmaterial zur Bewegung der Krimtataren (1980er Jahre); Plakate aus der Republik Tuva (Zweiter Weltkrieg); Unterlagen der Eltern M.A. Červonnyj und Z.G. Ljubina; Materialien Dritter: D.P. Moščevitin (Aufzeichnungen über Kindheit und Studium an der Kazaner Kunstschule; Korrespondenz).

F. 35

Chachulin, Aleksandr Akimovič

Хахулин А.А. / Chachulin, Alexander

1914 – 1995, Ingenieur, Schriftsteller. 1943 – 1952 in politischer Haft. 1980 Emigration nach Deutschland.

0,8 lfm / 1910er, 1938, 1941, 1950er – 1990er

Persönliche Dokumente, darunter Entlassungsurkunde (Kopie). Werkmanuskripte; Vorarbeiten und Notizen; Briefwechsel mit Zeitungsredaktionen und Verlagen (1980er –1990er Jahre); Familienphotographien (1910er – 1990er Jahre); Materialien von Familienmitgliedern. In F. 55 Teile der Privatbibliothek.

F. 15

Chazanov, Boris

Хазанов Б. / Chasanow, B. / wirklicher Name Fajbusovič, Gennadij [Gieronim] Moiseevič

1928 –, Arzt, Schriftsteller. Samizdat- und Tamizdat-Autor. 1949 – 1955 in politischer Haft. Seit 1982 in Deutschland. Mitbegründer der Zeitschrift „Strana i mir" (München).

4 lfm / 1962 – 2000er

Persönliche Dokumente, darunter Materialien im Zusammenhang seiner Inhaftierung und späteren Ausreise; Werkmanuskripte: Romane und Erzählungen (1960er – 1970er Jahre); Vorarbeiten und Notizen; Korrespondenz 1960er – 1990er Jahre; Photographien. In F. 55 Teile der Privatbibliothek.

F. 56.5

Chenkin, Kirill Viktorovič und Chenkina, Irina Semenovna

Хенкин К.В.

1916 – 2008, Journalist, Übersetzer. Teilnahme am Spanischen Bürgerkrieg. Lebte seit 1974 in Deutschland.

Хенкина И.С.

Geb. Kanevskaja, 1937 – 2006, Ehefrau. Journalistin.

Photographien ehemaliger politischer Häftlinge darunter A.I. Ginzburg, A.V. Radygin (Tarusa 1973); Photographien vom Vater (1920er Jahre) und von K.V. Chenkin mit dem Ehrenabzeichen der Interbrigaden. Im elektronischen Archiv befinden sich Photographien aus dem Familienarchiv von K.V. Chenkin.

F. 122

Chochluškin, Igor' Nikolaevič

Хохлушкин И.Н.

1927 – 2000, Ökonom. Beteiligt in Samizdat-Infrastruktur.

0,25 lfm / 1960er – 1980er

Samizdat-Literatur, darunter von A.A. Achmatova, L.I. Borodin, L.K. Čukovskaja, E.S. Ginzburg, S.A. Želudkov, A. Koestler. In F. 57 Papierschneidegerät, mit dem der Einband der Samizdat-Ausgabe von A.I. Solženicyns „Archipelag GULAG" hergestellt wurde.

F. 116

Cholin, Igor' Sergeevič

Холин И.С.

1920 – 1999, Dichter und Schriftsteller. Gehörte zum Künstlerkreis von Lianozovo.

2,5 lfm / 1940 – 1998

Werkmanuskripte (Prosa und Gedichte); Notiz- und Tagebücher; Korrespondenz; Photographien; Manuskripte und Samizdat-Texte anderer Autoren, darunter: I.A. Achmet'ev, A.L. Chvostenko, E.L. Kropivnickij, I.M. Pivovarov, D.A. Prigov, G.V. Sapgir; ca. 30 Audiokassetten mit Dichterlesungen (1970er – 1980er Jahre), darunter von A.A. Amal'rik, I. S. Cholin, G.F. Chudjakov, A.L. Chvostenko, Ė.V. Limonov, V.N. Nekrasov, G.V. Sapgir. Gesammelte Werke von Cholin auf elektronischen Datenträgern.

F. 124

Corti, Mario

1945 –, Journalist. 1972 – 1975 Übersetzer in der italienischen Botschaft in Moskau. Ab 1979 Mitarbeiter und 1998 – 2003 Direktor von Radio Liberty.

0,6 lfm / (1972 – 1978), 1980

Verzeichnis der Samizdat-Dokumente, die Corti während seiner Aufenthalte in der UdSSR gesammelt hat. Kopien dieser Dokumente.

F. 14

Cvetkov, Aleksej Petrovič

Цветков А.П. / Tsvetkov, A.

1947 –, Dichter, Literaturwissenschaftler. Publizierte im Samizdat. 1975 Emigration in die USA, später München und Prag. Seit 2008 in den USA.

0,15 lfm / 1970er – Anfang 1980er

Notizbuch; Briefe von Freunden (Moskauer Dichter und Schriftsteller der 1970er Jahre, darunter S.M. Gandlevskij, B.Š. Kenžeev, A.A. Soprovskij, A.V. Sokolov).

F. 117/5

Cvetkov, Valentin Fedorovič

Цветков В.Ф.

1937 –, Mathematiker. Gehörte zum Freundeskreis um den Samizdat-Aktivisten L.A. Ladyženskij in Riga.

13 Archiveinheiten / 1960er – Anfang 1970er

Von Cvetkov gefertigte Samizdat-Ausgaben, darunter Gesammelte Werke von M.I. Cvetaeva in 9 Bänden und A.I. Solženicyns „Olen' i šalašovka" (Nemow und das Flittchen).

F. 30.199

Dankov, Michail Jur'evič

Данков М.Ю.

1954 –, Historiker. Lebt in Petrozavodsk.

10 Archiveinheiten / 1980 – 1990er, 2006

Selbstgefertigter Gedichtband mit Illustrationen (1980); Materialien zu E.A. Horvat (siehe dort); Samizdat-Zeitschrift „Časy" (Nr. 49, 1984).

F. 79

Davydov, Georgij Valentinovič und Isakova, Valerija Ivanovna

Давыдов Г.В. / Davydov, Egor

1941 –, Geologe. 1972 – 1979 in politischer Haft und Verbannung. Seit 1980 in Deutschland.

Исакова В.И., Issakova, Valerija

1938 –, Ehefrau, Geologin. Mitarbeiterin der Solženicyn-Stiftung.

0,8 lfm / 1956 – 1966, 1971 – 1999

Aufzeichnungen aus der Lagerzeit; Materialien zu ihren Aktivitäten in der Bürgerrechtsbewegung; Listen politischer Gefangener (1979 – 1980); Material aus der Tätigkeit bei Radio Liberty, darunter Hörerpost; private und berufliche Korrespondenz (darunter Brief Davydovs in Geheimschrift aus dem Gefängnis); Photographien; Material von Familienangehörigen; Material Dritter: darunter von A.A. Bolonkin (Samizdat-Ausgaben wie die Zeitschrift „Svobodnaja mysl'", 1971; Manuskript von R.A. Medvedev) und E.P. Pozdeeva (Material zu Radio „Golos Pravoslavija"). In F. 57 Gefängniskleidung von G.V. Davydov (1970er).

F. 68

Dedjulin, Sergej Vladimirovič und Dedjulin, Vladimir Ivanovič

Дедюлин С.В. / Deduline, Serge

1950 –, Chemiker. Literatur- und Samizdat-Historiker. Einer der Autoren des Sammelbandes „Pamjat'" und Koredakteur der Zeitschrift „Severnaja počta". 1981 Emigration nach Frankreich. Mitarbeiter der Zeitung „Russkaja mysl'" (1981 - 1991).

Дедюлин В.И.

1926 – 2002, Vater. Militärarzt, Historiker.

2 lfm / 1900er – 2007

Samizdat-Literatur der 1970er und 1980er Jahre; Korrespondenz; Photographien (Beerdigung von A.I. Ginzburg); Unterlagen aus der Redaktionstätigkeit bei „Russkaja mysl'" nach 1992 (Manuskripte, Artikel, Entwürfe); anonymes Tagebuch aus Leningrad (1956 – 1964). Materialien des Vaters V.I. Dedjulin und der Großmutter E.G. Buntė (darunter Tagebücher aus den 1940er Jahren, Samizdat, Gedichte, Briefe, Photographien). In F. 55 Kinderbücher von Anfang des 20. Jahrhunderts, Bücher von T.D. Lysenko („biologische Diskussion 1948") und anderen. In F. 57 Alltagsgegenstände, Kinderspielzeug.

F. 30.119

Dilaktorskaja, Natal'ja Leonidovna

Дилакторская Н.Л.

1904 – 1989, Kinderbuchautorin.

50 Archiveinheiten / 1910er – 1979

Manuskripte; Kinder- und Scherzgedichte; graphische Arbeiten von Kinderbuchillustratoren (V.M. Konaševič, N.A. Tyrsa). In F. 55 Bücher aus der Privatbibliothek, vor allem Kinderbücher.

F. 47

Dmitriev, Viktor Andreevič

Дмитриев В.А.

1933 – 2001, Literaturwissenschaftler. Funktionär im ZK der KPdSU.

0,5 lfm / 1980er – 1995

Unterlagen aus beruflicher Tätigkeit im ZK der KPdSU; Vortragsmanuskripte, Briefe, Berichte über verschiedene informelle Gruppen in der UdSSR (darunter die Bewegung Pamjat' und die Zeitschrift „Glasnost'") und über den August-Putsch 1991.

F. 30.61

Döring, Hermann und Döring, Hans

Döring, Hermann

1919 – 1944, Soldat im Zweiten Weltkrieg.

Döring, Hans

1922 – 2003, Bruder. Ebenfalls Soldat. Lebte in Bremen.

0,15 lfm / 1937 – 1944

Briefe von der „Ostfront" (besetzte Gebiete in Weißrussland). Noten und Texte von russischen und sowjetischen Liedern aus dem Krieg. Photographien von okkupierten Territorien (1942 – 1943) und Postkarten. In F. 57 Sammlung von Briefmarken (Russland und UdSSR, 1900 – 1973) und Geldscheinen (Russland, Polen, Litauen, Ukraine, 1916 – 1942).

F. 30.27

Dragoš, Nikolaj Fedorovič

Драгош Н.Ф. / Dragosch, Nikolay

1932 –, Mathematiklehrer. 1962 – 1964 Führer der Untergrundorganisation Demokratičeskij sojuz socialistov. 1964 – 1971 in politischer Haft. Lebte seit 1974 in Deutschland.

20 Dokumente / 1962, 1964, 1971 – 1993

Persönliche Dokumente, darunter aus der Zeit der Haft; Untergrundzeitung „Pravda narodu" (Nr. 4, 1964); Photographien von Dragoš und seinen Mithäftlingen. Erinnerungen an seine Untergrundorganisation.

F. 58

Druskin, Lev Savel'evič

Друскин Л.С.

1921 – 1990, Dichter. Werke im Tamizdat und Samizdat. Lebte seit 1980 in Deutschland.

0,15 lfm / Ende 1960er – 2003

Mikrofilme der Werke, die ins Ausland gelangten. Tagebuchaufzeichnungen; Korrespondenz, darunter Brief von Heinrich Böll. In F. 55 Bücher mit Widmungen der Verfasser.

F. 30.192

Efimov, Boris Vasil'evič

Ефимов Б.В. / bis 1966 Rutštejn

1935 –, Philologe und Moskauer Bürgerrechtler. Seit 1973 in Deutschland.

1 Archiveinheit / 1971

Vorschläge zu einem Verfassungsprojekt der UdSSR von 1965.

F. 210

Eimermacher, Karl

1938 –, Slawist. Gründer und Direktor des Lotman-Instituts für russische und sowjetische Kultur an der Ruhr-Universität Bochum.

8 lfm / 1920er – 1990er Jahre

Dokumentation zur nonkonformistischen Kunst in Moskau und Leningrad (13.860 Dias und Photographien, Zeitungs- und Zeitschriftenartikel, Manuskripte von und über Künstler, Briefe, Gedichte, Einladungskarten, Plakate, Kunstkataloge).

Materialien zur Kultur(politik) der 1920er – 1990er Jahre (Primärtexte, Analysen, Pressetexte, Bibliographien), zu literarischen Gruppen und Organisationen der 1920er Jahre (Manifeste, Programme, analytische Arbeiten, insgesamt 39 Ordner).

Semiotik (Manuskripte, Briefe, Autographen des Moskauer und Tartuer Semiotiker-Kreises, insgesamt 4 große Kartons).

Korrespondenz mit russischen Künstlern und Wissenschaftlern (463 Briefe, darunter von Ju.M. Lotman, Vl.Ja. Propp und V.M. Žirmunskij).

Sammlung Vadim Sidur (Korrespondenz ca. 2.900 Briefe, Tagebücher, Manuskripte auch der Ehefrau Julija Sidur, 4.495 Dia- und Photoreproduktionen seiner Graphiken und Skulpturen, 9 Ordner Materialien zu Sidurs Werk und Ausstellungen).

In F. 57 Bronzeabguss der Totenmaske von Andrej Sacharov (ein Werk von Daniel' Ju. Mitljanskij, Geschenk von Lev Kopelev).

F. 147

Ėjdel'man, Natan Jakovlevič

Эйдельман Н.Я.

1930 – 1989, Historiker, Schriftsteller. Lebte in Moskau.

1,7 lfm / 1940er – 2000er

Persönliche Dokumente: Tage- und Notizbücher; private und geschäftliche Korrespondenz (darunter mit V.P. Astaf'ev, A.K. Golicyn, V.A. Solouchin); Abdrucke seiner Schriften. Materialien seiner Frau Ju. M. Madora (Pseud. Julija Radčenko). Korrespondenz des Vaters Ja.N. Ėjdel'man aus Israel. In F. 55 Ausgaben seiner zu Lebzeiten erschienenen Werke; Bücher aus der Privatbibliothek.

F. 5/2.27

Ėl'štejn, Mark Vladimirovič

Эльштейн М.В. / Elstein, M.V.

1937 – 1999, Ingenieur in Estland. Seit 1991 in Deutschland.

0,12 lfm / 1960er – Anfang 1990er

Samizdat-Literatur: sowjetische Esoterik der 1970er Jahre; Typoskripte von V.S. Vysockij, E.A. Evtušenko („Babij Jar") aus den 1960er und 1970er Jahren; Vorarbeiten zu einem Katalog unabhängiger sowjetischer Künstler.

F. 5/2.30

Epstein, Thomas R.

1954 –, Slawist. Lehrt in den USA.

1 Archiveinheit / 1983

Samizdat-Zeitschrift „Molčanie" Nr.7/1983 (Leningrad).

F. 37

Ėrl', Vladimir Ibragimovič

Эрль В.И. / Earl, Vladimir I. / wirklicher Name Gorbunov, Vladimir Ivanovič

1947 –, Dichter. Autor und Akteur in der Leningrader „zweiten Kultur". Mitbegründer des literarischen Kreises Chelenukty (1966).

3,5 lfm / 1930er – 2003

Samizdat-Literatur der 1960er Jahre; Manuskripte; Korrespondenz; Photographien aus dem Familien- und Freundeskreis; Samizdat-Zeitschriften wie „Časy", „Golos", „Severnaja počta", „Transponans"; Übersetzungen (S. Beckett, E. Ionesco, A. Huxley); biobibliographische Unterlagen, darunter Bestandsaufnahme des Leningrader Samizdat der 1950er – 1980er Jahre. Einladungskarte zur Ausstellung der Poeten-Transfuturisten (1983); Materialien aus der Leningrader „zweiten Kultur" (B.M. Aksel'rod, L.G. Entin, E.P. Venzel'). Materialien Dritter: N.I. Aksel'rod, S.V. Dedjulin, S.V. Sigov, A.A. Taršis.

F. 30.52

Ėtkin, Aleksandr Markovič

Эткин А.М.

1917 – 2000. Lebte bis 1941 in Lettland, nach 1945 in Estland.

ca. 100 Dokumente / 1934 – 1997

Persönliche Dokumente; Familienkorrespondenz, darunter Briefe von Verwandten aus der Verbannung im Gebiet Tomsk (1949).

F. 65

Ėtkind, Efim Grigor'evič

Эткинд Е. Г. / Etkinde, Efim

1918 – 1999, Literaturwissenschaftler, Übersetzer. 1974 Emigration nach Frankreich und später nach Deutschland.

0,5 lfm / 1960er

Photographiertes Typoskript von Vasilij Grossmans Roman „Žizn' i sud'ba" (Leben und Schicksal); Texte über N.M. Rubcov und von Ė.M. Šnejderman; Prosa von I.D. Konstantinovskij; Samizdat-Gedichtband von I.A. Brodskij; 2 Bücher von I.A. Brodskij mit Widmung.

F. 5/2.6

Evgen'ev, Vasilij Vasil'evič

Евгеньев В.В.

1913 – 1995, Jurist. Tätig in der Verwaltung des Obersten Sowjet der UdSSR.

4 Dokumente / 1957, 1964, 1987

Samizdat, der unter Mitarbeitern der Parteinomenklatura zirkulierte (1957, 1964), darunter Chruščev-kritische, satirische Texte. Appell von

V.G. Brjusova und T.A. Ponomareva an M.S. Gorbačev (1987).

F. 117/1

Ėzit, Žanna Jakovlevna

Эзит Ж.Я.; Ezīte, Žanna

1937 –, Journalistin, Redakteurin. Lebt in Lettland.

0,15 lfm / 1960er – 1980er

Samizdat-Material in russischer und lettischer Sprache.

F. 77

Fedorovskij, Natan Borisovič

Федоровский Н.Б. / Fedorowskij, N.

1951 – 1994, Journalist, Photograph, Galerist. Lebte seit 1981 in Deutschland.

0,25 lfm / 1950er – 1980er

Samizdat-Sammelband „Galereja" (1981) zur Leningrader alternativen Kunstszene der 1970er – 1980er Jahre; Zeichnungen des Künstlers A. D. Aref'ev; Texte von V.N. Kazakov (Kopien).

F. 30.41

Finkel'štejn, Ėjtan (Ėduard) Samojlovič

Финкельштейн Э.С. / Finkelshtein, Eitan

1942 –, Physiker. Mitglied der litauischen Helsinki-Gruppe. Seit 1983 in Israel, seit 1989 in Deutschland. Koredakteur der Zeitschrift „Strana i mir" (1989 – 1992).

16 Dokumente / 1971 – 1984

Persönliche Dokumente; Brief an den litauischen KGB (1977), Durchsuchungsprotokoll (1975, Kopie); Handschriften: „Putevoditel' po evrejskomu Vil'njusu" (Reiseführer durch das jüdische Vilnjus), „Kak uechat' iz SSSR v Izrail'" (Wie man aus der UdSSR nach Israel ausreisen kann); Photographien, darunter Gruppenaufnahmen mit A.D. Sacharov während des Prozesses gegen S.A. Kovalev in Vilnius (1975).

F. 30.200

Fischer, Sonja und Fischer, Irmgard

Фишер С.

Geb. Schmukler, Sof'ja Grigor'evna, 1891 – 1969.

Фишер И.

1929 –, Tochter. Übersetzerin.

21 Dokumente / 1915 – 1947

Briefe von Familienangehörigen aus Dnepropetrovsk nach Deutschland 1929 – 1941. In F. 55 Bücher.

F. 30.156

Frey, Ilse

Фрей Ильзе / Frej, Il'za Vasil'evna

Geb. Gross, 1903 – 1992, Juristin. Ehefrau des Pastors Erik Frey. Ausreise aus Estland 1939.

0,12 lfm / 1920er – 2005

Aufzeichnungen von der Flucht über den Ural, Sibirien und China nach Estland während des Bürgerkriegs. Dokumente zur Übersiedlung der Familie nach Deutschland; Gästebuch (1920er Jahre – 1988); Briefe, darunter der Dichterin M.V. Volkova (1947 – 1974). Familienphotographien (1920).

F. 5/2.18

Frumkina, Anna Iosifovna

Фрумкина А.И.

1934 –, Bibliographin.

2 Archiveinheiten / 1950er – 1960er

Samizdat-Literatur, darunter Gedichte von G.N. Obolduev und der Band „Žemčuga" (Perlen) von N.S. Gumilev.

F. 99

Gabovič, Evgenij Jakovlevič und Gabovič, Jakov Abramovič, Gabovič, Michail (Mischa) Evgen'evič

Габович Е.Я. / Gabowitsch, Eugen Ja.

1938 –, Mathematiker, Publizist. Bürgerrechtler. 1980 Emigration nach Deutschland.

Габович Я.А. / Gabovitš, Jakob

1914 – 1980, Vater. Mathematiker, Liedermacher.

Габович М.Е. / Gabowitsch, Mischa

1977 –, Sohn. Politik- und Kulturwissenschaftler.

0,7 lfm / 1966 – 2001

Persönliche Dokumente von E.Ja. Gabovič; Material des Vereins zur Förderung der unabhängigen Kultur in der UdSSR (Berichte, Finanzunterlagen, Korrespondenz, Adressenverzeichnisse von Buchlieferanten und -empfängern). Von Ja.A. Gabovič Liedertexte, Briefe und Stehgreifgedichte aus dem Freundeskreis (1960er – 1970er Jahre). Von M.E. Gabovič Materialien zu Auftritten russischer Liedermacher in Paris.

F. 18

Gaev, Arkadij Gerasimovič

Гаев А.Г. / wirklicher Name Karakatenko, A.G.

1900 – 1970, Schriftsteller, Journalist. Gehörte zur zweiten Emigrationswelle aus der UdSSR.

0,8 lfm / 1950er – 1960er

Sieben Karteikästen zur Geschichte der sowjetischen Literatur.

F. 82

Gastev, Jurij Alekseevič

Гастев Ю.А. / Gastev, Yuri A.

1928 – 1993, Mathematiker. 1945 – 1949 in politischer Haft. Bürgerrechtler. Mitarbeit bei der „Chronika tekuščich sobytij". 1981 Emigration in die USA.

1,7 lfm / 1912 – 1993

Persönliche Dokumente: Unterlagen zu seiner Inhaftierung und zur Einbürgerung in die USA; Manuskripte; Korrespondenz; Photographien aus dem Familien- und Freundeskreis, darunter von L.I. Bogoraz und A.T. Marčenko; Materialien

Dritter; Material der Eltern: Werke seines Vaters A.K. Gastev und Korrespondenz der Mutter, S.A. Gasteva. In F. 55 Bücher.

F. 30.6

Geršovič, Vladimir Abramovič

Гершович В.А. / Gershovich, Vladimir A.

1935 –, Mathematiker. Bürgerrechtler. Seit 1972 in Israel.

0,12 lfm / 1973 – 1980er

Autobiographie (1973); Korrespondenz, darunter mit Ju.A. Gastev und B.B. Vajl'; Zeitungsausschnitte; Materialien Dritter.

F. 81

Ginzburg, Aleksandr Il'ič und Ginzburg, Irina (Arina) Sergeevna

Гинзбург А.И.

1936 – 2002, Publizist. Bürgerrechtler, Herausgeber der Samizdat-Zeitschrift „Sintaksis" (1959 – 1960), Gründungsmitglied der Moskauer Helsinki-Gruppe. 1960 – 1962, 1967 – 1972, 1977 – 1979 in politischer Haft. 1979 aus der UdSSR ausgewiesen (USA, Frankreich). Mitarbeiter der Zeitung „Russkaja mysl'" (Paris).

Гинзбург И.С.

Geb. Altynova. 1937 –, Ehefrau. Philologin, Journalistin. Tätig für die Solženicyn-Stiftung. Seit 1980 in der Emigration in Frankreich.

0,8 lfm / 1958 – 1997.

Materialien zu den Ginzburg-Prozessen, 1960 – 1961 und 1978 (in Kopien); Exemplare der „Chronika tekuščich sobytij" und weiterer Samizdat-Dokumente (1970er – 1980er Jahre); Photographien aus dem Familien- und Freundeskreis; Korrespondenz mit Autoren und Lesern der „Russkaja mysl'"; Katalog einer inoffiziellen Ausstellung Lev Kropivnickijs in der Wohnung des Literaturkritikers V.V. Kožinov in Moskau 1958.

F. 114

Giršovič, Leonid Moiseevič

Гиршович Л.М.

1948 –, Musiker, Prosaiker.

0,3 lfm / 1997 – 2004

Verschiedene Fassungen der Romanmanuskripte „Prajs" (Leontij Prajs, 1998) und „Subbota navsegda" (Ewiger Samstag, 2001?).

F. 134

Glazkov, Nikolaj Ivanovič

Глазков Н.И.

1919 – 1979, Dichter. Autor von selbst gefertigten Gedichtbänden („Samsebjaizdat").

0,2 lfm / 1940 – 1984

Tagebuchaufzeichnungen (teilw. Kopien); Telefon- und Adressbuch mit Gedichtentwürfen; Autorenbücher (Handschrift); an Glazkov adressierte Briefe und Gedichte darunter von L.Ju. Brik, M.K. Lukonin und A.A. Voznesenskij; Photographien von Glazkov. In F. 55 Bücher von Freunden mit Autographen und Widmungen.

F. 61

Golomštok, Igor' Naumovič

Голомшток И.Н. / Golomshtok, Igor N.

1929 –, Kunstwissenschaftler. 1972 Emigration nach Großbritannien.

8 lfm / 1960er – 2000er

Persönliche Dokumente: Tagebücher (1961 – 1974); Werkmanuskripte, Skripte seiner Vorlesungen (ab 1958) und seiner Radiosendungen; Unterlagen aus beruflicher Tätigkeit bei der Zeitschrift „Kontinent" und bei der BBC; Korrespondenz darunter G. Bailey, Ju.A. Gastev, V.E. Maksimov, A.D. Sinjavskij und M.A. Ulanovskaja; Photographien von Künstlern; Samizdat-Dokumente, darunter Texte von G.Ja. Gorbovskij, M.F. Eremin, S.I. Čudakov. Materialien Dritter. In F. 55 Teile der Privatbibliothek.

F. 56.30

Golubev, Vitalij Vital'evič

Голубев В.В.

1958 –, Photo- und Objektkünstler. Lebt in Petrozavodsk.

15 Dokumente / 2000er

Photographien des heutigen Petrozavodsk (Kulturdenkmäler).

F. 24

Gorbanevskaja, Natal'ja Evgen'evna

Горбаневская Н.Е. / Gorbanevskaya, Nathalia E.

1936 –, Dichterin, Publizistin. Bürgerrechtlerin, Gründerin und erste Redakteurin der „Chronika tekuščich sobytij". 1969 – 1972 in politischer Haft. 1975 Emigration, seit 1976 in Frankreich. Leitende Redakteurin der Zeitschrift „Kontinent", Mitarbeiterin der Zeitung „Russkaja mysl'".

2,8 lfm / 1890er – 2006

Persönliche Dokumente. Tagebuchaufzeichnungen, Werkmanuskripte, hand- und maschinenschriftliche Bände ihrer Gedichte (1956 – 1974); Skripte der Beiträge für „Radio Liberty" (1970 – 1981); Unterlagen aus beruflicher Tätigkeit bei „Kontinent" und „Russkaja mysl'" und „Pamjat'"; private und geschäftliche Korrespondenz, darunter mit L.M. Alekseeva, L.I. Bogoraz, P.G. Grigorenko, Ju.M. Lotman, M. Niklus, D.M. Panin, T. Venclova; Samizdat-Literatur (1979); Photographien aus dem Familien- und Freundeskreis (1930er – 1970er Jahre). Materialien der Mutter, E.S. Gorbanevskaja (Briefe, Photographien Ende des 19. Jahrhunderts – 1950er Jahre); Material von Dritten: S.M. Rafal'skij (Briefe von W. Akajiewicz). In F. 55 über 500 Bücher aus der Privatbibliothek.

F. 13

Gordin, Molli Matveevna

Гордин М.М. / Gordin, Molly / Pseud. Inna Svetlova

Verh. Riffel-Gordin, 1938 – 1997, Journalistin. 1963 Emigration nach Israel, ab 1968 in München.

3 lfm / 1970er[?], 1989 – 1995

Hörerpost zu ihrem Programm „Kontakty" (1989 – 1995) bei Radio Liberty; Manuskripte des Vaters, M.M. Gordin (Pseud. M. Maksimovič), Autor der Lagererinnerungen „Nevol'nye sravnenija" (Unfreiwillige Vergleiche).

F. 173

Gorenštejn, Fridrich Naumovič

Горенштейн Ф.Н. / Gorenstein, Friedrich N.

1932 – 2002, Schriftsteller, Dramaturg, Publizist. 1981 Emigration nach Deutschland.

5 lfm / 1930er – 2000er

Persönliche Dokumente: Urkunden, Autobiographie, Adress- und Telefonbücher; Verträge mit Verlagen und Filmstudios, Werkmanuskripte aus allen Schaffensperioden; Notizbücher; Korrespondenz, darunter mit B. Chazanov, E.G. Ėtkind; Audio- und Videokassetten. In F. 55 Bücher aus der Privatbibliothek. In F. 57 von Gorenštejn gesammelte Messer.

F. 30.153

Gorochovskij, Ėduard Semenovič

Гороховский Э.С. / Gorokhovski, Eduard

1929 – 2004, Maler, Graphiker, Photograph. Seit 1991 in Deutschland und Russland.

0,2 lfm / 1954 – 2006

Persönliche Dokumente; autobiographische Notizen; Verlags- und Museumsverträge (1975 – 1990er Jahre), geschäftliche Korrespondenz; Artikel zu seinem Werk, Interviews; Ausstellungs- und Werkverzeichnisse; Photographien; Einladungskarten und Ausstellungsplakate. Entwurf und Photographie des von V.D. Pivovarov gestalteten Grabsteins für Ė.S. Gorochovskij. In F. 55 Bücher.

F. 6/8.1

Grigor'eva, Larisa Vladimirovna

Григорьева Л.В.

Geb. Borisova, 1944 –, Ingenieurin. 1997 – 2003 Mitarbeiterin von Memorial in Sankt Petersburg.

0,15 lfm / 1948 – 1994

Theater- und Konzertprogramme. Materialien der Mutter M.I. Grigor'eva: Zeitungsausschnitte zu I.V. Stalin (1948 – 1953) und Gedichtband „Rodnomu Stalinu" (Dem lieben Stalin, 1954) von Leningrader Dichtern.

F. 30.44

Grigor'jan, Leonid Grigor'evič

Григорьян Л.Г.

1929 –, Dichter, Übersetzer.

2 Archiveinheiten / 1953, 1960er – 1970er Jahre

Samizdat-Band mit Gedichten und Briefen von O. Mandel'štam (1960er – 1970er Jahre); Brief von N.Ja. Mandel'štam an L.G. Grigor'jan (Kopie).

F. 74

Grobman, Michail Jakovlevič

Гробман М.Я.

1939 –, Künstler, Dichter, Sammler. Seit 1971 in Israel.

0,3 lfm / 1960er, 1985, 1997 – 1998

Samizdat-Gedichtbände der SMOG-Gruppe; weitere Sammelbände von G.F. Chudjakov, V.I. Ėrl', N.E. Gorbanevskaja, Ju.M. Vilenskij; Samizdat-Abschriften von N.S. Gumilev, M.I. Cvetaeva. Materialien der Zeitschrift „Zerkalo" (Tel-Aviv).

F. 75

Grojs, Boris Efimovič (Chaimovič)

Гройс Б.Х. / Groys, Boris

1947 –, Philosoph, Kunstwissenschaftler. 1981 Emigration nach Deutschland.

0,5 lfm / 1970er – 2005

Samizdat-Literatur, darunter 11 Nummern der Zeitschrift „37", Zeitschrift „Severnaja počta" (Nr. 1/2, 1979); Samizdat-Texte von V.D. Alejnikov, V.B. Krivulin, A.N. Mironov, L.S. Rubinštejn (1970er – 1980er Jahre); Photographien von B. Groys (1970er – 1980er Jahre).

Photoarbeiten und Ausstellungskataloge seiner Ehefrau N. Nikitin (2000er Jahre).

F. 10

Gudava, Tengiz Zurabovič

Гудава Т.З.

1953 –, Journalist. Bürgerrechtler. 1985 – 1987 in politischer Haft. Seit 1987 im Westen.

0,7 lfm / 1987 – 1990

Artikel über die politische Lage in Georgien; Briefe ehemaliger politischer Häftlinge und Bürgerrechtler (1989); Materialien der unabhängigen georgischen Nachrichtenagentur „Macne" und weitere Unterlagen zu informellen Bewegungen in Georgien. Informelle georgische Zeitschrift „Moambe" (Nachrichten, Nr. 10, 1989).

F. 23

Gusejnov, Gasan Čingizovič

Гусейнов Г.Ч. / Gussejnov, Gassan

1953 –, Altphilologe und Kulturwissenschaftler. Seit 1990 in Deutschland.

1 lfm / 1950er – 2003

Werkmanuskripte; Material aus der Tätigkeit bei der Zeitschrift „Vek XX. i mir" (1988 – 1991) und der „Deutschen Welle" (1998 – 2006); Korrespondenz; Samizdat-Literatur: N.A. Zabolockij, V.V. Bykov, Texte der Tolkienisten (Anfang 1990er Jahre); Unterlagen aus der Moskauer Theaterakademie GITIS (Anfang der 1950er Jahre); Dokumente der krimtatarischen nationalen Bewegung und anderer inoffizieller Gruppen (Ende 1980er – Anfang 1990er Jahre); Materialien des Vaters Čingiz Gusejnov (darunter Ausschnitte aus seinem Tagebuch zum Prozess gegen A.D. Sinjavskij und Ju.M. Daniėl, 1966). In F. 55 Bücher.

F. 138

Horbatsch, Anna Halja

Горбач А.Г.

Geb. Lucjak, 1924 –, Philologin, Übersetzerin. Seit 1940 in Deutschland.

1 lfm / 1970er – 1989

Korrespondenz mit ukrainischen politischen Häftlingen und deren Familien; ukrainischer Samizdat und informelle Bulletins und Journale (1987 – 1989).

F. 202

Horvat, Eugen

Хорват Е.А. / Chorvat, Evgenij Anatol'evič / Pseud. Jefff

1961 – 1993, Dichter, Künstler. 1981 Emigration nach Deutschland.

5 Archiveinheiten / 1980 – 1988, 2006

Persönliche Dokumente; literarische und künstlerische Werke (1980er – 1990er Jahre); Materialien zu Kunstinstallationen (1990er Jahre); private Korrespondenz; Manuskripte verschiedener Autoren. Photographien.

F. 52/2

Hübner, Peter

1938 –, Slawist, Politologe.

1980er – 1990er

Zeitgeschichtliches Quellenmaterial zu informellen Bewegungen in der UdSSR und den Nachfolgestaaten während der Perestrojka und in den 1990er Jahren.

F. 169

Igrunov, Vjačeslav Vladimirovič

Игрунов В.В.

1948 –, Systemkritiker seit 1965. Organisierte 1967 in Odessa eine Untergrundbibliothek für Samizdat- und zensurfreie Literatur. 1975 – 1977 in politischer Haft. 1988 Mitbegründer von Memorial und des unabhängigen Moskauer Büros für Informationsaustausch (M-BIO). 1994 – 2003 Abgeordneter der Staatsduma.

8 lfm / 1989 – 2007

Persönliche Dokumente; Materialien zu seiner Tätigkeit als Duma-Abgeordneter von Jabloko, darunter Korrespondenz mit Wählern, Flüchtlingen und Migranten aus den Ländern der Gemeinschaft Unabhängiger Staaten nach Russland sowie zu Fragen der Rehabilitierung von Opfern politischer Repression (1995 – 2002); Anfragen von Abgeordneten und Antworten staatlicher Einrichtungen. Materialien von gesellschaftlichen Initiativen, Parteien und Fraktionen, darunter von Graždanskij Forum, Jabloko, SLON.

F. 43

Il'ina, Ėmilija Pavlovna

Ильина Э.П. / Ilina, Emilia / Pseud. Ė. Abrosim

Geb. Krasnikova, 1926 –, Elektroingenieurin. Aktivistin für das Recht auf Ausreise aus der UdSSR. 1977 Emigration nach Deutschland.

0,5 lfm / 1977 – 1996

Werkmanuskripte; Familienkorrespondenz; Korrespondenz mit L.M. Alekseeva, E.G. Ėtkind, V.P. Nekrasov und anderen; Briefe von Angehörigen der ukrainischen Emigration; Photographie; Zeitungsausschnitte; Briefe von Betroffenen der Tschernobyl-Katastrophe.

F. 89

Il'zen-Grin, Elena Alekseevna

Ильзен-Грин Е.А.

Geb. Il'zen, 1919 – 1991, Dichterin, Übersetzerin. 1947 – 1956 in politischer Haft und Verbannung in Vorkuta. In den 1960er – 1980er Jahren Samizdat-Aktivistin.

0,9 lfm / 1950er – 1990er

Persönliche Dokumente, Unterlagen zu Haft und Verbannung in Vorkuta (Pläne des Lagerkrankenhauses, Tuschzeichnung auf Papier); Briefe, darunter an A.I. und I.S. Ginzburg; Manuskripte: Gedichte; Samizdat-Sammlung; Photographien aus dem Familien- und Freundeskreis, Kultphotographien (A.I. Solženicyn und E. Hemingway, 1960er Jahre).

F. 127

Ivinskaja, Ol'ga Vsevolodovna; Emel'janova, Irina Ivanovna; Vinogradov, Dmitrij Aleksandrovič

Ивинская О.В.

1912 – 1995, Übersetzerin, Schriftstellerin. Freundin von Boris Pasternak. 1949 – 1953 und 1960 – 1964 in politischer Haft.

Емельянова И.И., Èmèlianova-Kozovoï, Irina I.

Verh. Kozovaja, 1938 –, Tochter. Schriftstellerin, Übersetzerin. Lebt in Paris.

Виноградов Д.А.

1941 – 2004, Sohn. Übersetzer.

5 lfm / 1910 – 2000

Persönliche Dokumente; Unterlagen zu O.V. Ivinskajas Inhaftierung und Prozess, darunter ihr Schlusswort vor Gericht (1960); Dokumente aus der Lagerzeit, darunter Briefe (1962); Werkmanuskripte und Übersetzungen; Memoiren über B.L. Pasternak; private und berufliche Korrespondenz; Materialien zu ihrer Rehabilitierung (1990er Jahre); Unterlagen zur Publikationsgeschichte des Romans „Doktor Živago"; Samizdat-Literatur: A.A. Achmatova, K.P. Bogatyrev, A.I. Solženicyn, A.T. Tvardovskij; Photographien aus dem Freundes- und Familienkreis (1943 – 1960); Zeitungsausschnitte. Materialien der Mutter, M.N. Bastrykina, der Ehemänner, I.V. Emel'janov und A.P. Vinogradov, der Tochter, I.I. Emel'janova, sowie des Sohnes, D.A. Vinogradov. Materialien Dritter: einzelne Dokumente B.L. Pasternaks (Erzählung von A.I. Cvetaeva „Krolja", Briefe an Pasternak); Dokumente von I.B. Gutčin; Dokumente von J. de Proyart (Vertraute von B.L. Pasternak) zum Prozess gegen O.V. Ivinskaja (1961), Korrespondenz mit staatlichen und gesellschaftlichen Institutionen sowie Literaten aus verschiedenen Ländern, Brief an N.S. Chruščev (1962) in der Sache O.V. Ivinskaja und I.I. Emel'janova.

F. 161

Izmest'ev, Petr Nikolaevič

Изместьев П.Н. / Izmestjev, Pjotr N.

1905 - 1997, Funktionär der offiziellen Presse in Estland (1940er - Anfang 1950er Jahre).

2 lfm / 1925 - 1992

Persönliche Dokumente (1925 - 1987), Tagebuch (1956 - 1957); Gedichte (1940er Jahre); Materialien im Zusammenhang mit seiner Tätigkeit bei TASS in Estland (1939 - 1941); Manuskripte: Roman, Essays, Aufzeichnungen zur Volkskunst aus der Kriegszeit (1944); Korrespondenz aus der Zeit des Zweiten Weltkriegs; Samizdat-Texte; Zeitungsausschnitte über den Tod von Ju.V. Andropov, L.I. Brežnev, K.U. Černenko, I.V. Stalin, G.K. Žukov; Materialien der Ehefrau L. Ė. Izmest'eva und des Sohnes, A.P. Izmest'ev.

F. 178

Jakovenko, Mira Mstislavovna

Яковенко М.М.

1917 - 2005, Studium der Physik. Autorin, Herausgeberin. Mitarbeiterin der Gesellschaft Memorial.

0,9 lfm / 1939 - 2000er

Persönliche Dokumente (1939 - 1947); Vorarbeiten zu Erinnerungen von Opfern der Verfolgung und ihren Familien; Werkmanuskripte; Familiendokumente; Notizen; Samizdat-Literatur (1960er Jahre); Mitschriften ausländischer Radiosendungen; Unterlagen des Ehemanns zur Geschichte der Amateurfunker in den 1930er Jahren.

F. 128/1

Jampol'skaja, Fejga Samojlovna und Levina, Šelli Moiseevna

Ямпольская Ф.С.

1904 - 2003, Ärztin. Seit 1997 in Deutschland.

Левина Ш.М.

Verh. Kac, 1937 -, Tochter. Architektin. Seit 1997 in Deutschland.

0,4 lfm / 1920er - 2003

Persönliche Dokumente von Familienmitgliedern und Verwandten; Fragmente von Werken des Schriftstellers B.S. Jampol'skij; Photographien.

F. 12

Jur'enen, Sergej Sergeevič

Юрьенен С.С. / Yuryenen, Sergey / Iourienen, Serge

1948 -, Schriftsteller. 1977 Emigration. Seit 2005 in den USA.

1,2 lfm / 1980er - 1990er

Unterlagen aus der Tätigkeit in der russischen Redaktion von Radio Liberty; Manuskripte und Briefe einzelner Autoren, darunter von G.N. Vladimov und E.A. Evtušenko; Hörerpost. Tonbandaufzeichnungen von A.L. Chvostenko, Interview V.B. Brajnins mit S. Gubajdulina (1991). In F. 55 Bücher.

F. 85

Kačurovs'kij, Ihor Vasil'evič

Качуровський І. В. / Kaczurowskyj, Igor V.

1918 -, Dichter, Literaturwissenschaftler. Professor an der Ukrainischen Freien Universität (München).

0,8 lfm / 1960er - 2007

Werkmanuskripte; Übersetzung des „Archipelag GULAG" ins Ukrainische; Korrespondenz, darunter Briefe von Literaturwissenschaftlern aus ukrainischen und russischen Emigrantenkreisen; Briefe aus den Zeitschriftenredaktionen darunter von „Grani", „Kontinent" und „Novi dni".

F. 59

Kasack, Wolfgang

1927 - 2003, Slawist.

0,45 lfm / 1978, 1980er - 1999

Briefe und Werke zeitgenössischer russischer Schriftsteller, darunter von N.V. Baranskaja, E. Beljakova, B. Chazanov, I.S. Cholin, V.M. Gercik, Ju.Č. Kim, I.P. Zolotusskij (Originale und Kopien).

F. 30.168

Kazakov, Vladimir Nikolaevič

Казаков В.Н. / Kasakov, Vladimir

1890er - 1971, Leutnant der russischen Kriegsmarine. Teilnahme am Bürgerkrieg. 1920 Emigration nach Frankreich.

9 Dokumente / 1910er - 1937, 1960

Hefte mit Tagebuchaufzeichnungen und Studiennotizen, Schiffszeichnung, Gedichtsammlung (1914 - 1941); Memoiren unbekannter Herkunft [V.N. Kazakov?] über die Kriegshandlungen am Asowschen Meer (1919 - 1920); Briefe.

F. 63

Kel'ner, Viktor Efimovič

Кельнер В.Е.

1945 -, Bibliograph.

0,10 lfm / 1960er - [1970], 1986 - 1989

Samizdat-Literatur aus den 1960er - 1980er Jahren, darunter Texte von A.A. Amal'rik, V.P. Astaf'ev, E.A. Evtušenko, M.I. Romm, A.I. Solženicyn, A.T. Tvardovskij; Flugblätter, Aufrufe, Offene Briefe, die 1987 - 1989 in Leningrad zirkulierten.

F. 115/1

Kirchmejer, Margarita („Margo") Ėrnstovna

Кирхмейер М.Э. / Kirchmeier, Margarita

1968 -, Rockmusikerin. Seit 1990 in Deutschland.

13 Archiveinheiten / 2. Hälfte 1980er, 2005

Literatur-Almanach „Sjur-pris" (Nr. 3, 1987 – 1988); Textbuch der Songs von B.B. Grebenščikov (Gruppe Akvarium); Sammlung von Gedichten und Liedertexten, 2. Hälfte der 1980er Jahre.

F. 48

Kisina, Julija Dmitrievna

Кисина Ю.Д. / Kissina, Julia

1966 –, Schriftstellerin, Künstlerin. In den 1980er Jahren Samizdat-Autorin. Seit 1990 in Deutschland.

0,2 lfm / 1980er – 1996

Gedichte und Prosa; Photoarbeiten (1993 – 1996); Korrespondenz, darunter Briefe von V.S. Tolstyj; Dokumentation der Ausstellung „Bücher als Narkotika" (1994); Ausstellungsplakate und -einladungen.

F. 16

Klenovskij, Dmitrij Iosifovič und Kračkovskaja, Margarita Denisovna

Кленовский Д.И. / wirklicher Name Kračkovskij

1893 – 1976, Dichter. Lebte seit 1942 in Deutschland.

Крачковская М.Д.

1899 – 1993, Ehefrau.

0,7 lfm / 1909, 1946 – 1990er

Persönliche Dokumente; Korrespondenz; Audioaufzeichnungen von Lesungen des Dichters; Zeitungsausschnitte mit Artikeln von und über Klenovskij.

F. 5/2.22

Kljueva, Vera Nikolaevna; Zelenina, Natal'ja Jur'evna

Клюева В.Н.

1894 – 1964, Sprachwissenschaftlerin, Lyrikerin.

Зеленина Н.Ю.

1929 – 2002, Tochter. Archivarin.

10 Archiveinheiten / 1917, 1922 – 1923, 1955 – 1969

Persönliche Dokumente (1923); Gedichte (1957), Samizdat-Literatur der 1960er Jahre, darunter Werke von A.A. Achmatova, M.I. Cvetaeva, N.S. Gumilev, N.M. Olejnikov; Zeitungsausschnitte (1917); Gedichte von V.A. Nikonov (Autographen mit Widmungen). In F. 55 Bücher.

F. 5/2.9

Kloper, Roza Solomonovna

Клопер Р.С. / Kloper, Rosa / Pseud. Raisa Rosnjans'ka

1922 –, Dozentin für deutsche Sprache (Kiev). Seit 1975 in Deutschland.

1 Archiveinheit / 1970er[?]

Samizdat-Ausgabe: E.A. Sverstjuks „Virši z uv'jaznennja" (Verse aus der Haft) (Typoskript).

F. 30.43

Kononychina-Semina, Viktorija Nikolaevna

Кононыхина В.Н.

1930 –, Literaturwissenschaftlerin.

1 Archiveinheit / 1967[?]

Samizdat-Ausgabe: George Orwell „1984", ins Russische übersetzt vom M.K. Petrov.

F. 3

Kopelev, Lev Zinov'evič und Orlova, Raisa Davydovna

Копелев Л.З. / Kopelew, Lew / Pseud. L. Jakovenko, L. Žukovskij u. a.

1912 – 1997, Germanist, Schriftsteller. 1945 – 1954 aus politischen Gründen in einem Sonderlager für Wissenschaftler inhaftiert. Bürgerrechtler. Lebte seit 1980 in Deutschland.

Орлова Р.Д. / Orlowa-Kopelew, Raissa

Geb. Liberzon, 1918 – 1989. Ehefrau Kopelevs. Amerikanistin, Schriftstellerin.

55 lfm / 1910er – 1998

Persönliche Dokumente von L.Z. Kopelev und R.D. Orlova und der Familie (1920er – 1990er Jahre); Tagebücher (1940er, 1964 – 1990er Jahre); wissenschaftliche und literarische Arbeiten, Übersetzungen, Vorträge, Interviews; private und geschäftliche Korrespondenz, darunter mit H. Böll, W. Brandt, M. Dönhoff, F. Dürrenmatt, M. Frisch, P. Kelly und G. Bastian, A.D. Sacharov und E.G. Bonnėr, A. Seghers, A.I und N.D. Solženicyn, Ch. Wolf; Materialien zur sowjetischen Propaganda während des Zweiten Weltkriegs, zu Bürgerrechtsaktivitäten, zum „Wuppertaler Projekt". Samizdat; Photographien aus dem Familien- und Freundeskreis; Zeitungsausschnitte, Sonderdrucke; Audio- und Videomaterial. Materialien der Eltern von L.Z. Kopelev. In F. 55 Teile der Privatbibliothek. In F. 57 Auszeichnungen.

F. 5/2.21

Korenevskij, Andrej Vital'evič

Кореневский А.В.

1961 –, Religionshistoriker (Rostov am Don).

2 Archiveinheiten / [1970]

Sammlung von handschriftlichen Texten der Sekte der „Iegovisty-il'incy".

F. 174

Kornilov, Vladimir Nikolaevič

Корнилов В.Н.

1928 – 2002, Dichter. Bürgerrechtler. Publizierte im Samizdat und Tamizdat.

0,65 lfm / 1941 – 2000er

Werkmanuskripte; Korrespondenz, darunter mit A.A. und G.K. Amal'rik, K.I. Čukovskij, E.A. Evtušenko, G.N. Vladimov. Auswahl von Gedichten O.E. Mandel'štams mit handschriftlichen Korrekturen von N.Ja. Mandel'štam (1960er Jahre). In F. 55 zu Lebzeiten erschienene Publikationen Kornilovs.

F. 30.20

Koscinskij, Kirill Vladimirovič

Косцинский К.В. / wirklicher Name Uspenskij, Kirill Vladimirovič

1915 – 1984, Schriftsteller, Übersetzer. In politischer Haft 1938 – 1939 und 1960 – 1964. Lebte seit 1978 in den USA.

12 Archiveinheiten / 1960 – 1964, [nicht vor 1974]

Tagebuch aus der Haft (1960 – 1964). Samizdat-Dokument über die Hilfe für Repressionsopfer.

F. 100

Kotrelev, Nikolaj Vsevolodovič

Котрелев Н.В.

1941 –, Kulturhistoriker. Aktiv in der inoffiziellen Kultur in Moskau.

0,3 lfm / 1940er – 2005

Werke der Dichter des Majakovskij-Platzes (1960 – 1961); Photographien (Ende 1950er Jahre, Lianozovo); Materialien des Onkels A.N. Kotrelev (Theater- und Konzertprogramme, auch des Vachtangov-Theaters) und von V.S. Murav'ev (Hefte mit Gedichtentwürfen).

F. 71

Krivulin, Viktor Borisovič

Кривулин В.Б.

1944 – 2001, Dichter. Akteur und Autor der Leningrader „zweiten Kultur". Herausgeber von Samizdat-Zeitschriften.

0,4 lfm / 1960er – 1994

Persönliche Dokumente; Gedicht- und Prosaentwürfe (1960er – 1990er Jahre), Manuskripte; Aufzeichnungen zum Prozess gegen J.A. Rybakov und O.N. Volkov (1977); Korrespondenz, darunter mit T.M. Goričeva; Materialien aus der Redaktion der Zeitschrift „37"; Manuskripte anderer Autoren (1970er – 1990er Jahre).

F. 136.3

Kromas, Vladimir Zalmanovič

Кромас В.З.

1938 – 1994, Film- und Tontechniker. 1981 Emigration nach Australien und Deutschland.

1 Archiveinheit / 1994[?]

Audioaufzeichnung seiner Erinnerungen an die Arbeit mit A.A. Tarkovskij.

F. 34

Kromiadi, Konstantin Grigor'evič; Kružin, Anatolij Nikolaevič

Кромиади К.Г.

1893 – 1990, Berufssoldat. Im Zweiten Weltkrieg „Kanzleichef" von General A. Vlasov. Mitglied des Kampfbundes für die Befreiung der Völker Russlands (SBONR).

Кружин А.Н. / Kruschin, Peter / wirklicher Name Anatolij Šitov / Pseud. Anatolij Bublik, Petr Kružin, Rain, A. Balašev

1921 – 1997, Schwager von K.G. Kromiadi. Militärexperte. 1944 – 1945 im Stab von Vlasov.

6 lfm / 1861, 1916 – 1980er

Autobiographische Aufzeichnungen; persönliche Dokumente (19. Jh. – 1950er Jahre); Materialien zur Geschichte des Zweiten Weltkriegs und zur Geschichte der ROA wie auch zu SBONR und anderen Emigrantenorganisationen; Photographien aus der Zeit des Zweiten Weltkriegs; Kartothek zu sowjetischen Offizieren und Generälen. Korrespondenz; Materialien der Ehefrau E.K. Kromiadi, der Tochter O.K. Kružina und ihres Ehemanns A.N. Kružin. Materialien Dritter. In F. 55 Bücher mit Widmungen der Autoren. In der Bibliothek der Forschungsstelle Kriegsmemoiren (ca. 500 Titel).

F. 5/2.36

Krusanov, Andrej Vasil'evič

Крусанов А.В.

1958 –, Chemiker. Samizdat-Autor und -Herausgeber.

14 Dokumente / 1983 – 2004

Leningrader Samizdat-Zeitschrift „Gastronomičeskaja subbota" (10 Nummern, 1983 – 1988); Photographien.

F. 5/2.26

Krylov, Andrej Evgen'evič

Крылов А.Е.

1955 –, aktiv in der Moskauer Liedermacherszene.

25 Dokumente / 1979 – 1984

Periodikum des Moskauer Liedermacherklubs „Menestrel'" (Photo-Samizdat), deren Redakteur Krylov war. Samizdat-„Neuausgabe" des Werks von S.N. Trubeckoj „Metafizika v drevnej Grecii" (Die Metaphysik im antiken Griechenland).

F. 5/2.8

Kudusov, Ėrnst (Ėrik) Abduraimovič

Кудусов Э.А. / Pseud. N. Svistunov

1934 –, Geomorphologe. Engagierte sich für die Krimtataren. 1983 – 1987 in politischer Haft.

3 Archiveinheiten / 1982[?], 1992 – 1994

Brief zur Verteidigung L.N. Gumilevs; Exemplar von Gumilevs „Ėtnogenez i biosfera Zemli" (Die Ethnogenese und die Biosphäre der Erde); Unterlagen aus dem Ministerium für Nationalitätenfragen der RF zu Repressalien gegen einzelne Völker der UdSSR und deren Rehabilitierung (1992 – 1994).

F. 30.91

Kundt, Ernst

1883 – 1974, Volkswirt. 1920 – 1944 Mitarbeiter des Auswärtigen Amtes.

0,1 lfm / 1922, 1933 – 1935

Briefe deutschstämmiger Sowjetbürger aus der Ukraine an das deutsche Generalkonsulat in Kiev und nach Deutschland (1933). Broschüre

„Brüder in Not" (4 Nummern, 1922 - 1934) und sowjetische Propagandaantwort „Brüder in Not? Sowjetdeutsche berichten" (1933).

F. 27

Kušev, Evgenij Igorevič

Кушев Е.И. / Kushev, Eugeni

1947 - 1995, Dichter. Bürgerrechtler. 1967 in politischer Haft. 1974 Emigration nach Großbritannien und später nach Deutschland.

0,5 lfm / 1960er - 1990er

Gedichte (1970er Jahre), Erzählungen, Erinnerungen, Manuskripte seiner Sendungen für Radio Liberty; private Korrespondenz; Materialien zur Tätigkeit bei Radio Liberty: Hörerbriefe, Briefe von Autoren; Photographien (Novosibirsk 1989); Audiokassette einer Gedenksendung für Evgenij Kušev (1995).

F. 30.14

Kuznecov, Ėduard Samuilovič

Кузнецов Э.С. / Kuznetsov, Eduard S. / bis 1953 Gerson

1939 –, Journalist. 1961 - 1968 und 1970 - 1979 in politischer Haft. Aktivist der jüdischen Bewegung für das Recht auf Ausreise aus der UdSSR. Seit 1979 im Ausland (Deutschland und Israel). 1983 - 1990 Mitarbeiter von Radio Liberty (München). Seit 1990 in Israel.

4 Archiveinheiten / 1972, 1977, 1979

1972 und 1977 aus dem Straflager geschmuggelte, handgeschriebene Tagebücher und Erzählungen (Kassiber); Prosafragment, Brief (1979).

F. 141

Kuznecova, Galina Nikolaevna

Кузнецова Г.Н. / Kouznetzoff, Galina N.

1900 - 1976, Schriftstellerin. 1920 Emigration.

0,4 lfm / 1926 - 1973

Korrespondenz: Briefe von russischen Schriftstellern im Exil, darunter I.A. Bunin und Emigranten der zweiten Welle. Bunins „Solnečnyj udar" (Paris 1926; Der Sonnenstich), mit Widmung des Autors.

F. 170

Kvaša, Ol'ga Vasil'evna

Кваша О.В. / Pseud. Kalinceva

1921 - 2007, Schriftstellerin. Mutter der Dichterin Anna Taršis (Ry Nikonova).

1,3 lfm / Ende 19. Jh. - 2007

Persönliche Dokumente; Manuskripte der Familienchronik „Naši: Semejnaja chronika 1880 - 1980 gody" publiziert in Sverdlovsk; Korrespondenz mit Verwandten und Freunden; Photographien aus dem Familien- und Freundeskreis (1930er - 1990er Jahre); persönliche Dokumente und Werke von Familienangehörigen: A.A. Taršis, E.E. Kolagova (persönliche Dokumente, Photographien, Zeitungsausschnitte, Postkarten) und Dritter: R.S. Levinzon (Gedichte und Prosa, 1960er Jahre) und ihres Ehemanns A.M. Volovik. In F. 55 Bücher.

F. 135

Lajko, Aleksandr Vasil'evič

Лайко А. В.

1938 –, Dichter, Übersetzer. Aktiv im inoffiziellen literarischen Leben Moskaus. 1990 Emigration nach Deutschland.

0,15 lfm / 1940er, 1949 - 1970er, 1990er

Gedichte (1950er Jahre); Fragmente eines Sammelwerks der Literaturvereinigung „Fakel" (1956); Korrespondenz; Konzeption der Zeitschrift „Studija" (Berlin, 1. Hälfte 1990er Jahre); Materialien Dritter: Manuskripte deutscher Autoren in russischer Sprache (1940 - 1942).

F. 30.118

Lapin, Vladimir Petrovič

Лапин В.П.

1945 - 2005, Dichter. Bürgerrechtler in Moskau.

0,24 lfm / 1953 - 2003

Korrespondenz mit Künstlern und Bürgerrechtlern (1950er - 1990er Jahre), darunter mit E.G. Bonnėr, I.Ja. Gabaj, M.S. Petrovych, D.S. Samojlov, Ja.A. Satunovskij. In F. 55 Kinderbücher (2) von Ja.A. Satunovskij.

F. 5/2.7

Larin, Sergej Ivanovič

Ларин С.И.

1927 - 2002, Essayist, Übersetzer.

10 Archiveinheiten / 1963, 1966 - 1968, 1981[?]

Samizdat, darunter Brief von J. Andrzejewskij an E. Goldstücker (Übersetzung aus dem Polnischen von S.I. Larin), Ballade von L. Carroll „Ochota na Snarka" (The Hunting of the Snark) und G.K. Chestertons Roman „Šar i krest" (The Ball and the Cross). Manuskripte von B.A. Achmadulina über A.A. Voznesenskij (1961); Typoskript von H. Krall (polnisches Original und russische Übersetzung von S.I. Larin, 1981).

F. 5/2.37

Lesničenko, Natal'ja Vladimirovna

Лесниченко Н.В.

Verh. Volochonskaja, 1950 –, Autorin, Verbreiterin und Typistin von Samizdat.

1 Archiveinheit / 1978

Leningrader Samizdat-Zeitschrift „Golos" (Nr. 4, 1978).

F. 30.94

Lev, Pavel (Pejsach) Davidovič

Лев П.Д.

1898 - 1967, Chirurg.

0,24 lfm / 1923 - 1967

Persönliche Dokumente der 1930er Jahre und aus der Zeit des Zweiten Weltkriegs; Manuskript der Autobiographie; Dokumentation über Kriegsverletzte; Photographien aus den 1930er – 1960er Jahren; Zeitungsausschnitte.

F. 30.45

Levin, Ėrnst Markovič

Левин Э.М.

1934 –, Elektoringenieur. Autor und Übersetzer. Setzte sich für das Recht auf Ausreise nach Israel ein. 1972 Emigration nach Israel. Seit 1982 in Deutschland.

0,15 lfm / 1965, 1971 – 1979

Material von Minsker Juden zur Ausreise nach Israel (Anfang 1970er Jahre); Photographien (1972). In F. 57 Vergrößerungsapparat zur photographischen Vervielfältigung von Samizdat.

F. 120

Levinton, Georgij Achillovič

Левинтон Г.А.

1948 –, Philologe, lehrt seit 1996 an der European University Sankt Petersburg.

0,25 lfm / 1960er – 1970er

Samizdat-Literatur aus der Sammlung N.I. Fel'dman-Konrad (mit Werken von I.A. Brodskij, M.I. Cvetaeva, V.I. Ivanov), einzelne Materialien von G.V. Stepanov (Samizdat-Werke aus dem Kreis der Semiotiker). Dokumente aus dem Privatarchiv von B.B. Vachtin (Materialien zu Gorožane; Unterlagen zur Verfolgung V.R. Maramzins). In F. 57 Holzkoffer, mit dem G.A. Levintons Vater, A.G. Levinton (1913 – 1971), 1954 aus der Haft zurückkehrte.

F. 115/2

Lichačeva, Julia Villievna

Лихачева Ю.В.

1937 –, Kulturwissenschaftlerin.

0,24 lfm / 1960er – 1980er

Samizdat-Literatur aus den 1960er – 1980er Jahren (Novosibirsk).

F. 5/2.34

Litvinova, Nina Michajlovna

Литвинова Н.М.

1945 –, Zoologin. Lebt in Moskau.

6 Archiveinheiten / 1960er, 1985 – 1988

Prosa von A.K. Kadackij; Samizdat; Briefwechsel von N.Ja. Ėjdel'man und V.P. Astaf'ev; Ausschnitte aus Zeitschriften mit Erzählungen von W. Borchert und Gedichte von J. Tuwim.

F. 42

Ljubarskij, Kronid Arkad'evič

Любарский К.А. / Lubarsky, Cronid

1934 – 1996, Astronom. Bürgerrechtler. 1972 – 1977 in politischer Haft. 1978 Emigration nach Deutschland. Herausgeber des Bulletins „Vesti iz SSSR". 1993 Rückkehr nach Russland, tätig bei der Zeitschrift „Novoe vremja".

4 lfm / 1940er – 1990er

Persönliche Dokumente; wissenschaftliche Arbeiten, Artikel zu juristischen Themen; Unterlagen aus der Redaktionstätigkeit: Korrespondenz, Kartei politischer Gefangener (zusammengestellt von Georgij Davydov u. a.); Samizdat-Literatur; Photographien (1940er – 1990er Jahre); Zeitungsausschnitte; Materialien von Familienangehörigen; Photographien von Arbeiten von G.I. Salova (zweite Frau von K.A. Ljubarskij), Materialien der Tochter V.K. Hock (Photographien; Aufzeichnungen von Auftritten von Liedermachern wie Ju. Kim, P. Starčik). Materialien Dritter: G.I. Kopylov (Samizdat-Literatur: Autobiographisches satirisches Poem „Evgenij Stromynkin"). In F. 57 persönliche Gegenstände aus der Haft, darunter Holzkoffer aus dem Lager in Mordowien.

F. 45

Lozinskij, Grigorij Leonidovič

Лозинский Г.Л. / Lozinski, Grigori L.

1889 – 1942, Philologe. Kritiker. 1921 Flucht aus Petrograd über Finnland nach Frankreich.

1,12 lfm / 1920er – 1960er

Aufsatzmanuskripte (Kopien); private und geschäftliche Korrespondenz mit Emigranten, auch Briefe sowjetischer Wissenschaftler (1920er Jahre, teilw. Kopien); Materialien des russischen Gymnasiums in Paris (1920er und 1930er Jahre); Materialien des Puschkin-Komitees (Paris, 1935 – 1937); Schülerzeitungen; Materialien der Anwaltskanzlei des Schwagers V.A. Miller.

F. 87

Lur'e, Samuil Aronovič

Лурье С.А.

1942 –, Schriftsteller, Literaturkritiker. Lebt in Sankt Petersburg.

Ca. 200 Dokumente / 1963 – 1983

Typoskript von „Gadkie lebedi" (Die hässlichen Schwäne) der Brüder A.N. und B.N. Strugackij; Leserbriefe an den Schriftsteller A.I. Panteleev aus der UdSSR und der DDR.

F. 5/2.12

Maksimov, Vadim Igor'evič

Максимов В.И.

1957 –, Theaterwissenschaftler, Regisseur. Aktiv in der Leningrader „zweiten Kultur".

11 Archiveinheiten / 1981 – 1985, 1988

Samizdat-Zeitschriften „Graal'" (7 Nummern, 1981 – 1984), „Opyty" (3 Nummern, 1984 – 1985) und „Tretij sbornik manifestov ėpoch režiserskogo teatra" (1988).

F. 2

Maksimov, Vladimir Emel'janovič und „Kontinent"

Максимов В.Е. / Maksimov, Vladimir E. / wirklicher Name Samsonov, Lev Alekseevič

1930 – 1995, Schriftsteller, Verleger. Bürgerrechtler. 1974 Emigration nach Frankreich.

Континент / Kontinent
Literarisch-politische Zeitschrift. Erschienen 1974 – 1990 in Paris (Gründer und Chefredakteur 1974 – 1992 V.E. Maksimov), seit 1991 in Moskau.

10 lfm / 1950er – 1995

Werkmanuskripte und publizistische Beiträge für die Redaktion von „Kontinent"; Korrespondenz mit Autoren und Lesern; Samizdat-Literatur; Photographien; Audio- und Videomaterial. In F. 55 Teile der Privatbibliothek.

F. 30.39

Mal'cev, Jurij Vladimirovič
Мальцев Ю.В. / Malcev, Jurij
1932 –, Literaturwissenschaftler. Mitglied der Initiativgruppe zum Schutz der Menschenrechte in der UdSSR (1969). 1974 Emigration nach Italien.

7 Archiveinheiten / 1959 – 1990er

Autobiographie; Zeitungsausschnitte; Veranstaltungsankündigungen (1976 – 1979); 2 Vortragstexte; Rezension von A.D. Sinjavskij zum Buch „Vol'naja russkaja literatura 1955 – 1975" (Freie Russische Literatur 1955 – 1980); Periodika der 1960er Jahre mit Artikeln und anderen Publikationen von Ju.V. Mal'cev.

F. 28

Malinkovič, Inessa Zacharovna
Малинкович И.З. / in Israel Ina Khasid
1928 – 1992, Literaturwissenschaftlerin. Lebte seit 1973 in Israel.

0,3 lfm / [1933] – 1992

Materialien zu einem Buch über Marina Cvetaeva und einem Essay über den Roman Vsevolod Ivanovs „Kreml'"; Übersetzungen, Erinnerungen an L.E. Pinskij und andere; Korrespondenz; Photographien (1930er Jahre – 1990).

F. 5/3.3

Malzoff, Helene
Мальцофф Х.
Lebte 1925 in Estland (Narva).

1 Archiveinheit / 1925 – 1932

Album mit Liedern und Aphorismen in estnischer, deutscher und englischer Sprache (1925 – 1932); Übersetzungen russischer Lieder.

F. 69

Maramzin, Vladimir Rafailovič
Марамзин В.Р. / Maramzine, Vladimir
1934 –, Ingenieur. Schriftsteller in der Leningrader „zweiten Kultur", 1974 – 1975 in politischer Haft. 1975 Emigration nach Frankreich. Mitherausgeber der Zeitschrift „Ėcho" (Paris).

6,5 lfm / 1950er – 2007

Werkmanuskripte; Korrespondenz; Material aus der Redaktion der Zeitschrift „Echo"; Samizdat-Literatur; Photographien. In F. 55 Teile seiner Privatbibliothek. In F. 57 Portrait B.B. Vachtins von M.A. Kulakov.

F. 5/2.31

Markov, Dmitrij Dmitrievič
Марков Д.Д.
1929 –, Archivar. Verbreitete in den 1970er – 1980er Jahren Samizdat-Literatur. 1983 – 1986 in politischer Haft.

14 Archiveinheiten / 1970er, 1982 – 2000

Mikrofilme von Typoskripten von N.A. Berdjajev, V.D. Dudincev, F.L. Karsten, K.N. Leont'ev, B.L. Pasternak, A.I. Solženicyn, die bei Hausdurchsuchungen (1982 – 1983) vom KGB konfisziert und nach der Rehabilitierung (1992) zurückgegeben worden sind; Dokumente zu Hausdurchsuchungen, Urteil und Rehabilitierung (Kopien); Fotodokumentation von zerstörten Kirchen und Klöstern in Zentralrussland (1970er Jahre).

F. 117/7

Markuze, Gerbert-Girsch Lejbovič und Cvetkova, Tamara Andreevna
Маркузе Г.-Г. Л.
1920 – 1998, Arzt. 1941 – 1946 im Gulag.

Цветкова Т.А.
1929 – 2001, Ehefrau. Kinderärztin.

0,15 lfm / 1960er – 1990er

Persönliche Dokumente, darunter Rehabilitierungsbescheinigung; Sammlung von Romanzen und Gedichten; Samizdat-Literatur: Typoskripte von Werken von A.V. Belinkov, N.M. Koržavin, A.I. Solženicyn, A.T. Tvardovskij, E.I. Zamjatin (1960er – 1980er Jahre).

F. 203

Matveev, Sergej Georgievič und Matveev, Nikolaj Sergeevič
Матвеев С.Г. / Matveyev, Sergius / Vater Sergij Matveev
1910 – 1976, Geistlicher. Lebte seit 1957 in München.

Матвеев Н.С. / Matveyev, Nikolai S.
1946 –, Sohn. Philologe. Seit Mitte 1980er Jahre in Großbritannien und den USA.

0,6 lfm / 1890er – 1968

Persönliche Dokumente; Tagebuch (1935, in serbischer Sprache); Unterlagen zu Schachmeisterschaften, darunter Gruppenphotos mit dem sowjetischen Schachweltmeister; Familienkorrespondenz (1930er – 1970er Jahre); Photographien (1880er – 1970er Jahre). In F. 55 Bücher russischer Religionsphilosophen.

F. 88

Medvedev, Žores Aleksandrovič
Медведев Ж. А.
1925 –, Biologe. Samizdat- und Tamizdat-Autor. 1973 Emigration nach London.

0,15 lfm / 1970 – 1984

Aufsätze von R.A. Medvedev; Artikel von P.I. Negretov über V.G. Korolenko.

F. 60

Michaleva, Galina Michajlovna

Михалева Г.М.

Verh. Vochmenceva, verh. Luchterhandt, 1957 –, Politikwissenschaftlerin. Seit 2003 im Parteivorstand von Jabloko.

3 lfm / 1970er – 2007

Unterlagen aus der Schul- und Studienzeit; Materialien und Manuskripte zu ihren soziologischen Untersuchungen in der Perestrojkazeit; Vorträge; Korrespondenz; Samizdat-Literatur, darunter von A.P. Platonov; Unterlagen zu Aktivitäten der Partei Jabloko und interne Parteidokumente (2000er Jahre); Materialien von Familienangehörigen.

F. 21

Miller, Michail Aleksandrovič

Миллер М.А.

1883 – 1968, Archäologe.

0,14 lfm / 1950er – 1994

Arbeiten zur Geschichte der Ukraine, des Kosakentums und zur sowjetischen Archäologie; Materialien zur Genealogie; Memoiren von A.A. Nekljudov (1979). In F. 55 Publikationen von M.A. Miller, Bücher Dritter mit Widmungen.

F. 30.181

Molčanov, Ėduard Dmitrievič

Молчанов Э.Д.

1938 –, Philologe. Teilnahme an der Demonstration auf dem Puškinplatz in Moskau am 05.12.1965.

0,2 lfm / 1988 – 1993

Anthologie zur Lyrik des frühen 20. Jh.; Photographien aus der UdSSR (1988 – 1991); Karikaturen (1989 – 1993); Samizdat-Literatur: M.A. Bulgakovs „Sobač'e serdce" (Hundeherz, 1968), A.A. Achmatova, „Neopublikovannyje stichi 1940–41–42" (Unveröffentlichte Verse 1940 – 1942).

F. 132

Moldaver, Valerij Aleksandrovič

Молдавер В.А.

1939 –, Physiker, Techniker. Sammler von Samizdat-Literatur.

0,3 lfm / 1970er – 1980er

Ausgaben des literarischen und politischen Samizdat: Werke von G. Orwell, M.A. Popovskij, A.I. Solženicyn, V.N. Vojnovič; Sammelband „Iz-pod glyb" (Unter den Erdschollen hervor. Stimmen aus dem Untergrund, 1974); Zeitschrift „37" (Nr. 1, 1976).

F. 30.60

Murina, Elena Borisovna

Мурина Е.Б.

1925 –, Kunstwissenschaftlerin.

0,12 lfm / 1940er[?], [1950er/1960er], 1985

Protokolle von Hausdurchsuchungen, Liste beschlagnahmter Literatur; Samizdat-Ausgabe: E. Hemingway, „Po kom zvonit kolokol" (Wem die Stunde schlägt, Anfang 1960er Jahre). Materialien des Vaters, des Journalisten B.Ju. Murin (Notizbuch mit Gedichten von S.A. Esenin und I.V. Severjanin, möglicherweise im Lager geschrieben, Kopien).

F. 5/2.32

Nečaev, Vadim Viktorovič

Нечаев В.В. / Netchaev, Vadim V. / bis Anfang 1960er Jahre Bakinskij

1937 –, Schriftsteller. Seit 1978 in Frankreich.

1 Archiveinheit / 1976

Leningrader Samizdat-Zeitschrift „Archiv" (Nr. 2, 1976), deren Herausgeber er zusammen mit seiner Ehefrau M.S. Nedrobova war.

F. 192

Nekipelov, Viktor Aleksandrovič

Некипелов В.А. / Nekipelow, Viktor A.

1928 – 1989, Dichter. Bürgerrechtler. Seit 1977 Mitglied der Moskauer Helsinki-Gruppe. 1973 – 1975 und 1979 – 1987 in politischer Haft. Lebte seit 1987 in Frankreich.

2 lfm / 1948 – 2004

Persönliche Dokumente; Werkmanuskripte: Gedichte, Übersetzungen (1950 – 1980er); Photographien aus dem Familien- und Freundeskreis (ca. 150; 1948 – 1980er Jahre); Briefe und Gedichte aus der Haft; Zeitungsausschnitte; Solidaritätsbekundungen aus dem Ausland für Nekipelov (1970er – 1980er Jahre); Gedichtsammlung Nekipelovs, zusammengestellt von seiner Ehefrau N.M. Komarova-Nekipelova. Materialien Dritter: Briefe an G.S. Gornostaeva von politisch Verfolgten, darunter von dem Arbeiter V.M. Pavlov zu den Moskauer Prozessen (1978); Brief von L.K. Čukovskaja.

F. 101

Nekljudova, Valentina Stepanovna

Неклюдова В.С.

Geb. Guseva, 1945 –, Journalistin.

0,14 lfm / 1910er – 1980er

Persönliche Dokumente; Studienmaterial aus Tartu (1960er Jahre); Gedichte, Erinnerungen, Briefwechsel (1960er – 1990er Jahre); Materialien von Familienangehörigen: der Mutter, I.V. Guseva (Briefwechsel, darunter Soldatenbriefe von der Front aus den 1940er Jahren; Familienphotographien seit 1910er Jahren), und des Ehemanns, S.Ju. Nekljudov (Samizdat-Übersetzung von Stanisław Lem).

F. 30.98

Nekrasov, Vsevolod Nikolaevič

Некрасов В.Н.

1934 –, Dichter. Gehörte dem Künstlerkreis von Lianozovo an.

0,12 lfm / 1960er[?] – 1982[?]

Persönliche Dokumente: Ehrenurkunde der Zeitschrift „Pioner" (1970er Jahre); Notizbuch; Makette eines Gedichtbands (1970er Jahre); handschriftliche Bücher anderer Autoren, darunter von I.A. Achmet'ev, G.N. Ajgi und Samizdat von A.I. Vvedenskij, „Elka u Ivanovych" (Weihnachten bei Ivanovs).

F. 32

Nikolenko, Lada (Lidija) Rostislavovna

Николенко Л.Р.

Geb. Voinova, auch Wegner, Lidija Rudol'fovna, 1915 – 1996, Kunsthistorikerin, Schriftstellerin. Lebte nach 1945 in den USA und in Deutschland.

1,2 lfm / 1946 – 1994

Persönliche Dokumente: Autobiographie, Tagebuchaufzeichnungen, Verträge mit Verlagen. Kunstwissenschaftliche Aufsätze; Korrespondenz, u. a. mit S.L. Gollerbach, I.V. Odoevceva, Ju.K. Terapiano.

F. 39

Nikol'skaja, Tat'jana L'vovna

Никольская Т.Л.

1945 –, Literaturwissenschaftlerin. Aktiv in der Leningrader „zweiten Kultur". Ehefrau von L.N. Čertkov (siehe dort).

0,5 lfm / 1950 – 1980er

Briefe des georgischen Bürgerrechtlers M. Kostava; einzelne Materialien von unabhängigen Dichtern aus Moskau und Leningrad. Materialien von Familienangehörigen: der Mutter, M.V. Kropačeva, und des Vaters, L.M. Nikol'skij (Zeitungsausschnitte mit Beiträgen von L.M. Nikol'skij; Photographien; selbst gefertigte Ausgaben mit der Verlagsbezeichnung „LEVizdat"). In F. 55 Bücher, auch aus der Zeit der Leningrader Blockade.

F. 56.9

Okulov, Vladimir Sergeevič

Окулов В.С.

1938 –, Kunst- und Filmwissenschaftler, Photograph.

23 Dokumente / 1970er

Photographien von Akteuren der Leningrader „zweiten Kultur".

F. 166

Orlovskij, Ėrnst Semenovič

Орловский Э.С.

1929 – 2003, Mathematiker, Jurist. Bürgerrechtler.

14 lfm / 1940er – 2000er

Persönliche Dokumente; Hausdurchsuchungs- und Verhörprotokolle; Werke zum Patentwesen, Material zu Bürgerrechtsaktivitäten; Samizdat-Literatur, darunter Abschriften von Gedichten aus dem Samizdat-Journal „Eres'" (1956); Korrespondenz; Zeitungsausschnitte; Materialien der Eltern und Dritter, darunter von I.A. Adamacki, R.I. Pimenov. In F. 55 Bücher aus der Privatbibliothek. In F. 57 Schiefertäfelchen, die von Dissidenten zur konspirativen Verständigung verwendet wurden.

F. 56.28

Pal'min, Igor' Anatol'evič

Пальмин И.А.

1933 –, Geologe, Photograph. Gehörte einem Kreis inoffizieller Künstler und Bürgerrechtler in Moskau an.

23 Dokumente / 1969 – 1983

Porträt-, Gruppen- und Genrephotographie aus dem Künstler- und Dissidentenmilieu.

F. 109

Panin, Dimitrij Michajlovič

Панин Д.М. / Panine, Dimitry

1911 – 1987, Ingenieur, Philosoph. 1940 – 1955 in politischer Haft. Lebte seit 1972 in Frankreich.

5 lfm (darin 308 Bücher)

Persönliche Dokumente; Werkmanuskripte; Korrespondenz, darunter mit R. Aron, L.Z. Kopelev, K. Popper, A.I. Solženicyn, M. Thatcher; Photographien. In F. 55 Teile der Privatbibliothek. In F. 57 persönliche Gegenstände.

F. 5/2.19 (1)

Pavluchin, Sergej Dement'evič

Павлухин С.Д. / Pavluhhin, Sergei, / Pseud. Mal'chan

1950 –, Schriftsteller. Organisierte in den 1980er Jahren in Nikolaevsk am Amur den Science-Fiction-Klub Soljaris. Lebt in Tallinn.

1 Dokument / 1987

Samizdat-Text: A.N. und B.N. Strugackij, „Gadkie lebedi" (Die hässlichen Schwäne).

F. 40

Perčenok, Feliks Fedorovič

Перченок Ф.Ф.

1931 – 1993, Historiker, Geschichts- und Geographielehrer in Leningrad. Verbreiter von Samizdat, Autor für den Sammelband „Pamjat'".

0,5 lfm / 1918, 1950er – 1970er

Persönliche Dokumente; veröffentlichte und unveröffentlichte Materialien aus der Redaktion des Sammelbands „Pamjat'". Sammlung von Studentenliedern aufgezeichnet von F.F. Perčenok und anderen (1950er – 1960er Jahre). Samizdat-Materialien der 1960er – 1970er Jahre, teilweise in der Abschrift von F.F. Perčenok. In den Materialien der Ehefrau I.Z. Perčenok Photoalbum zum 50. Geburtstag von A.I. Solženicyn 1968. Materialien Dritter: M.M. Melent'ev (Photoalbum), A.M. Zalesskij (Unterlagen einer Tagung zur Lage der russischen Hochschulen um 1918).

F. 119

Petrov, Vjačeslav Valentinovič

Петров В. В.

1937 – 1988. Aktiv in russisch-nationalen und orthodoxen Kreisen. 1972 – 1977 in politischer Haft und Verbannung.

0,3 lfm / 1970er – 1980er

Samizdat-Literatur, darunter von A.I. Solženicyn; Werke und Materialien anderer Autoren wie von A.A. Bolonkin und des Ukrainers V.V. Barladjanu; Photographien von V.V. Petrov.

F. 76

Petrov, Vladimir Michajlovič; Gribkov, Vitalij Stepanovič; Melamid, Lev Azarovič

Петров В.М.
1937 –, Studium der Physik. Kulturwissenschaftler.

Грибков В.С.
1936 –, Künstler.

Меламид Л.А.
1944 –, Studium der Mathematik. Schriftsteller. Seit 1974 in Israel.

Alle drei aktiv in der Moskauer inoffiziellen Kultur von den 1960er Jahren an.

1 lfm / 1950er – 1980er

Samizdat-Literatur und -Zeitschriften der 1960er – 1980er Jahre, darunter: „Za samobytnyj byt" (1960), „Iskusstvo Kommuny" (1962 – 1963), „Zapiski seminara po novoj ėstetike" (1973 – 1974), „Metki novoj živopisi" (1975 – 1980), deren Herausgeber V.S. Gribkov war, Prosa von L.A. Melamid und Z.E. Zinik (siehe dort); Alben von V.S. Gribkov; Material der Gruppe Muchomory (1980); Amateurfilm (1966).

F. 5/2.24

Petrovskij, Miron Semenovič

Петровский М.С.
1932 –, Literaturkritiker, Kulturwissenschaftler. Lebt in Kiev.

1 Archiveinheit / 1970er[?]

Samizdat-Literatur: Memoiren von A.K. Gladkov über B.L. Pasternak.

F. 90

Pinskij, Leonid Efimovič

Пинский Л.Е.
1906 – 1981, Literaturwissenschaftler. 1951 – 1955 in politischer Haft.

0,15 lfm / 1960er – 1970er

Samizdat-Sammlung; Literaturliste, bei einer Hausdurchsuchung (1972) beschlagnahmt; Photographien.

F. 185

Pirogov, Sergej Kuz'mič

Пирогов С.К.
1931 – 2006, Volkswirt. Bürgerrechtler. 1957 – 1965 und 1973 – 1975 in politischer Haft. Lebte seit 1976 in Deutschland.

1 lfm / 1970er bis 2000er

Manuskripte, Notizen zum Prozess, psychiatrisches Gutachten (Stuttgart, 1976); Publikationen, Vorarbeiten zu Memoiren; Exilzeitschrift „Tribuna" (1983 – 1984); Audiokassetten mit Lagererinnerungen und Gerichtsurteil; Korrespondenz; Materialien Dritter, darunter Erinnerungen des sowjetischen Kriegsgefangenen G.N. Buchancov; Photographien (1979, 1995).

F. 140

Plucer-Sarno, Aleksej Jur'evič

Плуцер-Сарно А. В. / 1978 – 1986 nach offiziellen Dokumenten Mikulin (Name der Mutter)
1962 –, Philologe, Publizist.

0,5 lfm / 1980er – 2001

Persönliche Dokumente; Zeitung „Moja stolica" (Sankt Petersburg 2000, Nr. 1 – 5); Audiokassetten mit russischem Hardrock. In F. 55 Bücher.

F. 115/ 3

Pobedina, Alla Fedorovna

Победина А.Ф.
1944 –, Philologin, Redakteurin.

0,10 lfm / [1980er]

Esoterischer Samizdat von K.E. Antarova (Photo-Samizdat).

F. 5/2.4

Pobol', Nikolaj L'vovič

Поболь Н.Л.
1939 –, Geograph, Historiker.

4 Archiveinheiten / 1959, [Anfang 1960er], 2002

Samizdat-Literatur: Gedichtbände von O.E. Mandel'štam, V.F. Chodasevič (1960er Jahre); Photographie von N.L. Pobol' (2002). Einlasskarte zur Sitzung des Plenums des ZK der KPdSU (1959).

F. 30.117

Poljakova, Galina Ivanovna und Poljakova, Julija Borisovna

Полякова Г.И.
1938 –, lebt in Moskau.

Полякова Ю.Б.
1965 –, Tochter von G.I. Poljakova und B.A. Štejnberg.

0,24 lfm / 1928, [Ende 1950er?] – 2003

Samizdat-Literatur: Eigenedition des Dichters Ju. Kublanovskij (1980, Widmung 1982); Photo-Samizdat. Materialien Dritter: Werke von B.A. Štejnberg (Manuskripte: Erzählungen, Essays; privates Telefonverzeichnis 1950er – 1960er Jahre; Rezensionen) und seines Vaters A.A. Štejnberg (Typoskripte: Gedichte von M.S. Petrovych).

F. 113

Poljan, Pavel Markovič

Полян П.М. / Pseud. Nerler
1952 –, Geograph, Historiker, Dichter.

0,5 lfm / 1970er – 1980er

Persönliche Dokumente; Manuskripte: Dissertation (1980), literarische Werke; private und wissenschaftliche Korrespondenz; Samizdat-Literatur: 2 Nummern des Almanachs „Moskovskoe vremja" (1974 - 1975).

F. 112

Pomerancev, Kirill Dmitrievič

Померанцев К.Д. / Pomerantsoff / Pomerantchoff, Cyrille

1906 - 1991, Dichter, Publizist. Gehörte zur ersten Emigrationswelle.

0,35 lfm / 1922 - 1980er

Persönliche Dokumente (1920 - 1970er Jahre); Literarische Aufsätze, Gedichte; Briefe des Vaters und von Verwandten (1930er Jahre - 1942); Photographien; Brief von B.Š. Okudžava. Materialien Dritter. In F. 55 Bücher.

F. 19

Popov, Dmitrij Sergeevič

Попов Д.С.

1963 –, Filmkritiker, Journalist. Seit 1991 in Deutschland.

0,5 lfm / 1950er - 1990er

Werkmanuskripte: Drehbücher; private Korrespondenz; Materialien zur Geschichte des sowjetischen Kinos (S.I. Paradžanov, K.G. Muratova, R. Chamdamov); Materialien aus der Redaktion der Zeitung „Dom kino" (Ende 1980er Jahre - 1991); Videokassette „Nighthawks"; Photographien (S.I. Paradžanov); Materialien des Vaters, S.N. Popov (Einladungen zu Sitzungen des Obersten Sowjet der UdSSR, zu Staatsfeierlichkeiten und -begräbnissen, Photographien und Ansichtskarten).

F. 44

Poremskij, Vladimir Dmitrievič

Поремский В.Д. / Poremski, V.

1909 - 1997, Studium der Chemie. Mitbegründer und Vorsitzender (1955 - 1972) der Organisation NTS (Narodno-trudovoj sojuz).

0,7 lfm / 1930er - 1970er

Persönliche Dokumente; Notizbücher (1930er Jahre); Korrespondenz, darunter mit V.M. Bajdalakov (1933 - 1938), Briefe an A.D. Sacharov, A.I. Solženicyn. Material zur Konferenz „Socialism s čelovečeskim licom" (Sozialismus mit menschlichem Antlitz, Paris 1971), darunter Briefe von L. Kołakowski und tschechischen Emigranten wie E. Goldstücker, Z. Hejzlar, J. Pelikán, J. Pokstefl, O. Šik.

F. 30.82

Prezent, Isaak Izrailevič

Презент И.И.

1902 - 1969. Verfechter des „Lysenkoismus" in der Biologie.

11 Dokumente / 1930er, 1957 - 1975

Brief von T.D. Lysenko und N.I. Nuždin an die Wissenschaftsabteilung des ZK der KPdSU (1957); Postkarten; Photographien (darunter von T.D. Lysenko).

F. 106

Rar, Gleb Aleksandrovič

Рар Г.А. / Rahr, Gleb A.

1922 - 2006, Journalist. Lebte seit 1924 in Lettland, seit 1941 in Deutschland. Mitglied von NTS (Narodno-trudovoj sojuz). 1974 - 1990er Jahre Redakteur bei Radio Liberty.

0,86 lfm / 1934 - 1940, 1950er - 1980er

Arbeitsunterlagen von NTS und RL; Samizdat-Literatur, hauptsächlich religiösen Inhalts; Samizdat-Zeitschrift „Moskovskij sbornik" Nr. 1; Materialien Dritter: K.V. Skvorcov (Dokumentation zu NTS und Pravoslavnoe Delo, 1930er und 1970er Jahre).

F. 117/3

Ravdin, Baruch (Boris) Naftol'evič

Равдин Б.Н. / Ravdins, Baruhs

1942 –, Historiker. Autor im Samizdat („Pamjat'", „Minuvšee"). 1991 - 2006 Koredakteur der Zeitschrift „Daugava" (Riga).

0,3 lfm / 1920er - 1930er, 1950er - 1990er

Samizdat-Ausgaben von Ju.M. Gel'perin, Gedichte von V.F. Chodasevič, Rede von V.V. Bykov; Aufzeichnungen vom Prozess gegen A.B. Roginskij (1981, aufgezeichnet von Michail Roginskij); Samizdat-Literatur: Werke von T.S. Bukovskaja, N.E. Gorbanevskaja, V.B. Krivulin; „Evrejskij istoričeskij al'manach" (1988); Material aus der Redaktion der Zeitschrift „Daugava" (Riga). Material Dritter: D.P. Tichomirov (Ausschnitte aus der russischen Emigrantenpresse und deutschsprachigen Zeitungen in Lettland zur Situation vor dem Zweiten Weltkrieg).

F. 30.129

Reichert-Borowsky, Gisela

Geb. Reichert, 1950 –, Slawistin, Romanistin. Schmuggelte Samizdat in den Westen.

0,06 lfm / 1977 - 1983[?]

Korrespondenz, darunter mit Schriftstellern und Bürgerrechtlern wie E.G. Ėtkind, A.B. Roginskij und anderen.

F. 5/2.39

Rodnjanskaja, Irina Bencionovna

Роднянская И.Б.

1935 –, Literaturkritikerin.

3 Archiveinheiten / [1960er - 1970]

Samizdat-Literatur: N.S. Gumilev, Z.S. Papernyj, M.A. Vološin [1970].

F. 102

Rogov, Oleg Gennadievič

Рогов О.Г.

1964 –, Dichter. Publizierte im Leningrader Samizdat, später auch in Saratov („Kontrapunkt", 1988 – 1989). Lebt in Saratov.

0,6 lfm / 1970er – 1990er

Manuskripte und Materialien von Moskauer und Leningrader Dichtern der „zweiten Kultur" der 1970er – 1980er Jahre, darunter von G.N. Ajgi, V.B. Krivulin, O.A. Sedakova, E.A. Švarc; Material des ehemaligen politischen Gefangenen A.I. Romanov (Saratov).

F. 30.23

Ronkin, Valerij Efimovič

Ронкин В.Е.

1936 –, Mitbegründer der oppositionellen Organisation Sojuz kommunarov (1960er Jahre). 1965 – 1975 in politischer Haft und Verbannung.

0,1 lfm / 1958, 1966 – 2004

Persönliche Dokumente (1950er Jahre – 1974); Werke: Gedichte, Artikel (1965 – 2000er Jahre); Korrespondenz (1990er Jahre); Photographien; Samizdat-Sammelband „Čerez top'" (1981?); Flugblätter (1990er Jahre); Memoiren von I.T. Ronkina (Ehefrau von V.E. Ronkin, 2004).

F. 30.183

Roskina, Irina Valentinovna

Роскина И.В. / Bis 1982 Borinevič

1948 –, Filmwissenschaftlerin, Bibliothekarin. Seit 1990 in Israel.

0,2 lfm / 1920er – 1975

Material von I.V. Roskina zu Leben und Werk von A.A. Galič sowie Material aus dessen eigenem Archiv (Werkmanuskripte, Tagebücher, Briefe); Photographien (Gruppenbilder, darunter mit B.L. Pasternak, L.K. Čukovskaja). In F. 55 Bücher.

F. 5/2.13

Rubanovič, Mark Zinov'evič

Рубанович М.З.

1931 –, Angehöriger der Miliz, später Verlagsmitarbeiter. Photographierte und verbreitete Tamizdat.

12 Archiveinheiten / [1970er – 1987]

Samizdat-Literatur, darunter Werke von M.A. Bulgakov, V.N. Vojnovič und A.I. Solženicyn (teils Photo-Samizdat).

F. 73

Rubin, Vitalij Aronovič

Рубин В.А.

1923 – 1981, Sinologe. Aktiv in der jüdischen Bewegung für die Ausreise nach Israel und Mitglied der Moskauer Helsinki-Gruppe. Lebte seit 1976 in Israel.

0,3 lfm / 1912 – 1913, 1940er, 1970er – 1980er

Persönliche Dokumente; private Korrespondenz; Material zu Bürgerrechtsaktivitäten (darunter Telefoninterviews mit A. Ščaranskij und anderen Moskauer „refuseniks" und weitere Gesprächsaufzeichnungen, 1972 – 1975); Zeitungsausschnitte; Materialien des Vaters, A.I. Rubin (Tagebuchnotizen 1912 – 1913), und der Ehefrau, I.M. Rubina.

F. 168

Rudinskij, Vladimir Andreevič

Рудинский В.А. / Roudinsky, Wladimir / wirklicher Name Petrov, Daniil Fedorovič

1918 –, Linguist, Publizist. Seit 1944 in Frankreich.

2 lfm / 1940 – 2005

Persönliche Dokumente; Werkmanuskripte: Literatur, Publizistik, Linguistik; Korrespondenz mit Emigranten und dem Haus der Romanovs; Photographien der 1940er – 1950er Jahre. In F. 55 Bücher.

F. 105

Rusanov, Al'bert Borisovič

Русанов А.В.

1936 – 2002, Ingenieur. Mitarbeit bei der Herausgabe der Samizdat-Zeitschrift „Sintaksis".

0,12 lfm / 1950er – 1960er

Persönliche Dokumente; Photographien; Sammelbände eigener Scherzgedichte (1952 – 1953); Gedichte und Zeichnungen Dritter, darunter von B.A. Achmadulina, N.I. Glazkov, V.N. Nekrasov.

F. 17

Saburova, Irina Evgen'evna und Perfil'ev, Aleksandr Michailovič

Сабурова И.Е. (Pseud.)

Geb. Kutitonskaja, verh. Rozenberg, 1907 – 1979, Schriftstellerin. Lebte in Lettland, seit 1944 in Deutschland.

Перфильев А.М. / Pseud. Aleksandr Li, Gantimurov

1895 – 1973, erster Ehemann. Dichter. Seit 1944 in Deutschland.

0,25 lfm / 1950er – 1960er

Persönliche Dokumente; Zeitungsausschnitte aus der deutschen Presse.

F. 146

Sapgir, Genrich Veniaminovič

Сапгир Г.В.

1928 – 1999, Dichter, Schriftsteller. Gehörte zum Künstlerkreis von Lianozovo.

8 lfm / 1950er – 1990er

Persönliche Dokumente; Werkmanuskripte: Gedichte, Übersetzungen, Drehbücher, Kinderliteratur; Korrespondenz, darunter mit V.D. Alejnikov, V. Bachčanjan, A.I. Ginzburg, A.D. Glezer, V.L. und E.L. Kropivnickij, L. und S.I. Lapin, Ė.V. Limonov, O.Ja. Rabin, Ja.A. Satunovskij; Autorenwerke und Samizdat-Literatur von V.D. Alejnikov, D.I. Charms, I.S. Cholin und anderen; Samizdat-Zeitschriften: Archiv (Nr. 1 – 2), Zigzigzeo – Almanach KISI, Metropol' (1979), Severnaja počta (Nr. 1/2, 1979), „37" (Nr. 4, 10, 12); Zeitungsausschnitte;

Audio- und Videokassetten mit Auftritten von G.V. Sapgir; Einladungskarten. In F. 55 Werke von G.V. Sapgir und Bücher mit Widmungen.

F. 57/14

Sarab'janova, Anna Andreevna

Сарабьянова А.А.

1973 –, Enkelin von E.B. Murina (siehe dort). Philologin.

1 Archiveinheit / 1980er

Selbstgefertigte Textilpuppe „Pionerka".

F. 197

Sariban, Alla Aleksandrovna

Сарибан А.А. / Pseud. Ekaterina Alexandrova, Nina Jarina und andere

Verh. Pečerskaja, 1948 –, Physikerin, Chemikerin. Leningrader Feministin, publizierte in der Samizdat-Zeitschrift „Marija" unter Pseudonym. 1981 Emigration nach Deutschland.

2,8 lfm / 1960er – 2007

Persönliche Dokumente; Tagebücher (1960er Jahre – 1992, 1998 – 2007); Werkmanuskripte; Korrespondenz, darunter mit T.M. Goričeva, B.E. Groys, Ju.N. Voznesenskaja. In F. 55 Bücher aus der Privatbibliothek.

F. 30.80

Šaršun, Sergej Ivanovič

Шаршун С.И. / Charchoune, Serge I.

1888 – 1975, Künstler, Schriftsteller. Lebte seit den 1910er Jahren in Westeuropa.

3 Archiveinheiten / 1957, 1959

Biographischer Roman (1952 – 1956) mit handschriftlichen Anmerkungen des Autors; Serie literarischer Einzelblätter (1959).

F. 30.46

Schlott, Wolfgang

1941 –, Slawist, Kulturwissenschaftler an der Universität Bremen.

12 Archiveinheiten / 1960er – 2001

Zeichnungen (1977, 1982), Radierung (1972), Photographien (1960er – 1970er Jahre) von V.B. Jankilevskij. 109 Diapositive mit Arbeiten zeitgenössischer osteuropäischer Künstler; Samizdat-Zeitschrift „Roksi" (1980); Photographien von Inszenierungen auf dem Festival russischer Theater 1994 in Orel.

F. 30.08

Schröder, Helmuth

1895 – 1994, Kaufmann. 1914 – 1920 in russischer Kriegsgefangenschaft.

0,3 lfm / 1910er – 1970er

Tagebücher (1915 – 1920); Programme von Theateraufführungen im Kriegsgefangenenlager; Photographien (Vladivostok, 1917 – 1920).

F. 41

Schürholz, Tatjana Aleksandrovna

Шюрхольц Т.А. / Pseud. Tat'jana Savel'eva

Geb. Rysina, 1912 – 2008, Redakteurin.

0,3 lfm / 1910er – 1973

Manuskripte von Radiosendungen (Radio Liberty); Unterlagen aus beruflicher Tätigkeit; Familienphotographien. Materialien Dritter: Werke von I.V. Činnov, N.N. Belocvetov, R.Ju. Ceder (Zehder). In F. 57 Freimaurerschärpe, Militärauszeichnungen.

F. 6/7.4

Sergeev, Vsevolod Nikolaevič

Сергеев В.Н.

1982 –, Historiker (Moskau).

0,1 lfm / 2000er

Flugblätter; Druckerzeugnisse verschiedener politischer Parteien.

F. 92

Sergienko, Minna Stefanovna

Сергиенко М. С.

Geb. Popenkova, 1937 –, Redakteurin. Aktiv in der Moskauer inoffiziellen Kulturszene der 1950er – 1960er Jahre.

0,5 lfm / 1924, 1950er – 1989

Korrespondenz (A.I. Ginzburg, V.K. Chromov und andere); Manuskripte der Freunde (I.A. Brodskij, S.Ja. Krasovickij, K.K. Sergienko); Samizdat-Literatur; Photographien. Zeitung „Blok" (Nr. 1, Warszawa 1924). In F. 55 E. Hemingways Roman „In einem anderen Land" (russisch); Buch von K. Koscinskij mit Widmung.

F. 30.111

Ševes, Izabella Jakovlevna

Шевес И.Я. / Schewes, Isabela (Sheves, Izabella)

1926 –, Elektroingenieurin. 1931 in die UdSSR emigriert, 1997 Ausreise nach Deutschland.

0,2 lfm / 1956 – 1974, 2000

Briefe an I.Ja. Ševes von Irma Sauer, der Ehefrau von Fritz Sauer (Ökonom, Publizist und Mitglied der KPD, erschossen in der UdSSR 1938).

F. 56/4

Ševjakov, Vladimir Stepanovič

Шевяков В.С.

1951 –, Mathematiker (Moskau).

ca. 100 Dokumente /1994, 1997 – 1998

Photographien von politischen Ereignissen in Moskau der 1980er – 1990er Jahre.

F. 97

Sigov, Sergej Vsevolodovič und Taršis, Anna Aleksandrovna

Сигов С.В. / Pseud. Sergej Sigej (Serge Segay) und andere

1947 –, Ehemann von A.A. Taršis. Dichter, Künstler.

Таршис А.А. / Pseud. Ry (Rea) Nikonova
1942 –, Dichterin, Künstlerin. Beide Performancekünstler und Herausgeber der Samizdat-Kunstzeitschrift „Transponans" in Ejsk am Asowschen Meer. Seit 1998 in Deutschland.

5 lfm / 1960er – 2000er

Persönliche Dokumente; Werkmanuskripte einschließlich eigener Samizdat-Editionen; Korrespondenz. In F. 55 Bücher aus der Privatbibliothek. In F. 57 11 Objekte, darunter selbstgefertigte Kleidung von A.A. Taršis.

F. 30.142

Sinjavskij, Andrej Donatovič; Rozanova-Kruglikova, Marija Vasil'evna

Синявский А.Д. / Siniavski, Andrei / Pseud. Abram Terc
1925 – 1997, Schriftsteller, Literaturwissenschaftler. 1965 – 1971 in politischer Haft. 1973 Emigration nach Frankreich. Professor an der Sorbonne.

Розанова М.В. / Rozanova-Kruglikova, M.V.
1930 –, Ehefrau von A.D. Sinjavskij. Kunstschmiedin, Publizistin und Herausgeberin. Seit 1973 in Frankreich.

3 Archiveinheiten / 1970 – 1973, [1979], 1980[?]

A.D. Sinjavskijs „V teni Gogolja" (Im Schatten Gogols), Autograph in 2 Heften, 1970 – 1973; Materialien aus dem Verlag Sintaksis, darunter A.G. Murženkos Lageraufzeichnungen und -briefe [1979].

F. 30.87

Skuratovskij, Vitalij Jakovlevič

Скуратовский В.Я. / Skuratowski, Vitali / Pseud. im Samizdat A. Roė, A. Garmin und andere
1939 –, Elektroingenieur, Schriftsteller. Gehörte zur Gruppe der Literaten des Majakovskij-Platzes (1960 – 1962). Seit 1990 in der Emigration in Deutschland.

0,3 lfm / 1900er – 2000er

Samizdat-Almanache: Koktejl' (1960), Sirena (Nr. 1 – 2, 1962); handschriftlicher Gedichtband von Ju.V. Mamleev (1970er Jahre); Publikationen in verschiedenen Periodika; Photographien. In den Materialien der Ehefrau G.V. Skuratovskaja Photographien aus dem Familien- und Freundeskreis (1900er – 1960er Jahre).

F. 56.28

Slonim, Marija Il'inična

Слоним М.И.
Verh. Lady Phillimore, 1945 –, Tochter von T.M. Litvinova. Rundfunk- und Fernsehjournalistin. 1974 Emigration. Seit 1989 wieder in Moskau.

2 Dokumente / 1990er Jahre

Photographien von B.N. El'cin mit Autogramm.

F. 158

Smirnov, Il'ja Viktorovič

Смирнов И.В.
1958 –, Historiker (Moskau). Aktiv in der Rockbewegung der UdSSR.

0,25 lfm / 1970er – 1980er

Persönliche Dokumente; Unterlagen zur Jugendbewegung der 1970er und der Rockbewegung der 1980er Jahre in Moskau; Photographien (darunter inoffizielle Rockkonzerte); Materialien zur nationalistischen Bewegung und Flugblätter vom Ende der 1980er Jahre.

F. 5/2.10

Smirnov, Vladimir Alekseevič

Смирнов В.А.
1949 – 2008, Elektroingenieur. Sammler neuer Musik. Lebt in Ivanov.

8 Archiveinheiten / 1967 – 1993

Musik-Samizdat: Dokumente und Aufnahmen von Jazzmusik. Samizdat, darunter von V.S. Vysockij und den Brüdern Strugackij. Materialsammlung zu V.S. Vysockij (1980er Jahre).

F. 5/2.5

Smuškevič, Boris Isaevič

Смушкевич Б.И.
1948 –, Programmierer. Mitarbeit bei der Herausgabe der „Chronika tekuščich sobytij" und in der Solženicyn-Stiftung.

5 Dokumente / 1980 – 1983

3 Nummern der Zeitschrift „Chronika tekuščich sobytij"; Listen der politischen Gefangenen, die von der Solženicyn-Stiftung unterstützt wurden; 2 Photographien.

F. 5/2.3

Sobennikova, Kira Pavlovna

Собенникова К.П.
1928 –, Bibliographin.

16 Dokumente / [1969] – 1976

Samizdat: 5 Nummern „Chronika tekuščich sobytij" (1975 – 1976), Erklärung der Initiativgruppe zur Verteidigung der Menschenrechte in der Sowjetunion zum Fall L.I. Pljušč (1973); Aufsätze, Briefe, Erklärungen und Interviews, darunter von: E.V. Barabanov, L. Kołakowski, P.M. Litvinov, A.D. Sacharov und A.I. Solženicyn.

F. 78

Sokirko, Viktor Vladimirovič

Сокирко В.В. / Pseud. K.D. Buržuademov und andere
1939 –, Ökonom. Autor im Samizdat. 1980 in politischer Haft. Lebt in Moskau.

2,5 lfm / 1960er – 1980er

Werkmanuskripte: Drehbücher zu Diafilmen, von V.V. Sokirko zusammengestellte oder herausgegebene Samizdat-Zeitschriften und informelle Publikationen, darunter „V zaščitu ėkonomičeskich svobod" (1978 – 1981); Korrespondenz. Sammlung von Samizdat-Zeitschriften und -Dokumenten.

F. 57.10

Sokolovskij, Nikolaj Serafimovič

Соколовский Н.С.

1928 –, Buchhalter. Mitglied einer Baptistengemeinde in L'viv (Ukraine).

2 Archiveinheiten / ohne Datum

Selbst gebaute Druckmaschine und der mit dieser hergestellte Sammelband „Duchovnye pesni" (Geistliche Lieder) (F. 5/2.44).

F. 5/1.3

Sotnikova, Ėmilija (Ėmma) Zol'evna

Сотникова Э.З.

1947 –, Kunstwissenschaftlerin. Redakteurin der Samizdat-Zeitschrift „Evrei v SSSR" (1975 – 1977). Seit 1977 in Israel.

0,1 lfm / 1975 – 1980

Manuskripte verschiedener Leningrader Autoren, darunter I.N. Burichin, N.S. Katerli, O.V. Pokrovskij, G.N. Trifonov.

S.B. Dol'nik, Moskauer zionistischer Samizdat (1960 – 1966); Samizdat-Zeitschrift „Archiv" (Nr. 2, 1976).

F. 20

Stekol-Ščerbinina, Irina Isaakovna

Стекол-Щербинина И.И. / Stekol-Shcherbinina, Irina

1949 –, Journalistin, Schriftstellerin. Seit 1991 in Deutschland.

1,15 lfm / 1920 – 1996

Persönliche Dokumente; Werkmanuskripte; private Korrespondenz; Photographien; religiöser Samizdat aus dem Umkreis des Priesters A. Men'. Leserbriefe an die Zeitschrift „Ogonek" (1990); Materialien Dritter: Bücher (A.A. Achmatova, A.A. Blok) mit Widmungen von V.I. Pičeta für seine Frau.

F. 128/4.2

Stepančikov, Lev Borisovič

Степанчиков Л.Б. / Stepantchikov, Lev / bis 1970 Persic

1946 –, Soziologe. Seit 1996 in Deutschland.

3 Archiveinheiten / 1943, 1945, 1950er – 1960er, 1984 – 1993

Persönliche Dokumente und Dokumente seiner Eltern (1960er – 1980er Jahre); 3 Zeichnungen des Dichters V. Alejnikov (1993). In F. 57 sowjetische Alltagsgegenstände.

F. 128/4.6

Storoženko, Tat'jana Olegovna

Стороженко Т.О.

1963 –, Ärztin. Seit 1996 in Deutschland. Mitglied des Klubs der Liedermacher KSP (Moskau).

4 Dokumente / 1980er, 1999

Materialien zur Geschichte des Klubs KSP.

F. 49

Streljanyj, Anatolij Ivanovič

Стреляный А.И.

1939 –, Publizist, Schriftsteller. Von 1995 – 2002 Redakteur bei Radio Liberty (Prag).

4 lfm / 1995 – 2002

Hörerpost aus Russland, der Ukraine und anderen Ländern, hauptsächlich adressiert an A.I. Streljanyj.

F. 5/2.28

Sumerkin, Aleksandr Evgen'evič

Сумеркин А.Е. / Sumerkin, Alexander

1943 – 2006, Übersetzer, Herausgeber. 1977 Emigration in die USA.

37 Archiveinheiten / [1959 – Anfang 1970er]

Samizdat-Ausgaben (B.L. Pasternak, R.M. Rilke, M.I. Cvetaeva), zusammengestellt von A.E. Sumerkin und Ju.M. Gel'perin (1960er Jahre); Übersetzungen Ju.M. Gel'perins von T.S. Eliot und O. Wilde.

F. 5/2.20

Superfin, Lilija Gavrilovna

Суперфин Л.Г.

1933 –, Volkswirtin, Kulturwissenschaftlerin. Lebt in Moskau.

0,1 lfm / 1970er

Samizdat-Literatur von O.Ė. Mandel'štam und M.I. Cvetaeva sowie Samizdat-Texte zu Yoga und Methoden der Selbstheilung.

F. 194

Švarc, Elena Andreevna

Шварц Е.А.

1948 –, Dichterin, Kritikerin. Aktiv in der Leningrader „zweiten Kultur".

0,12 lfm / 1964 – 1965, 1970er

Tagebücher, Gedichte, einzelne Studien (1960er – 1970er Jahre); zwei Audiokassetten mit Lesungen. Materialien der Familie (Dokumente zur politischen Verfolgung der Eltern und zu ihrer späteren Rehabilitierung). Materialien Dritter. In F. 55 Teile der Privatbibliothek, Bücher mit Widmungen.

F. 11

Tarasenkov, Dmitrij Anatol'evič

Тарасенков Д.А.

1941 –, Schriftsteller, Drehbuchautor. 1978 Emigration (USA, Deutschland, Tschechien).

0,15 lfm / 1933 – 1980er

Autographen aus der Sammlung von D.A. Tarasenkov, darunter Brief von R.O. Jakobson an seinen Bruder S.O. Jakobson (1931, Prag); Samizdat-Literatur: V. Bachčanjan, O.S. Prokof'ev, E.A. Horvat, V.E. Sysoev; Photographien. Materialien aus der Sammlung von K.K. Kuz'minskij (Manuskripte von Schriftstellern und Künstlern der dritten Emigrationswelle: I.V. Bokštejn,

M.A. Kulakov, Ė. V. Limonov, Ju.G. Miloslavskij, S. Sokolov, V.S. Tolstyj).

F. 176

Taugner, Gabriele

1931 –, Professorin für Pharmakologie.

1 lfm / 1920er[?] – 1991

Appelle und Proteste von G. Taugner an Politiker in Deutschland, anderen Ländern und an die sowjetische Regierung im Zusammenhang mit der Inhaftierung von N.Š. Achmetov. Werkmanuskripte von N.Š. Achmetov; Briefwechsel mit N.Š. Achmetov und anderen politischen Gefangenen (1981 – 1987). Zeitungsausschnitte, Sonderdrucke.

F. 117/6

Tichomirov, Pavel Vjačeslavovič

Тихомиров П.В. / Tihomirovs, Pāvels

1943 –, Religionshistoriker. Lebt in Riga.

0,3 lfm / [1950er] – 1990

Religiöser Samizdat; Materialien Dritter: I.N. Zavoloko (Samizdat-Dokumente zur Lage der Kirche in der UdSSR), V.Z. Frenkel' (Manuskripte der 1970er – 1980er Jahre, darunter zum Antisemitismus und zu A.A. Achmatova), P.V. Kornienko (inoffizielle Publikationen der Baptisten).

F. 107

Tichomirova, Elena Vladimirovna

Тихомирова Е.В.

1962 –, Literaturwissenschaftlerin, Journalistin. Lebt in Berlin.

0,4 lfm / 1990er

Vorarbeiten zum Buch „Russische zeitgenössische Schriftsteller in Deutschland" (1998): Briefe von in Deutschland lebenden russischen Schriftstellern mit biobibliographischen Angaben; 3 Sammelbände des Rockmusikers S. Postnov (Ivanovo) mit Libretto und Gedichten (1990er Jahre); Studentenzeitschrift „Nakanune" (Ivanovo 1978). In F. 55 Bücher.

F. 51

Tinzmann, Ingrid (Ina)

Тинцманн И. / Tincmann, Inna Fedorovna

Geb. Kolberg, 1913 – 1997, Übersetzerin. Lebte seit 1925 in Deutschland.

1 lfm / 1900er – 1990er

Persönliche und Familiendokumente; Übersetzungsarbeiten von Werken der Schriftsteller N.V. Baranskaja, A.I. Solženicyn, E.L. Švarc, V.N. Vojnovič ins Deutsche; Korrespondenz mit Verlagen (1957 – 1963?) über die Übersetzung von B.L. Pasternaks „Doktor Živago"; Photographien (1950er – 1960er Jahre).

F. 50

Tol'c, Vladimir Solomonovič

Тольц Вл. С. / Tolz, Vladimir S.

1944 –, Historiker. Bürgerrechtler. Seit 1982 in Deutschland. Seit 1995 in Prag. Mitarbeiter von Radio Liberty.

0,3 lfm / 1992 – 2000er

Hörerpost im Rahmen des Programms „Včera, segodnja, zavtra"; Brief des politischen Gefangenen V.M. Gridin über seine Geschichte als Hörer von Radio Liberty (Radio Svoboda) in den 1950er Jahren (Odessa 2002).

F. 30.182

Tomačinskij, Viktor Vasil'evič

Томачинский В.В.

1945 – 1983, Automechaniker. Dichter, Liedermacher. Mitarbeit bei der Samizdat-Zeitschrift „Poiski". 1981 verhaftet. Verstarb in Haft.

0,12 lfm / 1976 – 1983

Persönliche Dokumente, darunter zu Ermittlungs- und Gerichtsverfahren (1982 – 1983); Samizdat-Werke: Gedichte („Tomizdat", 1979); Grußbotschaft an die polnischen Arbeiter (1981); 3 Briefe von G.O. Pavlovskij zur Verteidigung Tomačinskijs (1981).

F. 80

Toupet, Irina Vladimirovna

Тупэ И.В. / Toupet, Irene

Geb. Rostislavova, 1924 – 2001.

0,2 lfm / 1910er – 1980er

Briefe und persönliche Dokumente von Familienangehörigen (1970er – 1980er Jahre mit Erinnerungen an die 1900er – 1920er Jahre: an das Leben in Sevastopol', im Kursker Gebiet, in Petrograd, Moskau, Südrussland, an die Vertreibung von der Krim, an Konstantinopel und Frankreich). Materialien von Familienangehörigen: M.Ja. Vsevoložskaja, B.A. Suvorin (Zeitungsausschnitte mit Suvorins Artikeln aus der antibolschewistischen Presse, 1918 – 1920), V.V. Rostislavov, I.I. Safronov; Photographien.

F. 30.78

Trepper, Hartmute

1942 –, Slawistin, Übersetzerin.

0,15 lfm / 1970er – 2002

Briefe von sowjetischen und russischen Literaten und Künstlern, darunter von B.B. Vajl', V.S. Kotljarov (Tolstyj), V.D. Malinkovič, A.I. Pristavkin, E.V. Semenova, N.B. Fedorovskij, Ju.N. Ščerbak. Korrespondenz mit Zollbehörden der UdSSR (1982); Satzungen von Künstlerorganisationen (1992). Materialien der Mutter Gesine Trepper (Briefwechsel mit dem ukrainischen Dissidenten V. Barladjanu). In F. 55 Bücher. In F. 56 Postkarten. In F. 57 sowjetische Abzeichen, Diafilme.

F. 91

Turčinskij, Lev Michajlovič

Турчинский Л.М.

1933 –, Mitarbeiter des Staatlichen Literaturmuseums Moskau, Buchrestaurator, Büchersammler.

0,45 lfm / Ende 1970er – 1990er

Protokoll einer Hausdurchsuchung mit Liste der beschlagnahmten Bücher (1975); Samizdat-Ausgaben mit von Turčinskij gestalteten Einbänden, darunter „Moskva – Petuški" (Die Reise nach Petuschki) von V.V. Erofeev; Photographien; Sammlung russischer Poesie. Materialien Dritter: L.V. Konjuškova (handschriftliches Journal mit Karikaturen und Parodien von Studenten, 1920), E.D. Rovinskaja (Gedichte und Zeichnungen aus einem Mädchengymnasium, Ende 19. Jh.; Photographien, Ende 19. Jh. – 1900er Jahre), A.A. Saakjanc (Typoskript von A.I. Solženicyn „Tunejadec" – Der Müßiggänger; Photographien).

F. 36

Ulanovskaja, Maja Aleksandrovna
Улановская М.А. / Ulanovskaya, Maya
1932 –, Übersetzerin. 1951 – 1956 in politischer Haft. 1956 – 1974 verheiratet mit dem Dichter und Bürgerrechtler A.A. Jakobson. Seit 1973 in Israel.

1 lfm / 1939 – (1940), 1952 – 1995

Materialien zur Amnestie (1956) und Rehabilitierung (1959); Manuskripte: Übersetzungen; Familienkorrespondenz, auch aus der Haft; Briefwechsel mit Freunden (150 Briefpartner); Photographien von Dissidenten; Materialien der Mutter, N.M. Ulanovskaja (persönliche Dokumente); Materialien des Ehemanns, A.A. Jakobson (Korrespondenz). In F. 57 selbst gefertigtes Album, Zeichnungen und Kunsthandwerk aus dem Lager Vorkuta (1953).

F. 46

Vajl', Boris Borisovič
Вайль Б.Б. / Weil, Boris B.
1939 –, Bibliothekar, Schauspieler, Journalist. Bürgerrechtler. 1957 – 1965 in politischer Haft, 1970 – 1975 in der Verbannung. 1977 Emigration nach Dänemark.

2,5 lfm / 1942 – 2007

Persönliche Dokumente; Werkmanuskripte (Aufsätze, Vorträge); Schriftwechsel mit über 100 Adressaten aus verschiedenen Ländern, darunter mit M. Dewhirst, F. Fehér, M. Niklus, A.D. Sacharov und E.G. Bonnėr, A. Šabatová und P. Uhl, K. Schlögel; Photographien; Materialien der Ehefrau L.A. Vajl' (Korrespondenz, Unterlagen zu Bürgerrechtsaktivitäten in den 1970er – 1990er Jahren, Briefe aus der Region Kiev von Opfern der Katastrophe von Černobyl', 1990 – 1991). In F. 55 Bücher aus der Privatbibliothek. In F. 57 Kopfbedeckung für Lagerhäftlinge.

F. 110

Varnek, Petr Aleksandrovič
Варнек П.А. / Warneck, Pierre
1903 – 1980, Marinehistoriker.

0,5 lfm / 1856, 1910er – 1980?

Manuskripte zur Geschichte der russischen Kriegsmarine im Ersten Weltkrieg und im Bürgerkrieg; Korrespondenz; Photoalben, Photographien vom Leben auf russischen und französischen Schiffen (1910er und 1920er Jahre); Zeitungsausschnitte.

F. 30.36

Varšavskij, Jurij Sergeevič
Варшавский Ю.С.
1931 –, Chemiker. Lebt in Sankt Petersburg.

3 Archiveinheiten / 1964, um 1970, 1999

Mitschrift des Brodskij-Prozesses; Samizdat-Ausgabe des Buches „Počemu i ja – christianin?" (Warum ich Christ bin) des Priesters Sergij Želudkov (1970); Lebenslauf (1999).

F. 149

Vasil'ev, Leonid Ivanovič
Васильев Л.И.
1930 –, Mathematiker. Bürgerrechtler. Gründete in den 1970er Jahren eine Stiftung zur Unterstützung von Familien politischer Häftlinge. Lebt in Moskau.

0,24 lfm / 1950er, 1979 – 1982, 1991 – 1993

Protokoll einer Hausdurchsuchung; Korrespondenz mit ukrainischen Verbannten und deren Familien; Photographien verschiedener Verbannungsorte.

F. 128/2

Vasserštejn, Izidor Solomonovič
Вассерштейн И.С. / Vaseršteins / Wasserstein, Isidor S. / auch Salamonovič Izrael' Šolomovič
1923 – 2002, Chirurg. Lebte 1952 – 1979 in Riga, seit 1979 in Deutschland.

0,25 lfm / 1960er – 1990er

Dokumente seiner ärztlichen Tätigkeit. In F. 55 Bücher.

F. 5/2.17

Veršik, Anatolij Moiseevič
Вершик А.М. / Vershik, Anatoly M.
1933 –, Mathematiker. Mitherausgeber der Leningrader Samizdat-Zeitschrift „Summa" (1979 – 1982).

1 Archiveinheit / 1979

Samizdat-Zeitschrift „Summa" (Nr. 2, 1979).

F. 30.198

Vertman, Junona (Juna) Davidovna
Вертман Ю.Д.
1931 –1983, Theaterwissenschaftlerin, Regisseurin.

0,1 lfm / 1959 – 1966

Regietagebücher (1959 – 1966); theaterwissenschaftliche Aufsätze, darunter auch für den Sammelband „Pamjat'". Materialien Dritter: A.A. Jakobson („O romantičeskoj ideologii", Autograph, 1968).

F. 128/4.3

Vesnenok, Vladimir Aleksandrovič

Веснёнок В.А.

1937 –, Ingenieur (Leningrad). Seit 1993 in Deutschland.

4 Archiveinheiten / (1912 – 1941), 1965, 1972, 1991

Bescheinigungen von Rationalisierungsvorschlägen (1965, 1972); Dokumente der Eltern (1912 – 1941), darunter Arbeitsnachweis des Vaters über den Bau des Weißmeer-Kanals (1933); über 50 Photographien (Riga und Leningrad während des Augustputsches 1991).

F. 30.100

Vinokurov, Evgenij Michailovič

Винокуров Е.М.

1925 – 1993, Dichter.

3 Archiveinheiten / vor 1955

Materialien Dritter: in politischer Haft verfasstes Poem „Pervaja ljubov'" (Erste Liebe) von Ja.V. Smeljakov (Autograph); Zeichnungen (anonym).

F. 193

Višneveckij, Igor' Georgievič

Вишневецкий И.Г. / Vishnevetsky, Igor

1964 –, Dichter, Literaturwissenschaftler, Musikhistoriker. Lebt seit 1981 in Moskau, seit 1992 auch in den USA.

1,7 lfm / 1990er – 2004

Korrespondenz mit über 100 Briefpartnern, darunter mit I.A. Achmet'ev, A.M. Baraš, L.S. Druskina, D.I. Ivanov, D.V. Kuz'min, I.D. Prochorova, O.A. Sedakova, V.N. Toporov, T. Venclova, D.B. Volček. In F. 55 Bücher.

F. 84

Višnevskaja, Julija Iosifovna

Вишневская Ю.И.

1949 –, Dichterin, Journalistin. Bürgerrechtlerin. Seit 1971 in Israel.

0,4 lfm / 1971 – 1989

Korrespondenz mit Verwandten und Freunden, darunter mit C. Gerstenmaier, A.I. Ginzburg, N.E. Gorbanevskaja, I.M. Kaplun, Ju.Č. Kim, M.L. Litvinova-Kopeleva, G.P. Pod-japol'skij, G.S. Pomeranc.

F. 130

Vladimov, Georgij Nikolaevič

Владимов Г.Н. / bis 1957 Familienname Volosevič

1931 – 2003, Schriftsteller, Bürgerrechtler. Lebte seit 1983 Emigration in Deutschland.

1,5 lfm / 1900er – 2000er

Persönliche Dokumente: autobiographische Aufzeichnungen, Verträge mit Verlagen; private und geschäftliche Korrespondenz, darunter mit V.P. Aksenov, F.N. Gorenštejn, L.Z. Kopelev und R.D. Orlova, W. Kasack, Ju.M. Kublanovskij, S.I. Lipkin, V.E. und T.V. Maksimov, Ž.A. und R.A. Medvedev, A.A. Tarkovskij; Material aus der Redaktion der Zeitschrift „Grani"; Photographien. Materialien von Familienangehörigen: der Mutter, M.O. Zejfman, und ihrer Eltern, der zweiten Ehefrau, N.E. Kuznecova, und ihrer Eltern sowie von seiner Tochter, M.G. Vladimova. Materialien Dritter: I.L. Beljavskij (Kommilitone von G.N. Vladimov). In F. 55 Bücher mit Widmungen. In F. 57 zwei Schreibmaschinen.

F. 123

Vojnovič, Vladimir Nikolaevič; Vojnovič, Irina Danilovna

Войнович В.Н. / Woinowitsch, Wladimir

1932 –, Schriftsteller, Künstler. Publizierte im Samizdat und Tamizdat. 1980 Emigration nach Deutschland.

Войнович И.Д.

Geb. Braude, 1938 – 2004, Ehefrau. Russischlehrerin.

2 lfm / 1950er – 2000er

Handschriften und Manuskripte; Offene Briefe und Erklärungen (1969 – 1980); Zeitschriften- und Zeitungsartikel mit Rezensionen seiner Werke (1960 – 2000er Jahre) und der Aufführungen seiner Theaterstücke; Übersetzungen seiner Stücke (englisch, deutsch); Theaterplakate; geschäftliche Korrespondenz mit Verlagen, Filmstudios und Literaturagenten; private Korrespondenz des Ehepaares, darunter mit A.V. Antonov-Ovseenko, B.G. Birger, N.M. Koržavin, A.I. Ktorova, I.L. Lisnjanskaja, V.P. Nekrasov, V.A. und Ju.L. Sidur. Leser- (1963 – 1966, 1988 – 1990er Jahre) und Hörerbriefe (Radio Liberty). Litauische Samizdat-Ausgabe von V.N. Vojnovičs Roman „Die denkwürdigen Abenteuer des Soldaten Iwan Tschonkin". Dissertationen und Aufsätze zum Werk Vojnovičs. Materialien der Ehefrau, I.D. Vojnovič (Notizbücher; Auftrittspläne, 1980er – 1990er Jahre). In F. 55 Erstausgaben der Werke in verschiedenen Sprachen; Bücher mit Widmungen.

F. 9

Volochonskij, Anri Girševič

Волохонский А.Г. / Volohonsky, Henry

1936 –, Hydrochemiker, Schriftsteller, Übersetzer. Seit 1973 in Israel, später in Deutschland.

2,4 lfm / 1960er – 2000er

Wissenschaftliche und literarische Arbeiten; Korrespondenz mit Künstlern und Wissenschaftlern, darunter mit A.L. Chvostenko, Ju.P. Ivask, A.V. Žigulin; Manuskripte von S.A. Esajan, A.S. Putov, V.V. Rebrik, V.L. Rožko. Materialien Dritter: B.N. Švilkin (Studien und Artikel, darunter zu dem sowjetischen Atomprojekt und dem Putsch vom August 1991). In F. 55 Bücher, zum Teil mit Widmungen.

F. 143

Voznesenskaja, Julija Nikolaevna
Вознесенская Ю.Н. / Wosnessenskaja, Julia
Geb. Tarapovskaja, 1940 –, Schriftstellerin. Feministin. Redakteurin der Leningrader Samizdat-Zeitschrift „Marija". 1976 – 1979 in politischer Haft. 1980 Emigration nach Deutschland.

0,7 lfm / 1976 – 1990er

Persönliche Dokumente; Werkmanuskripte (Prosawerke 1990er Jahre); Sendemanuskripte für Radio Liberty; private Korrespondenz (auch aus dem Lager); Photographien, darunter zu Leningrader Kulturereignissen; Interviews (russisch) für ihr Buch „Was Russen über Deutsche denken" (1988, 1991); Materialien zur Geschichte der feministischen Bewegung der 1970er Jahre in der UdSSR und zur Tätigkeit bei der IGFM.

F. 128/4.4

Zajčik, Semen Michailovič
Зайчик С.М. / Zaichik, Semen
1958 –, Soziologe, Philosoph, Journalist. Seit 1996 in Deutschland.

4 Archiveinheiten / 1990 – 1996

Manuskripte: soziologische, ökonomische und philosophische Arbeiten (1992 – 1996). Materialien eines Seminars mit Gewerkschaftsführern in der Autonomen Republik Komi (1990).

F. 30.171

Zarchi, Sergej
Зархи С. / Zarchi, Serge (Šmerka oder Smerka)
1885 – 1963, Arzt. 1919 Emigration.

12 Archiveinheiten / 1915 – 1920er, 2005 – 2006

Persönliche Dokumente (Militärdienst im Ersten Weltkrieg); Materialien im Zusammenhang mit seiner Tätigkeit als Berater der offiziell nicht anerkannten ukrainischen Delegation auf der Pariser Friedenskonferenz (1919 – 1920); Korrespondenz; Unterlagen zu Gastspielen des ukrainischen Chors unter A. Košic in England (1919); Zeitungsausschnitte zu den ukrainisch-russischen Beziehungen (1919) aus der englischen Presse; Photographien; Brief von T.G. Masaryk (1915); Memoiren der Tochter.

F. 191

Žažojan, Manuk Ljudvigovič
Жажоян М.Л. / Jajoyan, Manouk
1963 – 1997, Dichter, Journalist. Seit 1992 in Frankreich.

0,6 lfm / 1986 – 1998

Persönliche Dokumente; autobiographische Aufzeichnungen; Manuskripte: Gedichte, Prosa, Artikel, Rezensionen, Interviews (1992 – 1997); private Korrespondenz; Photographien. In F. 55 Bücher und Zeitschriften mit Widmungen.

F. 94

Zbarskij, Isaak Semenovič und Zbarskaja, Mirra Abramovna
Збарский И.С.
1925 – 2004, Lehrer.

Збарская М.А.
Geb. Bejlin, 1924 –, Ehefrau. Juristin.

0,15 lfm / 1956[?] – 1970er

Protokoll einer Versammlung von Moskauer Literaturlehrern über die „antipatriotische Gruppe der Literaturkritiker" (1949). Samizdat-Literatur, darunter von A.A. Achmatova, M.I. Cvetaeva, V.D. Dudincev, E.A. Evtušenko, G.N. Vladimov; Kultphotographien (A.I. Solženicyn und E. Hemingway, 1960er Jahre).

F. 162

Zelikman, Engelina (Lina) Abramovna
Зеликман Э.А. / Zelickman, Engelina
1926 –, Ozeanologin, Zoologin. Unterstützte in den 1970er – 1980er Jahren politische Gefangene. Seit 1988 in Israel.

1 lfm / 1900 – 2003

Persönliche Dokumente (1937 – 1985); Manuskripte wissenschaftlicher Arbeiten; Erinnerungen (2001 – 2003); Korrespondenz; Familienphotographien; Materialien der Eltern (1912 – 1956).

F. 56.17

Željaskov, Evgenij Nikolaevič und Željaskov, Nikolaj Christoforovič
Желясков Е.Н.
1945 –, Architekt. Lebt bei Moskau.

Желясков Н.Х.
1913 – 1994, Vater. Schiffskonstrukteur.

0,18 m / 1900er – 1960er

Photographien zum Leben in Baku (1930er Jahre); Familienphotographien; Ansichten von Kaliningrad, Leningrad, Moskau und anderen Städten (1950er – 1960er Jahre); Album mit Grußkarten, Zeitungsausschnitte (1900er – 1960er Jahre).

F. 128/4.1

Željenkov, Valentin Vasil'evič
Желтенков В.В.
1921 –, Ingenieur. Seit 1995 in Deutschland.

19 Dokumente / (1898, 1926 – 1940, 1954), 1999 – 2001

Aufsätze (1999, 2001); Familienphotographien; persönliche Dokumente der Eltern, V.M. Želtenkov und B.I. Rubina.

F. 62

Zinik, Zinovij Efimovič
Зиник З.Е. / wirklicher Name Gluzberg
1945 –, Prosaist. Seit 1975 in Israel und Großbritannien.

0,3 lfm / 1970er – 1995

Werkmanuskripte mit handschriftlichen Korrekturen, darunter „Niša v Panteone" (Eine Nische im Pantheon).

F. 108

Zinov'ev, Aleksandr Aleksandrovič

Зиновьев А.А.

1922 – 2006, Logiker, Schriftsteller.

4,5 lfm / 1979 – 1997

Literarische und publizistische Arbeiten; Vorträge, Vorlesungen, Interviews. Materialien Dritter: Manuskripte von S.E. Il'in, V.K. Kantor, M.K. Kantor, V.V. Ševoroškin und anderen.

F. 30.73

Živova, Julija Markovna

Живова Ю.М.

1925 –, Übersetzerin, Redakteurin. Gehörte in den 1960er Jahren zum Kreis von A.A. Achmatova.

14 Dokumente / (Ende 1950er) – 1960er, 1977

Zeitungsausschnitte zum Gerichtsverfahren gegen I.A. Brodskij (1963 – 1964); 2 Texte von I.A. Brodskij (Abschriften); Samizdat-Literatur, darunter Gedichte von N.I. Glazkov, I.S. Cholin; Autograph von B.A. Sluckijs „Pokuda nad stichami plačut..." (Solange sie noch über Verse weinen ...).

F. 190

Zorkij, Mark Solomonovič;
Vasil'eva, Vera Jakovlevna;
Zorkij, Petr Markovič

Зоркий М.С. / wirklicher Name Lipšitz / Pseud. Munni

1901 – 1941, Historiker. Professor an der Moskauer Universität.

Васильева В.Я.

1900 – 1959, Ehefrau. Historikerin.

Зоркий П.М.

1933 – 2005, Sohn. Chemiker.

0,8 lfm / 1912 – 1990er

Handgeschriebene Schülerzeitschriften (1910er Jahre); Unterrichtsmaterialien zur deutschen Geschichte; Aufsätze zur Sozialdemokratie in Deutschland, zur Haltung der Bol'ševiki gegenüber dem „Trotzkistischen Block", zur profaschistischen Ideologie innerhalb der russischen Emigration in Deutschland; Materialien zur Herausgabe von Dokumenten der Ersten Internationale, der gesammelten Werke von Karl Marx und Friedrich Engels sowie von V.I. Lenin; Photographien (1934, Char'kov); Zeitungsausschnitte; Materialien von Familienangehörigen (Dokumente aus Schul- und Studienzeiten, Gutachten, Urkunden, Korrespondenz, Tagebuchaufzeichnungen, Samizdat-Texte). Materialien Dritter: persönliche Dokumente und Schriften von Freunden.

Kleine persönliche Bestände und Einzelarchivalien

F. 30.1 – F. 30.207, F. 5, F. 6/9, F. 56.12

Alekseev, Aleksandr Petrovič
Al'tšuler, Aleksandr Borisovič
Avstrejch, Abram Lazarevič
Bagh, Peter von und Sõmmermaa, Margarete
Baranova, Irina Petrovna
Bejlinson, Valentin Grigor'evič
Berkenkopf, Galina Anatol'evna
Berkovič, Ida Aronovna
Böll, René
Boltjanskij, Vladimir Grigor'evič
Brajnin, Boris L'vovič
Brajnin, Valerij Borisovič
Brejdo, Aron Chaimovič
Bukšin, Aleksandr Pavlovič und Bukšina, Nina Alekseevna
Butenschön, Marianna
Carenkov, Igor Denisovič
Černjavskaja, Dar'ja-Žanna Andreevna
Čistjakova, Lidija Rafailovna
Čudova, Ljudmila Grigor'evna
Danilenko, Ol'ga Ivanovna
Davydova, Marina Evgen'evna
Dem'janova, Ėdit Aleksandrovna
Ditrich, E.S.
Dunaevskaja-Culukidze, Elena Iraklievna
Egides, Petr Markovič und Samsonova, Tamara Vasil'evna
Eilers, Hans Günter
Ejlersen, Rita Agathe
Eščin, Vladimir A[leksandrovič?]
Finberg, Leonid Kuševelič
Gerland, Brigitte
Glejzer, Immanuel Gerševič
Gölz, Christine und Sherbinin, Andrej P.
Gorčakov, Nikolaj Aleksandrovič
Gorčakova, Evgenija Il'inična
Gribakina-Larskaja, Galina Germanovna
Guzevič, Dmitrij Jur'evič
Hänsgen, Sabine
Ikilikjan, Aršak
Imendörffer, Helene
Ioėl's, Viktor Michajlovič
Ioffe, Ljubov' Markovna
Ionas, Vladimir Jakovlevič
Ivanov, Georgij Vladimirovič
Kabakov, Jurij Moiseevič
Kapovič, Ekaterina Jul'evna
Karmazin, Evgenij Zinov'evič
Keller, Mechthild
Korenbaum, Pavel Samuilovič
Kotvickaja, Natal'ja Maksimovna
Koval', Bela Chasanovna
Kovda, Vadim Viktorovič
Krapivin, Aleksandr Sergeevič
Krylov, S. (auch Ivanov)
Kurkov, Andrej Jur'evič
Laškova, Vera Iosifovna
Laurson, Bruno Pavlovič
Lemke, Evgenija Karlovna

Levitskaja, Nadežda Grigor'evna
Lučkov, Vjačeslav Viktorovič
Lysenko, Larisa Abramovna
MacMillin, Arnold Barratt
Mal'eva, Elena Janovna
Martel, Édouard Alfred
Mišin, Avgust Alekseevič
Mitrochin, Sergej Sergeevič
Mitrochina, Vera Ivanovna
Morozov, Aleksandr Anatol'evič
Morozov, Sergej Petrovič
Müller, Ludolf
Müller-Hennig, Erika
Najman, Anatolij Genrichovič
Nappel'baum, Ida Moiseevna
Nikolaev, Michail Ivanovič
Nikol'skij, Nikolaj Nikolaevič und
Korolev, Boris Danilovič
Ochotin, Nikita Glebovič
Palamarčuk, Petr Georgievič
Pekarev, Denis Aleksandrovič
Petrov, Nikita Vasil'evič
Petrova, Aleksandra Gennadievna
Položenskij, Sergej Sergeevič
Pristavkin, Anatolij Ignat'evič
Radeckij, Vadim Monvidovič
Rajs, Grigorij Avgustovič
Reber, Natal'ja Robertovna
Rochlin, Boris Borisovič
Roginskaja, Anastasija Arsen'evna und
Roginskij, Boris Arsen'evič
Romanov, Aleksandr Ivanovič
Šajber, Michail Maksimovič
Šapiro, Boris Izrailevič
Schiller, Ulrich
Schulz, Heinrich-Gennadius Eduardovič
Slavinskij, Efim Michajlovič
Šmeman, Elizaveta Andreevna
Sorokin, Jurij Ivanovič
Sosnovskij, Boris Nikolaevič
Sparre, Viktor
Steininger, Alexander
Tajgin, Boris Ivanovič
Taranovskij, Kirill Fedorovič
Theml, Heika Erika
Trajnina, Mira Aronovna
Turčin, Valentin Fedorovič
Večorin, Evgenij Aleksandrovič
Wenzl, Katharina
Wingerath, Eberhardt
Zaks, Boris Germanovič
Zibunova, Tamara Nikolaevna
Živago, Petr Ivanovič
Zubarev, Dmitrij Isaevič

Körperschaften

F. 67

A – Ja. Žurnal sovremennogo iskusstva

А – Я. Журнал современного искусства / A – Ja. Zeitschrift für moderne Kunst

1979 – 1986 in Paris herausgegeben. Insgesamt 8 Nummern. Redakteur I.S. Šelkovskij, Koredakteur in Moskau A.I. Sidorov.

0,5 lfm / 1970er

Redaktionsmaterial; Manuskripte aus der UdSSR, die zur Publikation in der Zeitschrift nach Paris gelangt sind.

F. 5/1.2

Christianskij komitet zaščity prav verujuščich v SSSR

Христианский комитет защиты прав верующих в СССР / Christliches Komitee zum Schutz der Rechte der Gläubigen in der UdSSR

Menschenrechtsgruppe, gegründet am 30.12.1976 in Moskau von Priester Gleb Jakunin in Kooperation mit der Moskauer Helsinki-Gruppe. Am 01.11.1979 Verhaftung Gleb Jakunins.

58 Archiveinheiten / 1977 – 1980, 1987– 1988

Protestbriefe von Gläubigen verschiedener christlicher Konfessionen an religiöse Organisationen im Westen; Appelle des Komitees; Briefe zur Verteidigung G. Jakunins und anderer. Dokumente der Bürgerrechtler A.I. Ogorodnikov, B.G. Perčatkin, N. Sadūnajtė (1987 – 1988).

F. 159

De Visu und
Galuškin, Aleskandr Jur'evič

Literaturhistorisch-bibliographische Zeitschrift, erschienen in Moskau 1992 – 1994 (15 Nummern).

Галушкин А.Ю.
1960 –, Literaturwissenschaftler, Koredakteur der Zeitschrift „De Visu".

0,45 lfm / [1979], 1992 – 1995

Redaktionsmaterial: Manuskripte, darunter auch nicht publizierte; Korrespondenz mit in- und ausländischen Literaturwissenschaftlern; Studentenalmanach „Ujutnyj večer" (Typoskript) der Fakultät für Journalistik der MGU (Nr. 1 – 3, 1979).

F. 111

Deutsche Welle (Russische Redaktion)

Rundfunkanstalt des öffentlichen Rechts für den Auslandsrundfunk, sendet seit 03.05.1953. Programme in russischer Sprache seit 1962.

20 lfm / 1997 – 2001

Hörerpost der russischsprachigen Programme. Tonbandaufzeichnungen einzelner Sendungen (F. 136/7).

F. 26

Fonds d'aide Alexandre Guinzbourg, FAAG

Alexander-Ginzburg-Hilfsfonds (Hilfe für politische Gefangene in der UdSSR und ihre Familien).

Gegründet 1979 in Paris, geleitet von Jeanne Leprince-Ringuet.

0,12 lfm / 1979 – 1984

Gründungsdokumente (1980); Ausgabenlisten, Sitzungsprotokolle (1979 – 1984); geschäftliche Korrespondenz und Briefe von sowjetischen politischen Gefangenen; Einladungen und Spendenbescheinigungen.

F. 98

Grani und
Tarasova, Natal'ja Borisovna

Грани

Literarisch-künstlerisches und gesellschaftlich-politisches Periodikum, 1946 – 1998 im Possev-Verlag in Frankfurt/M. erschienen.

Тарасова Н.Б.

Geb. Žuk, Ordensschwester Aleksandra, 1921 – 2006, Chefredakteurin der Zeitschrift „Grani" (1962 – 1982).

10 lfm / 1950er – 1980er

Redaktionsmaterial; Korrespondenz und Autorenverträge des Possev-Verlags. Auch persönliche Korrespondenz.

F. 66

M.A.N.I. (Moskovskij archiv novogo iskusstva)

М.А.Н.И. / M.A.N.I. (Moskauer Archiv für Neue Kunst)

Archiv Moskauer Konzeptualisten.

6 Archiveinheiten / 1980er

4 M.A.N.I. - Mappen; M.A.N.I. - Sammelbände; „Po masterskim" (Durch die Ateliers); „Kollektivnyje dejstvija" (Kollektive Aktionen, Band 1 – 2, 1980 – 1983); Dokumentation von 10 Kunstaktionen (1983 – 1985); einzelne Nummern der Zeitschrift „Transponans".

F. 118

MIGPI (Meždunarodnyj institut gumanitarno-političeskich issledovanij)

Международный институт гуманитарно-политических исследований (МИГПИ) / Internationales Institut für humanistisch-politische Forschungen

1990 gegründet, hervorgegangen aus dem M-BIO (Moskovskij bjuro informacionnogo obmena). Gründungsdirektor V.V. Igrunov.

50 lfm / 1960er – 1982, 1986 – 1998

Berichte und Dokumentationen zur gesellschaftlichen Lage in der UdSSR, in der Gemeinschaft Unabhängiger Staaten (GUS) und in den Baltischen Republiken (1986 – 1999); Materialien aus der Tätigkeit der Institutsmitarbeiter und Dritter: V.V. Igrunov, V.I. Mizger, S.S. Mitrochin, A.A. Papp, A.V. Fadin. Teil der Samizdat-Sammlung M-BIO; Redaktionsmaterialien der Zeitschriften „Vek XX i mir", „Paragraf", „Chronograf".

F. 5/1.4

Pravo na ėmigraciju – Obščestvennyj komitet

Право на эмиграцию – Общественный комитет / Recht auf Emigration – Gesellschaftliches Komitee

Gegründet 1979 von V.M. und G.I. Barac.

2 Archiveinheiten / 1981

Dokumentation der Arbeit des Komitees, adressiert an die internationale Vereinigung demokratischer Juristen in Brüssel (2 Bände).

F. 29

Radio Free Europe (RFE) /
Radio Liberty (RL)

Radio Free Europe, gegründet 1949. Sendungen in den Sprachen Ost- und Ostmitteleuropas. Radio Liberty gegründet 1951. Seit 1953 Sendungen in den Sprachen der Völker der UdSSR. 1976 Vereinigung beider Sender zu RFE/RL. Hauptsitz München, seit 1995 Prag.

2 lfm / 1952 – 1995

Tagesjournal des Nachrichtendienstes der tschechoslowakischen Redaktion von RFE sowie Sendepläne, Instruktionen, Photographien (1952, 1955 – 1957, 1961 – 1965).

Personalakten der festen und freien Mitarbeiter der russischen Redaktion (1950er bis 1980er Jahre) von RL; Hörerpost an die russische Redaktion (1973, 1990er Jahre).

Materialien der Samizdat-Abteilung von RL, Photographien der Mitarbeiter. In der Sammlung auch Materialien des Sportredakteurs N.E. Men'čukov. Tonbandaufnahmen von RL-Sendungen (F. 136.4).

F. 136.1

Russkij svobodnyj universitet imeni A.D. Sacharova

Русский свободный университет имени А.Д. Сахарова / Russische Freie Universität A.D. Sacharov

Gegründet 1978 in Deutschland von Emigranten der dritten Welle aus der UdSSR. Veranstaltet jährlich eine Sommerschule für russische Sprache, Kultur und Politik.

ca. 50 Audiokassetten / 1980

Gastvorträge von A.A. Amal'rik, G.N. Andreev, B.G. Bažanov, V.P. Betaki, N.F. Dragoš, E.N. Dryžakova, M.Ja. Geller, A.I. Ginzburg, I.N. Golomštok, M.Ja. Makarenko und M.S. Voslenskij und anderen; Veranstaltungsprogramme.

F. 25

Russkaja mysl'

Русская мысль / Russisches Denken

Zeitung (bis 1968 Tages-, danach Wochenzeitung) für Nachrichten, Politik, Kultur und Literatur. Erscheint seit 1947 in Paris. In den 1970er – 1980er Jahren regelmäßige Veröffentlichung von Samizdat-Dokumenten und Informationen über die Verfolgung von Dissidenten in den sozialistischen Staaten.

4 lfm / 1971 - 1990er

Veröffentlichte und nichtveröffentlichte Manuskripte; Briefe an die Redaktion; Teile des Photoarchivs (Perestrojkazeit und 1990er Jahre); Autorenkartei (1971 - 1975).

F. 30.186

Sovet veteranov 2-j Gvardejskoj tankovoj armii

Совет ветеранов 2-й Гвардейской танковой армии / Veteranenrat der 2. Gardepanzerarmee

Bildung des Verbandes 1943, Gründung des Veteranenrates 1975. Vorsitzende des Rates: A.A. Vitruk, M.E. Golant, A.A. Semenov.

0,25 lfm / [1941 - 1945], 1975 - 1990

Mitgliederkartei mit Lebensdaten und Angaben zu Kriegsereignissen (ca. 300 von Veteranen selbst ausgefüllte Formulare); Korrespondenz.

F. 38

Sumerki

Сумерки / Dämmerung

Informelle Literatur- und Kunstzeitschrift. Erschien zwischen 1988 und 1995 in Leningrad/Sankt Petersburg (16 Nummern und 3 Beilagen). Zu den Redakteuren gehörten A. Ju. Gur'janov, A. E. Novakovskij.

1,2 lfm / 1919 [?], 1980er - 1990er

Manuskripte, Maketten einzelner Nummern, Photographien. Persönliche Dokumente von A.E. Novakovskij.

F. 1

Vestnik RChD (Russkogo christianskogo dviženija) und Struve, Nikita Alekseevič

Вестник Р(С)ХД / Bote der russischen christlichen Bewegung

Die Zeitschrift erschien in Paris 1925 – 1939, erneut ab 1946. Bis 1974 unter dem Titel „Vestnik Russkogo Studenčeskogo Christianskogo Dviženija." Ab 1970 N.A. Struve verantwortlicher Redakteur.

Струве Н.А. / Struve, N. A.

1931 –, Slawist. Professor für Literaturwissenschaft an der Sorbonne. Direktor des Verlags YMCA Press.

0,8 lfm / 1960er - 1992

Veröffentlichte und unveröffentlichte Materialien: Offene Briefe, Predigten, literarische und andere Werke, darunter folgender Autoren: D.S. Dudko, G.P. Jakunin, I.L. Lisnjanskaja, Józef Mackiewicz, L.V. Nusberg, E.A. Ponomarev.

Sammelbände und Zeitschriften: „Problemy svobodnogo iskusstva" (Probleme der freien Kunst) Seminar, Leningrad 1975/1976. Samizdat-Zeitschrift „37 " (Nr. 17); Photographien.

F. 171

Volga

Волга / Wolga

Literarische Monatszeitschrift. Erschien 1966 – 2000 in Saratov.

1 lfm / 1972 - 1999

Redaktionskorrespondenz, Autorenkartei (1972 – 1990), Posteingangs- und Postausgangsbuch (1988 - 1993), Redaktionsunterlagen, Sitzungsprotokolle, Korrespondenz, Zeitungsausschnitte mit Artikeln über die Zeitschrift (1987 - 1998).

Sammlungen

Periodika des Samizdat

(verschiedener, teils nicht nachgewiesener Provenienz)

F. 5/1.5 - F. 5/1.7

85 Archiveinheiten / 1968, 1976 - 1992

In dieser Sammlung befinden sich einzelne Nummern hauptsächlich Leningrader und Moskauer Journale: „Bjulleten' V", „Časy", „Chronika katoličeskoj cerkvi na Ukraine", „Chronika tekuščich sobytij", „Delo", „Ėpsilon Salon", „Evrei v SSSR", „Glaz", „Informacionnyj bjulleten' Komiteta zaščity Tat'jany Velikanovoj", „Krasnyj ščedrinec", „Leningradskij Evrejskij Al'manach", „Metrodor", „Mitin žurnal", „Naša ličnaja otvetstvennost'", „Poiski", „Poiski i razmyšlenija", „S russkoj Golgofy", „37", „Ucho", „Vestnik pravozaščitnogo dviženija", „Zerkalo".

Weitere Samizdat-Periodika

→ *Bestände Körperschaften und Personen.*

Nicht-Periodika des Samizdat

(nicht nachgewiesener Provenienz)

F. 5/1.8

74 Archiveinheiten / 1964 - 1987

Texte aus der UdSSR, darunter von folgenden Autoren: Ju.A. Ajchenval'd, A. Anti, A.P. Babenyšev, M.S. Charitonov, K. Chomutov, M. Dalin, Ju.O. Dombrovskij, Ju.F. Ėdlis, I.M. Efimov, F.S. Kandel', Ju.Č. Kim, I.S. Kovalev, S.I. Lipkin, Ja.S. Lur'e, S.Ju. Maslov, V.P. Nečaev, M.Z. Novikov, K.P. Podrabinek, S.S. Šeff, M. Semenko, S.I. Soldatov, I. Stepanov, L.M. Timofeev, M.V. Zotov.

Briefe, Reden, Artikel, darunter von A.A. Amal'rik, V.P. Astaf'ev, M.A. Bulgakov, L.K. Čukovskaja, I.Ja. Ėjdel'man, S.O. Gazarjan, L.I. Ginzburg, G.P. Grigorenko, P.I. Jakir, A.A. Jakobson, B.V. Jakovlev, L.Z. Kopelev, A.Ė. Levitin-Krasnov, P.M. Litvinov, B.L. Pasternak, G.S. Pod-japol'skij, G.S. Pomeranc,

A.D. Sacharov (zusammen mit V.F. Turčin und R.A. Medvedev), E.A. Švarc, B.B. Vachtin, Ju.B. Vachtin, V.M. Voronin, V.S. Vysockij.

Prozessbericht „Šest' dnej" (über das Gerichtsverfahren gegen I.Ja. Gabaj und M. Džemilev).

Weitere Samizdat-Texte

→ *Bestände Körperschaften und Personen.*

Informelle Periodika der Perestrojkazeit

F. 53

ca. 10 lfm (davon 8,5 lfm zeitschriftenähnliche Ausgaben und 1,5 lfm Zeitungen) / 1987 – 1992

Gesamtzahl der Titel: 855, darunter ca. 300 Zeitungen, etwa 110 Zeitschriften, 188 Informationsbulletins.

Die Mehrzahl der Titel erschien in Russland (593, darunter 261 in Moskau, 120 in Leningrad). Aus der Ukraine stammen 96 (davon 36 aus Kiev, 18 aus L'vov); aus Belarus 57, davon 39 aus Minsk; aus Lettland 29; aus Litauen 27 und aus Estland 17.

Sondersammlung von Rockmusik-Periodika (33 Titel), Flugblätter und einmalige Ausgaben.

→ *Bestandskatalog der Forschungsstelle Osteuropa „Neue Periodika und Samizdat auf dem Territorium der Sowjetunion, 1987 – 1991." Zusammengestellt und bearbeitet von Elena Žemkova. Bremen 1992.*

Einzelschriften der Perestrojkazeit

F. 54

ca. 2 lfm / 1987 – 1991 (1992)

Bulletins und Dokumente einzelner Personen und verschiedener gesellschaftlicher Gruppen aus der UdSSR, Vortragsmanuskripte, Reden, Aufrufe, Artikel.

Weitere Dokumente

→ *Bestände Körperschaften und Personen.*

Einzelschriften von Organisationen und politischen Parteien der Russischen Föderation 1991 –

F. 52

ca. 6 lfm / 1991 –

Noch nicht bearbeitet.

Weitere Dokumente

→ *Bestände Körperschaften und Personen.*

Plakate und Flugblätter

F. 6/7, F. 6/8.3 – 8.5

Noch nicht bearbeitet.

Weitere Dokumente

→ *Bestände Körperschaften und Personen.*

Photographien und Postkarten

F. 56

k. A. / 1880er – 2000er

Archiv- und private Sammlungen. Photoalben, Familienbilder, Porträts, Stadtansichten, Architektur und Denkmäler, Kunstpostkarten, Grußkarten zu Staatsfeiertagen.

Weitere Dokumente

→ *Bestände Körperschaften und Personen.*

Audiovisuelle Medien

F. 136.1 – 7

Noch nicht bearbeitet.

Objekte

F. 57

Noch nicht bearbeitet.

Künstlerische Arbeiten (Zeichnungen, Graphiken, Ölgemälde, Objekte), Schreibmaschinen, Druckvorrichtungen. Alltagsgegenstände auch aus Lagern (Häftlingskleidung, Koffer, Essgeschirr, Handarbeiten).

Büchersammlungen

F. 55.1 – F. 55.55

Persönliche Bestände

Teile von ca. 60 Privatbibliotheken, darunter von: V.K. Bukovskij, N.E. Gorbanevskaja, F.N. Gorenštejn, L.Z. Kopelev und R.D. Orlova, V.N. Kornilov, V.E. Maksimov, G.V. Sapgir, G.N. Vladimov, V.N. Vojnovič. Bücher und Zeitschriften auch von: V.M. Karasik (jüdische Periodika aus der Ukraine, Russland), A.N. Krekšin (Erstausgaben von Werken V.V. Rozanovs), A.L. Ospovat, M.A. Popovskij, Familie V.I. Rovinskij, K.A. Sapgir, G.G. Superfin (Literatur zur russischen Geschichte und Geschichte der Akademie der Wissenschaften der 1920er Jahre; Sonderdrucke von S.F. Platonov), P.P. Suvčinskij.

F. 55/11 – F. 55/12

Kinderbücher

ca. 800 / 1870er – 2005

Kinderbuchsammlung von N.L. Dilaktorskaja (1930er – 1960er Jahre) aus dem Verlag Detgiz (Leningrad), von N.M. Kotvickaja und E.E. Chorinskaja aus Sverdlovsk (1940er – 1960er Jahre); Bücher mit Illustrationen namhafter inoffizieller Künstler (darunter N.B. Abalakova, I.I. Kabakov, B. Konstriktor, A.I. Žigalov).

F. 55/2

Bibliothek des Armenien-Instituts (München)

ca. 1.000 / 1880er – 1930er

Teil der Bibliothek der armenischen Partei „Dašnakcutjun". Bücher und Periodika der russischen vorrevolutionären Emigration. Ausgaben der russischen Sozialdemokraten (in russischer und polnischer Sprache); sowjetische Zeitungen der 1920er – 1930er Jahre aus Baku, Moskau und Tiflis.

F. 55/3

Displaced Persons

ca. 1.000 / 1850er – 1970er

Bücher und Zeitschriften aus dem 1951 in Dornstadt bei Ulm gegründeten Heim für Displaced Persons aus Russland, Weißrussland, der Ukraine sowie den baltischen Staaten. Die Publikationen, größtenteils in russischer und ukrainischer Sprache, sind in Russland/UdSSR und in der Emigration erschienen.

In F. 55/14 Sammlung von Büchern, die in Lagern für Displaced Persons herausgegeben worden sind (1946 – 1950er Jahre).

Polen

zusammengestellt von
Karina Garsztecka und Angela Murche-Kikut

Sammlungen

Monographien und Sammelwerke des zweiten Umlaufs

ca. 30 lfm / 1976 – 1990

Rund 3.400 Bücher und Broschüren aus unabhängigen Verlagen:

- Untergrundverlag NOWA (ca. 300 Ausgaben)
- Verlag Krąg (110)
- Przedświt (90)
- Pokolenie (66)
- Oficyna Literacka (50)
- KOS (50)

Zahlreiche Titel erschienen ohne Verlagsangabe und zum Teil anonym.

Als Herausgeber traten auch auf:

- Bürger- und Menschenrechtsgruppen
- Gewerkschaften
- Jugend- und Studentengruppen
- politische Gruppen
- kirchennahe und kulturelle Gruppierungen

Publikationsorte: Warschau mit über 2.000 Titeln, Krakau mit 400, Breslau mit 245, Danzig mit ca. 150, Lublin mit 120, Lodz mit 85 und Posen mit 55.

Inhaltliche Schwerpunkte:

- Gesellschaft, Politik und Geschichte zu offiziell tabuisierten Themen, darunter: Katyń, Warschauer Aufstand, Studentenstreiks von 1968, Arbeiteraufstand vom Dezember 1970 in der Küstenregion;
- Literatur, darunter Prosa und Lyrik polnischer Autoren (Tadeusz Konwicki, Andrzej Kijowski, Jerzy Andrzejewski, Kazimierz Brandys und anderen), emigrierter Schriftsteller (Czesław Miłosz, Witold Gombrowicz) und Übersetzungen deutscher, russischer und tschechischer Werke.

Der Publikationszeitraum erstreckt sich von der zweiten Hälfte der 1970er bis zum Ende der 1980er Jahre. Aus der Anfangsphase des zweiten Umlaufs sind nur wenige Titel vorhanden:

- 1977: 22
- 1978: 41
- 1979: 78
- 1980: 165
- 1981 (während der legalen Tätigkeit von NSZZ Solidarność): 557
- 1982 – 1990: 2.400

Die Publikationstätigkeit wurde durch die Verhängung des Kriegsrechts im Dezember 1981 nicht unterbrochen.

→ *Lit.:* Bestandskatalog „Monographien im polnischen Zweiten Umlauf 1976 – 1990", bearbeitet von Angela Murche-Kikut. Band 2 in der Reihe „Archiv der Forschungsstelle Osteuropa. Quellen zur Zeitgeschichte und Kultur", Bremen 2008.

Periodika des zweiten Umlaufs

ca. 40 lfm / 1976 – 1990

Annähernd 2.500 Titel unabhängiger Zeitschriften, Zeitungen, Informationsbulletins und Nachrichtendienste aus drei Zeitabschnitten:

- Entstehung unabhängiger Verlage 1976 bis zur Gründung der Gewerkschaft NSZZ „Solidarność" 1980;
- legale Tätigkeit der Solidarność bis zur Verhängung des Kriegsrechts am 13.12.1981;
- Untergrundtätigkeit seit 1981 bis zur Auflösung des kommunistischen Regimes 1989 und der Aufhebung der Zensur im Juni 1990.

Das Spektrum der Sammlung umfasst:

- gewerkschaftliche Mitteilungsblätter wie „Robotnik Wybrzeża" (1977 – 1981), die überregionale NSZZ „Solidarność"-Presse wie „Tygodnik Solidarność" (1981) sowie die regionale, darunter „Jedność" (1980 – 1989), „Z Dnia na Dzień" (1981 – 1990), „Tygodnik Mazowsze" (1982 – 1989), „CDN-Głos Wolnego Robotnika" (1982 – 1990) und aus dem Umfeld der Solidarność „KOS" (1982 – 1989), herausgegeben vom Komitee des Gesellschaftlichen Widerstands;
- Periodika von Gruppen und Organisationen der Bürger- und Menschenrechtsbewegungen wie „Komunikat KOR" (1976 – 1977), „Komunikat KSS KOR" (1977 – 1980), „Opinia" der Bewegung ROPCiO (1977 – 1981) und „Praworządność" des Helsinki-Komitees in Polen (1984 – 1989);
- Presse der Bauernbewegungen wie „Gospodarz" (1977 – 1981), „Niezależny Ruch Chłopski" (1978) und „Placówka" (1979 – 1980) sowie Zeitungen der unabhängigen Bauerngewerkschaft Solidarność: „Rolnik Niezależny" (1978 – 1985), „Solidarność Wiejska" (1980 – 1985), „Rola" (1981) und „Żywią i Bronią" (1984 – 1986);

- Jugend- und Studentengruppen mit etwa 450 Zeitschriften aus Warschau, Danzig, Krakau, Breslau, Posen und Lublin;
- Periodika der politischen Gruppen und Initiativen außerhalb der Solidarność-Bewegung wie „PPN" (1977 - 1981) der Polnischen Verständigung für Unabhängigkeit; „Bratniak" (1977 - 1981) der Bewegung Junges Polen; „Droga" (1978 - 1989) der Konföderation Unabhängiges Polen; „Rzeczpospolita" (1979 - 1980) des Verständigungskomitees für Nationale Selbstbestimmung; „Solidarność Narodu" (1982 - 1987) des Kongresses der Solidarität des Volkes; „Niepodległość" (1982 - 1989) der Liberal-Demokratischen Partei „Unabhängigkeit"; „Robotnik" (1983 - 1989) der Polnischen Sozialistischen Partei; „Wyzwolenie" (1984 - 1989) der Politischen Bewegung „Befreiung" und „Dekada Polska" (1985 - 1989) der Föderation Freiheit-Gerechtigkeit-Unabhängigkeit;
- historische, politische und soziologische Zeitschriften, die von unabhängigen Redaktionen herausgegebenen wurden, wie „Głos" (1977 - 1989), „Krytyka" (1978 - 1989), „Res Publika" (1979 - 1989), „Obóz" (1981 - 1989), „Karta" (1982 - 1989);
- kulturelle und literarische Zeitschriften wie „Puls" (1977 - 1981), „Zapis" (1977 - 1981), „Spotkania" (1977 - 1987), „Obecność" (1983 - 1988), „Arka" (1983 - 1989), „Kultura Niezależna" (1984 - 1989), „Czas Kultury" (1985 - 1989) und „Brulion" (1987 - 1989).
- religiöse Zeitschriften wie „Krzyż Nowohucki" (1980 - 1986), „Bóg i Ojczyzna" (1985 - 1986), „Praca" (1986 - 1988), „Chrześcijański Ruch Społeczny" (1987 - 1988), „Słowo Niepodległe" (1987 - 1989), „Świadectwo" (1987 - 1989).

→ *Lit.:* Bestandskatalog „Unabhängige Periodika aus Polen 1976 - 1990." Zusammengestellt und bearbeitet von Angela Murche-Kikut. 2. Auflage. Bremen, 1992.

Kleinschriften des zweiten Umlaufs

ca. 5 lfm und 1.300 Flugblätter

Bürger- und Menschenrechtsgruppen

Komitet Helsiński w Polsce

Polnisches Helsinki-Komitee

Am 17.01.1980 gegründet durch Mitglieder des Komitees zur Gesellschaftlichen Selbstverteidigung (KSS KOR).

1 Mappe / 1983 - 1984

Berichte über Verletzungen der Menschenrechte (1981 bis 1985); Programmerklärung vom 23.03.1983; Eingaben und Deklarationen; Gerichtsakten und Aufzeichnungen von politischen Prozessen.

Komitet Obrony Robotników (KOR) / Komitet Samoobrony Społecznej Komitet Obrony Robotników (KSS KOR)

Komitee zur Verteidigung der Arbeiter (KOR)/
Komitee zur Gesellschaftlichen Selbstverteidigung
Komitee zur Verteidigung der Arbeiter (KSS KOR)

KOR wurde am 23.09.1976 unter anderen von Jacek Kuroń und Jan Józef Lipski gegründet. Am 29.09.1977 umbenannt in KSS KOR, am 23.09.1981 aufgelöst.

1 Archivkasten / 1975 - 1981

Aufruf „Apel do społeczeństwa i władz PRL" (Warszawa, September 1976); Denkschrift „Myśli o programie działania" von Jacek Kuroń über das Aktionsprogramm von KSS KOR (Warszawa, 1979); Offene Briefe wie „List 59-ciu" an die Vereinigte Polnische Arbeiterpartei unter Berufung auf das Helsinki-Abkommen; Protestnoten des KOR gegen Repressionen und Inhaftierungen von Oppositionellen; Prozessberichte und Plädoyers der Rechtsanwältin Aniela Steinsbergowa; Programm von KSS KOR (1980).

Komitet Samoobrony Ludzi Wierzących

Komitee zur Selbstverteidigung der gläubigen Menschen

Gegründet in Cisów (Woiwodschaft Tarnobrzeg) und in Przemyśl am 09.12.1979.

1 Mappe / 1979

Offene Briefe an die Bischöfliche Kurie in Przemyśl gegen die Verhinderung von Kirchenbaumaßnahmen durch den Staat; Kommuniqués und Resolutionen aus Cisów und Przemyśl gegen die Repression von Gläubigen und Priestern (Franciszek Blachnicki, Adam Michalski); Unterschriftenaktionen und Appelle der Gemeinden; Solidaritätsbekundungen mit KOR und ROPCiO.

Ruch Obrony Praw Człowieka i Obywatela, ROPCiO

Bewegung zur Verteidigung der Menschen- und Bürgerrechte

Gegründet am 25.03.1977 in Warschau. Sprecher der Bewegung: Andrzej Czuma und Leszek Moczulski. Auflösung im August 1980.

1 Mappe / 1977 - 1979

Programmschriften, darunter das Gründungsdokument „Apel do społeczeństwa polskiego" (Warszawa, 25.03.1977); Dokumente der ROPCiO-Tagungen, Referat von Karol Głogowski über die Lage der Menschenrechte in Polen („Ogólnopolskie Spotkanie Uczestników ROPCiO", Warszawa 17.–18.09.1977); Dokumente der „Punkty Konsultacyjno-Informacyjne RO" (Konsultations- und Informationsstellen) wie des ROPCiO-Zirkels in Danzig: Erklärung über Repressionen im Fall Błażej Wyszkowski (30.05.1978) sowie Offene Briefe gegen die Verurteilung des russischen Bürgerrechtlers Jurij Orlov (09.06.1978).

Stowarzyszenie Pomocy Uwięzionym i ich Rodzinom „Patronat"

„Patronat" – Hilfsorganisation für Verhaftete und ihre Familien

Gegründet am 21.09.1980 in Danzig zum Rechtsschutz der politischen Gefangenen. Der Verein knüpft an die Tradition des Vereins „Patronat" von 1909 an.

1 Mappe / 1980

Gründungsaufruf „Sprawa Patronatu" vom 21.09. 1980.

Solidarność-Bewegungen

Gdański Klub Polityczny im. Lecha Bądkowskiego

Politischer Klub „Lech Bądkowski" Danzig

Gegründet am 27.10.1987 in Danzig von Dariusz Kobzdej, Aleksander Hall, Donald Tusk und anderen.

1 Mappe / 1988

Solidaritätsbekundung mit den Streikenden in Danzig und Nowa Huta „Oświadczenie" (Gdańsk 1988) sowie Aktionsprogramm der Gruppe.

Kluby Rzeczypospolitej Samorządnej „Wolność-Sprawiedliwość-Niepodległość", KRS WSN

Klubs der Selbstverwalteten Republik „Freiheit-Gerechtigkeit-Unabhängigkeit"

Gegründet am 22.11.1981 von Zbigniew Bujak, Jacek Kuroń, Adam Michnik. Im Frühjahr 1983 aufgegangen in der Gruppierung Organizacja WSN. Am 06.01.1985 Zusammenschluss mit Ruch Polityczny Wyzwolenie zur Föderation WSN-Wyzwolenie.

1 Mappe / 1981 – 1988

Gründungserklärungen und Programme „Deklaracja Założycielska KRS WSN" (1981), „Deklaracja Polityczna WSN" (01./03.05.1983).

Klub Służby Niepodległości, KSN

Klub für den Dienst an der Unabhängigkeit

Gegründet am 28.09.1981 von Aleksander Hall, Antoni Macierewicz, Wojciech Ziembiński.

1 Mappe / 1981

Gründungserklärung „Deklaracja celów KSN" (Gdańsk, 27.09.1981).

Komitet Obrony Więzionych za Przekonania

Komitee zur Verteidigung der wegen ihrer Überzeugung Inhaftierten

Am 10.12.1980 von der Landesschlichtungskommission der NSZZ „Solidarność" zur Freilassung politischer Gefangener gegründet.

2 Mappen / 1980 – 1984

Flugschriften und Plakate von Protestaktionen und Hungerstreiks. Informationsbulletins der Regionalkomitees von 1981 – 1982, darunter aus der Region Mazowsze „Sumienie", aus Danzig „Bóg i Ojczyzna", aus der Region Lodz „Obrona", aus Krakau „Homo Homini"

→ *Sammlung Periodika des zweiten Umlaufs.*

Komitet Oporu Społecznego, KOS

Komitee des Gesellschaftlichen Widerstands

Gründung nach Einführung des Kriegsrechts. Informationen über Repressionen. Durchführung von landesweiten Hilfsaktionen für politisch Verfolgte und ihre Familien.

1 Mappe / 1982 – 1983

Erklärungen „Deklaracja Solidarności" (Warszawa, 12.12.1982), „Solidarność w obronie pokoju" (Warszawa, 20.05.1983). Regionale Nachrichtendienste „Serwisy Informacyjne" (ab 1982)

→ *Sammlung Periodika des zweiten Umlaufs.*

Niezależny Samorządny Związek Zawodowy „Solidarność", NSZZ „Solidarność"

Unabhängige Selbstverwaltete Gewerkschaft „Solidarność"

Gegründet 1980. Vorsitzender Lech Wałęsa (1980 – 1990). Doppelfunktion als landesweite unabhängige Gewerkschaft und unabhängige soziale Bewegung.

6 Archivkästen / 1980 – 1981

Berichte, Flugblätter, Streikaufrufe und -instruktionen sowie Kommuniqués des Zwischenbetrieblichen Streikkomitees wie „Komunikat Międzyzakładowego Komitetu Strajkowego" (25.08.1980), die 21-Punkte-Forderung der streikenden Arbeiter der Danziger Leninwerft, Dokument der Danziger Vereinbarung vom 31.08.1980.

Brief des Danziger Gründungskomitees an das Woiwodschaftsgericht in Warschau zur Registrierung und Tätigkeit der NSZZ „Solidarność" vom 06.10.1980; Statuten und Programm der NSZZ „Solidarność"; Beitrittserklärungen, Kommuniqués, Sitzungsprotokolle sowie Arbeits- und Diskussionspapiere der Landesschlichtungskommission (KKP) und der Landeskommission (KK), darunter das Zukunftsprogramm „Kierunki działania związku w obecnej sytuacji kraju" (Richtlinien für die gewerkschaftliche Tätigkeit in der gegenwärtigen Lage des Landes, Februar/März 1981); Erklärungen, Appelle, Protestschreiben der Landes- und Regionalverbände der NSZZ „Solidarność" zum Vorgehen der Miliz gegen Solidarność-Delegierte in Bydgoszcz am 19.03.1981; Forderungen, Aufrufe und Flugblätter zu den landesweiten Streiks und Berichte zu Versorgungsmängeln (April – August 1981); Delegiertenmandate, Sitzungsprotokolle, Beschlüsse sowie Tagungsbulletins („Biuletyny Zjazdowe") vom 1. Landesdelegiertenkongress der NSZZ „Solidarność", 05. – 10.09. und 26.09. – 07.10.1981

→ *Sammlung Periodika des zweiten Umlaufs.*

3 Archivkästen / 1981 – 1989

NSZZ „Solidarność" im Untergrund: Dokumente der Vorläufigen Koordinierungskommission (TKK) der NSZZ „Solidarność" (1982 – 1987). Kommuniqués und Beschlüsse der Landesexekutivkommission (KKW) NSZZ „Solidarność", der Bürgerkomitees (Komitety Obywatelskie), der Widerstandsbewegungen (Ruchy Oporu) Solidarność, der „Kommission für Intervention und Rechtsstaatlichkeit" (Komisja Interwencji i Praworządności) NSZZ „Solidarność"; Verhaltensregeln im Kriegszustand, Instruktionen für Untergrunddruckereien, Aufrufe zur Befreiung aller politischen Gefangenen, Untersuchungsberichte über Repressionen und über Internierungslager, Appelle zur Aufhebung des Kriegsrechts, Anweisungen zu Streikabläufen, Streikkommuniqués, Solidaritätsbekundungen mit den Bürgerrechtsbewegungen in Ost- und Ostmitteleuropa.

Polska Partia „Solidarność" / Robotniczy Ruch Oporu „Solidarność"
Polnische Partei „Solidarność" / Arbeiterbewegung des Widerstands „Solidarność"
Gegründet nach Ausrufung des Kriegsrechts am 13.12.1981. Aktivitäten nach kurzer Dauer eingestellt.

1 Mappe / 1982

Aufrufe und Erklärungen zur Bildung von Widerstandsgruppen der Solidarność; Forderungen nach Freiheit für die Gewerkschaft; Appelle zur Vereinigung aller Oppositionsgruppen.

Radio Solidarność
Untergrundsender der Solidarność. Sendete seit 12.04.1982 aus Warschau, Krakau, Posen, Breslau und Danzig. Initiatoren: Zofia und Zbigniew Romaszewscy.

2 Mappen / 1981 – 1989

Radioprogramme, Sendemanuskripte (1983 – 1989); Aufrufe, Werbeaufkleber des Senders; Gerichtsakten vom Prozess gegen Radio Solidarność „Proces Radia Solidarność 27.1. – 17.2. 1983"

→ *Audiovisuelle Sammlung.*

Solidarność Walcząca, SW
Kämpfende Solidarność
Gegründet im Sommer 1982 von Kornel Morawiecki als Abspaltung der NSZZ „Solidarność" Region Niederschlesien. Forderung nach der Unabhängigkeit Polens und der Abschaffung des kommunistischen Apparats. Zentren der Aktivitäten Breslau, Danzig, Kattowitz, Posen.

3 Mappen / 1982 – 1989

Texte von Kornel Morawiecki in der Programmschrift „Zasady ideowe i program Solidarności Walczącej" (Wrocław, 1987), Interview „Walka o serce i umysły" (Wrocław, 1986); Aufrufe, Protesterklärungen und Flugschriften. Informationsbulletins der landesweit operierenden Agencja Informacyjna SW

→ *Sammlung Periodika des zweiten Umlaufs.*

Solidarność-Gruppen im Exil und westliche Unterstützer

2 lfm / 1982 – 1989

Bulletins der Solidarność-Koordinierungsbüros im Exil, darunter „Pogląd" (Westberlin), „Nie Cenzurowano" (Düsseldorf), „Solidarność-Informations-Bulletin" (Mainz), „News. Solidarność" (Genf, Brüssel), „Polish Solidarity Campaign Newsletter" (London), „Solidarność-Bulletin d'Information" (Paris), „Biuletyn Informacyjny" (Stockholm) und weitere Informationsschriften der Solidarność-Komitees in den USA und Kanada. Schriftverkehr der Exilbüros NSZZ „Solidarność".

Proteste westlicher Unterstützer (darunter Amnesty International, Komitee „Solidarität mit Solidarność") gegen das Kriegsrecht in Polen, Berichte über Solidaritätsaktionen (Demonstrationen, Hungerstreik in Dortmund 1982), Offene Briefe an die Botschaften der Volksrepublik Polen, Spendenaufrufe für Hilfsaktionen.

Koordinations- und Informationsbüro der NSZZ „Solidarność" Bremen
Gegründet auf dem Kongress der Solidarność in Düsseldorf am 13.03.1982. Sitz in Bremen. Eine Initiative von Arbeitern der Danziger Leninwerft, die als Delegation der NSZZ „Solidarność" am 13.12.1981 auf Einladung der Arbeiterkammer nach Bremen gekommen waren.

12 Archivkästen / 1980 – 1983

Schriftverkehr, Unterlagen über Solidaritäts-, Protest- und Hilfsaktionen, Druckvorlagen für die Zeitschrift „Fakty i Komentarze" (Bremen, ab 10.03.1982); Informationsbulletins der NSZZ „Solidarność"-Büros im Exil.

Dokumentation von Solidaritätsaktionen Dritter wie Christliche Arbeiterjugend, Amnesty International. Dokumentation zum Kongress der Komitees „Solidarität mit Solidarność", 05. – 06.02.1983 in Frankfurt/Main.

Einzelne Dokumente 1970 – 1989

Arbeiterunruhen und gesellschaftliche Reaktion

4 Archivkästen / 1970 – 1989

Solidaritätsaufruf des Streikkomitees der Stettiner Werft an die Bürger der Stadt vom 19.12.1970; Arbeiterunruhen in Radom und Ursus 1976: Appell von 172 Wissenschaftlern und Schriftstellern an den Sejm der VR Polen (Warschau 06.01.1977); Berichte über Gerichtsverfahren; Protestnoten wie die gemeinsame Erklärung aller polnischen Menschenrechtsgruppen (Danzig 25.02.1978).

Erklärung des Gründungskomitees zur Bildung freier Gewerkschaften der Küstenregion „Deklaracja Komitetu Założycielskiego Wolnych Związków Zawodowych Wybrzeża" (Gdańsk 29.04.1978 – Unterzeichner: Andrzej Gwiazda, Krzysztof Wyszkowski), Charta der Arbeiterrechte „Karta Praw Robotniczych" (1979).

Kriegszustand und gesellschaftliche Proteste

8 Archivkästen / 1981 – 1986

Berichte über Repressionen und Inhaftierungen von Solidarność-Vertretern, Namenslisten der Internierten, Kassiber und Dokumente aus den Internierungslagern Białołęka, Gołdap, Darłówek, Potulice, Strzebielinek und Uherce; Aufrufe zum Widerstand, Offene Protestbriefe, darunter an die Regierung gegen den Kriegszustand; Flugblätter zum Boykott der Wahlen; Augenzeugenberichte von Gewaltakten gegen protestierende Arbeiter im Bergwerk Wujek in Katowice (Dezember 1981); Protestaktionen in Podkowa Leśna; Prozessakten und Aufzeichnungen von Gerichtsverhandlungen gegen politisch Verfolgte; Streikberichte aus einzelnen Regionen und Betrieben; Flugschriften zu Massendemonstrationen der Solidarność-Anhänger; Berichte, Analysen und Kommentare zur politischen, gesellschaftlichen und wirtschaftlichen Situation; Gedichte und Protestsongs gegen den Kriegszustand.

Runder Tisch

1 Archivkasten / 1989

Protokolle der Beratungen am Runden Tisch (06.02. – 05.04.1989), Stenogramme von Sitzungen der Unterkommissionen für Presse und Kommunikation und Vereinbarungen.

Berichte der Arbeitsgruppe für Jugendangelegenheiten

→ *Bestand Turek, Wojciech.*

Parlamentswahlen

1 Archivkasten / 1989

Wahlordnung der Parlamentswahlen vom 04. und 18.06.1989, Informationsblätter, Kandidatenlisten der Solidarność-Bürgerkomitees und anderer ehemaliger Untergrundparteien (KPN, PPS); Wahlprogramme und Wahlaufrufe der Kandidaten.

Bauernbewegung

Duszpasterstwo Rolników

Seelsorge der Bauern

Auf der Konferenz des Polnischen Episkopats vom 02.12.1982 in Warschau initiiert zur Bewahrung der bäuerlichen Traditionen und Rechte.

1 Mappe / 1985 –1988

Offene Briefe und Petitionen an das polnische Parlament (Stalowa Wola, 1985 – 1988).

Komitet Samoobrony Chłopskiej Ziemi Grójeckiej

Komitee für Selbstverteidigung der Bauern in der Region Grojec

Gegründet am 09.09.1978 von Bauern aus dem Dorf Zbrosza Duża.

1 Mappe / 1978

Resolution vom 09.09.1978 zur Frage der Renten- und Grundversorgung sowie der Selbstverwaltung der Bauern.

Niezależny Samorządny Związek Zawodowy Rolników Indywidualnych „Solidarność", NSZZ RI

Unabhängige Selbstverwaltete Gewerkschaft der Selbständigen Landwirte „Solidarność"

Registrierung der Gewerkschaft am 12.05.1981. Zusammenschluss der Unabhängigen Selbstverwalteten Bauerngewerkschaft (NSZZ Rolników), der Unabhängigen Selbstverwalteten Bauerngewerkschaft „Landsolidarität" (NSZZ Rolników „Solidarność Wiejska") und des Organisationskomitees der Selbstverwalteten Gewerkschaft der Agrarproduzenten (Komitet Organizacyjny Samorządnego Związku Producentów Rolnych).

1 Mappe / 1981

Satzung; programmatische Schriften, Vereinbarungen. Schriftenreihe der Gewerkschaftshochschule der Solidarność der Einzelbauern (Wszechnica Związkowa Solidarność Rolników Indywidualnych, Lubin)

→ *Sammlung Monographien des zweiten Umlaufs.*

Niezależny Samorządny Związek Zawodowy Rolników „Solidarność Wiejska"

Unabhängige Selbstverwaltete Gewerkschaft der Bauern „Landsolidarität"

Konstituiert am 21.09.1980. Zentralen in Warschau und Krakau.

1 Mappe / 1980 – 1981

Satzung „Rolnicy" mit den Statuten der NSZZ „Solidarność Wiejska"; Kongressdokumente und Beschlüsse der Delegierten der „Solidarność Wiejska" (Warszawa, 14.12.1980); Petitionen, Appelle, Flugblätter.

Niezależny Ruch Ludowy „Solidarność", NRL „S"

Unabhängige Bauernbewegung „Solidarność"

Gegründet im Juni 1987 von Michał Bartoszcze, Priester Jan Zieja und anderen. Ziele: Gründung von politischen Bauernorganisationen, das Recht auf privaten Landbesitz und die dörfliche Selbstverwaltung.

1 Mappe / 1988

Programme und Deklarationen der Satzungskommission NRL „S" (1988).

Niezależny Związek Zawodowy Rolników
Unabhängige Gewerkschaft der Bauern
Gegründet am 10.09.1978 im Umfeld der unabhängigen Zeitschrift „Postęp".

1 Mappe / 1978 – 1980

Programme der Regionalkomitees Radom und Tarnobrzeg „Oświadczenie" (02.11.1978); Satzung „Statut Niezależnych Samorządnych Związków Zawodowych Rolników" (Warszawa, 21.09.1980).

Ogólnopolski Komitet Oporu Rolników, OKOR
Gesamtpolnisches Komitee des Bäuerlichen Widerstands
1982 durch regionale Vertreter unabhängiger Bauernbündnisse gegründet.

1 Mappe / 1982 – 1988

Protestaufruf und Solidaritätserklärung „Oświadczenie" (August 1988). Aus den Regionen Warschau, Breslau, Białystok und Elbląg das Organ „Solidarność Rolników"

→ *Sammlung Periodika des zweiten Umlaufs.*

Ośrodek Myśli Ludowej
Zentrum für Volksbildung
Gegründet im Juni 1979 in Warschau von Bauern aus den Regionen Krakau, Lodz, Lublin, Posen und Warschau. Zu den Hauptinitiatoren gehörte Michał Jagła.

1 Mappe / 1979 – 1980

Grundsatzprogramm „Założenia programowe" (Oktober 1979); Erklärung zur Unabhängigkeit und Selbstverwaltung der Bauernbewegung in Polen „Oświadczenie Ośrodka Myśli Ludowej" (Warszawa, 1979).

Tymczasowy Komitet Samoobrony Chłopskiej Ziemi Lubelskiej
Vorläufiges Komitee für Selbstverteidigung der Bauern in der Region Lublin
Gegründet am 30.07.1978 von Janusz Rożek.

1 Mappe / 1978 – 1979

Forderung nach Berücksichtigung der Interessen von Einzelbauern unter anderem im Rentengesetz (Rezolucja, Ostrówek, 30.07.1978); Offener Brief an den Staatsratsvorsitzenden (08.04.1979).

Tymczasowy Komitet Samoobrony Chłopskiej Ziemi Rzeszowskiej
Vorläufiges Komitee für Selbstverteidigung der Bauern in der Region Rzeszów
Gegründet am 12.11.1978.

1 Mappe / 1978 – 1979

Gründungsdokument; Forderungen nach Rentenreform und Verbesserung der Versorgung mit Konsumgütern.

Jugend- und Studentenorganisationen

Federacja Młodzieży Walczącej, FMW
Föderation der Kämpfenden Jugend
Gegründet im Juni 1984 in Warschau als Nachfolger der Föderation der Schuljugend (Federacja Młodzieży Szkolnej) und Zusammenschluss verschiedener Jugendgruppen.

1 Mappe / 1985 – 1989

Protestaufrufe und Flugschriften. Zahlreiche Periodika aus der Region Danzig, darunter „Monit" (1985 – 1989), „Nasze Wiadomości" (1985 – 1989)

→ *Sammlung Periodika des zweiten Umlaufs.*

Niezależny Ruch Harcerski, NRH
Unabhängige Pfadfinderbewegung
Gegründet nach dem VII. Kongress des Verbands Polnischer Pfadfinder (ZHP) am 25.04.1981 in Lublin. Gründer: Krzysztof Stanowski.

1 Mappe / 1980 – 1985

Verpflichtungserklärung für die Tätigkeit als Pfadfinderausbilder „Deklaracja podjęcia pracy instruktorskiej w NRH" sowie Mitteilung der regionalen Organisation der Polnischen Pfadfinder „Ruch Harcerzy Polskich" aus Gorzów Wielkopolski (1981).

Niezależne Zrzeszenie Studentów, NZS
Unabhängiger Studentenverband
Gegründet am 22.09.1980, registriert in Warschau am 17.02.1981. Vorsitzender: Jarosław Guzy.

1 Archivkasten / 1980 – 1989

Entwurf des Aktionsprogramms „Projekt programu działania NZS" (Rada Koordynacyjna Komitetów Założycielskich NZS, Kraków 1980); Satzung „Statut NZS" (Warszawa, 19.10.1980); Verlautbarung des landesweiten Gründungskomitees „Komunikat Ogólnopolskiego Komitetu Założycielskiego NZS" (Warszawa, 20.03.1981); Berichte vom 1. Landeskongress der NZS (April 1981), Appelle und Erklärungen des Studentenverbands; Streikaufrufe, Protestschreiben gegen Repressionen.

Ruch Społeczeństwa Alternatywnego, RSA
Bewegung der Alternativen Gesellschaft
Gegründet im Juni 1983 auf Initiative von Wojciech Jankowski, Janusz Waluszko und anderen als anarchistisch orientierte Bewegung. Ab 1985 Zusammenarbeit mit der Bewegung Freiheit und Frieden (Wolność i Pokój).

1 Mappe / 1983 – 1989

Flugblätter; Informationsschrift „Homek" (Gdańsk, 1983 – 1989)

→ *Sammlung Periodika des zweiten Umlaufs.*

Ruch „Wolność i Pokój", WiP
Bewegung „Freiheit und Frieden"

Gegründet am 14.04.1985 in Krakau, angeregt durch die Friedenspredigten von Papst Johannes Paul II. Zu den Gründern gehörte Jacek Czaputowicz.

1 Mappe / 1985 – 1989

Programmatische Schriften „Deklaracja Założycielska Ruchu WiP" (Kraków, 14.04.1985) und „Deklaracja Ideowa" (Machowa bei Tarnów, 17.11.1985); Aufrufe zur Wehrdienstverweigerung; Protestschreiben gegen die Inhaftierung von politischen Gefangenen.

Studenckie Komitety Solidarnościowe, SKS

Studentische Solidaritätskomitees

Gegründet am 07.05.1977 in Krakau nach der Ermordung des Studenten Stanisław Pyjas. Weitere Komitees entstanden in Danzig, Posen, Breslau und Stettin. Forderungen nach studentischer Selbstverwaltung, Protestaktionen gegen Exmatrikulation aus politischen Gründen und für das Recht auf freien Zugang zu Bibliotheken.

2 Mappen / 1977 – 1980

Programmatische Schriften an Studenten und die polnische Gesellschaft, darunter „Do studentów i społeczeństwa polskiego" (Warszawa, 20.10.1977); Diskussionspapiere zur Forschungs- und Meinungsfreiheit sowie zu Fragen der Hochschulselbstverwaltung „O samorządności wyższych uczelni" (Gdańsk, 11.11.1977); Aufruf an die wissenschaftlichen Mitarbeiter „Do pracowników naukowych Krakowa" (Kraków, 26.11.1977). Informations- und Streikbulletins 1977 – 1980

→ *Sammlung Periodika des zweiten Umlaufs.*

Szkolne Koło Oporu Młodzieży / Szkolne Koło Oporu Społecznego, SKOS

Schülerzirkel des Jugendwiderstands / Schülerzirkel des Gesellschaftlichen Widerstands

Unabhängige Schülerorganisationen, gegründet 1982 in Posen.

1 Mappe / 1982 – 1989

Aufruf zur Teilnahme am stillen Protest anlässlich des Jahrestags des polnischen Dezemberaufstands 1970 (22.11.1985). Informationsschriften der Gruppen aus Posen, darunter „Głos SKOS-ów" (1982 – 1989), „Echo Dwójki" (1985 – 1987)

→ *Sammlung Periodika des zweiten Umlaufs.*

Einzeldokumente von Organisationen/ Initiativen

1 Mappe / 1980 – 1989

Programmentwurf der Selbstverwalteten Studentenorganisation „Samorządna Organizacja Studencka, SOS" (Gdańsk, 28.09.1980). Manifeste des Klubs der Gesellschaftlichen Revolution „Klub Rewolucji Społecznej" (Warszawa, Januar 1982). Solidaritäts- und Protestaufrufe, Informationen über Streiks der Studentengruppen an den Universitäten und Hochschulen in Warschau, Breslau, Posen und Danzig (1982 – 1987).

Politische Gruppen

Grupy Polityczne „Wola" i „Robotnik"

Politische Gruppen „Wille" und „Arbeiter"

1984 in Warschauer Betrieben gegründete und eng kooperierende Gruppen.

2 Mappen / 1984 – 1987

Programm der Gruppe „Wola": „Deklaracja Praca, Prawo, Pokój" (1984) und Gründungserklärung von Paweł Witkowski „Grupy polityczne – tezy do programu" im gemeinsamen Organ „Naprzód" (September 1985)

→ *Sammlung Periodika des zweiten Umlaufs.*

Herausgabe von Schriften von Władysław Bartoszewski, Adam Ciołkosz, Henryk Wujec und anderen

→ *Sammlung Monographien des zweiten Umlaufs.*

Komitet Porozumienia na rzecz Samostanowienia Narodu

Verständigungskomitee für Nationale Selbstbestimmung

Gegründet am 10.02.1979 in Warschau durch Edward Staniewski und Wojciech Ziembiński. Forderung nach freien Wahlen und Reform des Wahlrechts.

1 Mappe / 1979 – 1980

Offener Brief an den Staatsrat der Volksrepublik Polen vom 17.01.1980 (Warszawa)

→ *Sammlung Periodika des zweiten Umlaufs.*

Konfederacja Polski Niepodległej, KPN

Konföderation Unabhängiges Polen

Gegründet am 01.09.1979 in Warschau, am 22.01.1985 Aufspaltung in KPN und PPN.

2 Mappen / 1979 – 1988

Gründungsdokument „Akt Konfederacji Polski Niepodległej" (01.09.1979); Programm des Gründers Leszek Moczulski „Rewolucja bez Rewolucji" (Revolution ohne Revolution, Warszawa 1979); politische Beschlüsse des 2. Kongresses der KPN „Uchwała Polityczna II-go Kongresu KPN" (Warszawa, Dezember 1984); Resolutionen und Informationsschriften.

Kongres Solidarności Narodu, KSN

Kongress der Solidarität des Volkes

Gegründet 1983. Mitbegründer Wojciech Ziembiński. Forderung nach Unabhängigkeit Polens.

1 Mappe / 1983 – 1985

Erklärung „Proklamacja Kongresu Solidarności Narodu" (Warszawa, 1983); Aufruf zum Gedenken an den 3. Mai „Niepodległość Dziś" (Warszawa, 1984); Erklärung zum 40. Jahrestag der Beendigung des Zweiten Weltkriegs „Wolność jest niepodzielna" (Die Freiheit ist unteilbar, Warszawa, 1985).

Liberalno-Demokratyczna Partia „Niepodległość" LDP „N"

Liberal-Demokratische Partei „Unabhängigkeit"

Gegründet am 11.11.1984. 1986 Abspaltung der Gruppe Liberale Demokraten um die Zeitschrift „Niepodległość".

1 Mappe / 1984 – 1989

Parteiprogramm in „Niepodległość" (11.11.1984); Aufrufe zu Kundgebungen für „Freiheit, Unabhängigkeit und Demokratie" in Nowa Huta und zum Wahlboykott (1989). Regionale Informationsblätter wie „Biuletyn Polityczny" (1985 - 1986) aus Danzig, „Głos Poznańskich Liberałów" (1988 - 1989) aus Posen und „Contra" (1988 - 1989) aus Warschau

→ *Sammlung Periodika des zweiten Umlaufs.*

Niepodległościowy Ruch Oporu

Widerstandsbewegung für Unabhängigkeit

Gegründet 1982.

1 Mappe / 1982

Programmerklärung vom 10.11.1982 „Odmowa współdziałania – jako sposób walki społeczeństwa z władzą" (Aufkündigung der Zusammenarbeit als Kampfansage in der Auseinandersetzung der Gesellschaft mit der Staatsmacht).

Organizacja Służby Niepodległości Rzeczypospolitej Polskiej

Organisation für die Unabhängigkeit der Republik Polen

Gegründet im Herbst 1987 von Andrzej Ostojewski.

1 Mappe / 1987 – 1988

Grundsatzprogramme „Pierwsza Brygada" (Warszawa, 1987).

Polityka Polska, PP

Polnische Politik

Gegründet im Herbst 1982 in Danzig von Mitgliedern des „Ruch Młodej Polski", darunter von Aleksander Hall und Arkadiusz Rybicki.

1 Mappe / 1982 – 1988

Programmentwurf PP „Między Polską naszych pragnień, a Polską naszych możliwości" (Warszawa, 1983); Erklärung zur politischen und wirtschaftlichen Lage des Landes „Uwagi o sytuacji politycznej kraju" (Dezember 1986); Flugschriften und Aktionsprogramme

→ *Bestand Turek, Wojciech.*

Polska Partia Niepodległościowa, PPN

Polnische Unabhängigkeitspartei

Gegründet am 22.01.1985 von Romuald Szeremietiew und Tadeusz Stański.

1 Mappe / 1985 – 1989

Programm und Satzung „Polska Niepodległa" (Warszawa, 1985). Regionale Informationsschriften (ab 1985)

→ *Sammlung Periodika des zweiten Umlaufs.*

Polska Partia Socjalistyczna, PPS

Polnische Sozialistische Partei

Ab 1982 wieder als Partei in Thorn und in Kattowitz im Untergrund aktiv. Neukonstituierung am 15.11.1987 in Warschau. Präsidiumsmitglieder Jan Józef Lipski, Władysław Kunicki-Goldfinger und andere. Aufspaltung am 26.06.1988 in PPS und PPS-RD (Rewolucja Demokratyczna).

1 Mappe / 1983 – 1989

Programm „Program Polskiej Partii Socjalistycznej" (Warszawa, September 1988); Aufrufe zur Freilassung der politischen Gefangenen, Plakate, Flugblätter; Solidaritätsbekundungen für die PPS und PPS-RD.

Polskie Porozumienie Niepodległościowe, PPN

Polnische Verständigung für Unabhängigkeit

Gegründet im Mai 1976 in Warschau von Zdzisław Najder, weitere Mitglieder Jerzy Olszewski, Andrzej Kijowski, Jan Józef Szczepański. In der Emigration vertreten durch Gustaw Herling-Grudziński und Leszek Kołakowski.

1 Mappe / 1976, 1979

Erklärung von „PPN" (1976); Programmentwürfe „PPN" (März 1979). Wissenschaftliche Abhandlungen zu historischen, politischen und ökonomischen Problemen „Opracowania Zespołów Problemowych"

→ *Sammlung Monographien des zweiten Umlaufs.*

Robotniczy Ruch Narodowy, RRN

Nationale Arbeiterbewegung

Gegründet am 06.08.1981 in Warschau als selbständiger Zweig der KPN.

1 Mappe / 1981

Gründungserklärung „Deklaracja ideowa RRN" (06.08.1981). Programmbeschlüsse sowie Textbeiträge (u.a. von Leszek Moczulski) in „Biblioteka RRN"

→ *Sammlung Monographien des zweiten Umlaufs.*

Informationsschrift „Robotnik Polski" (November 1981)

→ *Sammlung Periodika des zweiten Umlaufs.*

Ruch Młodej Polski, RMP

Bewegung Junges Polen

Gegründet am 29.07.1978. Hervorgegangen aus der Danziger ROPCiO-Gruppe. Unter den Gründern Aleksander Hall und Marek Jurek.

1 Mappe / 1979 – 1980

Typoskript der Gründungserklärung „Deklaracja ideowa RMP" (18.08.1979); Protokoll der Gründungsinitiative (Juli 1979); Erklärungen zum Gedenken an die Morde von Katyń (Warszawa,

08.04.1980) sowie an den 62. Jahrestag der Unabhängigkeit (11.11.1918)

→ *Bestand Turek, Wojciech.*

Ruch Polityki Realnej, RPR

Bewegung für Realpolitik

Gegründet am 14.11.1987 von Stefan Kisielewski, Janusz Korwin-Mikke und anderen. Forderung nach radikalen, humanistisch geprägten Gesellschaftsreformen.

1 Mappe / 1988

Gründungserklärung „Deklaracja Ruchu Polityki Realnej" sowie die Satzung „Statut RPR" (Februar 1988).

Ruch Polityczny „Wyzwolenie"

Politische Bewegung „Befreiung"

Gegründet im März 1984 von Mitgliedern der NSZZ „Solidarność" als politische Gruppierung. 1985 Zusammenschluss mit der Organisation Freiheit-Gerechtigkeit-Unabhängigkeit (Wolność -Sprawiedliwość-Niepodległość, WSN) zur Föderation „WSN-Wyzwolenie". Nach den Wahlen 1989 aufgelöst.

1 Mappe / 1984 – 1989

Flugschriften; Streikaufruf an die Arbeiter, Soldaten und die Miliz (23.08.1988).

Ruch Wolnych Demokratów

Bewegung der Freien Demokraten

Gegründet am 04.11.1978 von Karol Głogowski und Adam Wojciechowski. Zentrum der Aktivitäten: Breslau und Lodz.

1 Mappe / 1978

Gründungserklärung „Deklaracja Ruchu Wolnych Demokratów" (04.11.1978).

Ruch Wyzwolenia Polski

Bewegung für die Befreiung Polens

1 Mappe / 1983

Programmatische Schrift vom 10.03.1983.

Związek Wyzwolenia Narodowego

Verband für Nationale Befreiung

1 Mappe / 1981

Programmatische Schrift vom 03.05.1981 anlässlich des 190. Jahrestags der Verfassung vom 3. Mai 1791.

Kultur, Medien und Wissenschaft

Literatur, Kunst, Theater, Film

3 Archivkästen / 1979 – 1989

Ankündigungen von Theaterinszenierungen sowie Resolutionen des Teatr Ósmego Dnia (Posen); Programmheft des Teatr Studencki Robotnikom Gdańsk '80; Mitteilung der Solidarność über Kollaborateure in der Theater- und Filmszene (1982); Stellungnahme der NSZZ „Solidarność" zum Dokumentarfilm „Robotnicy '83" von Andrzej Wajda; Drehbuch „Nadzór" von Wiesław Saniewski (Wrocław, 1987). Literarisch-gesellschaftliches Bulletin „Naprzeciw" (Gdańsk, 1980)

→ *Sammlung Periodika des zweiten Umlaufs.*

Vorschläge für kulturelle Veranstaltungen „Propozycje imprez kulturalnych w dniach 2 i 3 maja w Warszawie" (25.04.1981); Kommuniqués der Kultursektionen der NSZZ „Solidarność"; Benutzerregeln der „Bibliothek des Freien Wortes"; Strategiepapiere der Solidarność-Kulturkommission wie „Zagrożenie" (Bedrohung, 1983). Abschriften von patriotischen Liedern, Gebetstexte wie „Modlitwa za Ojczyznę" (Gebet für das Vaterland); Gedichte und Lieder der Internierten wie „Pieśni zza krat" (Lagerlieder), „Zbroja" (Rüstung) von Jacek Kaczmarski und volkstümliche satirische Balladen

→ *Sammlung Monographien des zweiten Umlaufs.*

Verlage und Presse

2 Mappen / 1980 – 1985

Erklärung gegen die Verfolgung des unabhängigen Verlags NOWA durch die staatlichen Sicherheitsorgane, unterzeichnet von Grzegorz Boguta, Mirosław Chojecki und Adam Michnik („Oświadczenie", Warszawa, 25.10.1980); Forderung nach Rückgabe von konfiszierten Büchern an die Bibliotheken der Künstlerverbände (Warschau 01.10.1981); Mitteilungen an die Mitarbeiter der Warschauer Untergrundverlage während des Kriegsrechts; Verlagsprogramme von Wydawnictwo Myśli Nieinternowanej, Niezależna Oficyna Wydawnicza NOWA, Przedświt, CDN; Verhaltensregeln für die Drucker der Untergrundpresse „Poradniki drukarskie".

Diskussionsmaterial des kulturpolitischen Forums des polnischen Journalistenverbands „Strach – towarzysz pracy dziennikarza" (Warszawa, 1981); Resolution „Sprawa listu Stowarzyszenia Dziennikarzy Polskich" (Warszawa, 1981); Brief der Warschauer Redaktion an die Leser des im Dezember 1981 verbotenen Wochenblatts „Tygodnik Solidarność" (08.10.1982); Bericht über die Solidarność-Untergrundpresse aus der Region Lublin (1985).

Forschung und Lehre

Instytut Katyński w Polsce

Katyń-Institut in Polen

Gegründet 1978 in Krakau.

1 Mappe / 1980 – 1988

Appell an die polnische Gesellschaft (Warschau, Februar 1980) in Erinnerung an den 40. Jahrestag der Ermordung von über 14.000 polnischen Offizieren bei Katyń; Berichte der Sonderkommission im U.S. Kongress zur Untersuchung der Morde von Katyń (Krakau, 1980).

Społeczny Komitet Nauki, SKN

Gesellschaftliches Komitee für Wissenschaft

Gegründet im Mai 1983 in Warschau. Initiative für unabhängige Wissenschaft, Kultur und Bildung.

1 Mappe / 1983 – 1989

Erklärung mit der Forderung nach freien Wahlen der akademischen Räte an Hochschulen „Oświadczenie SKN" (Warszawa, 28.05.1984). Sozial- und geisteswissenschaftliche Hefte „Zeszyty SKN" sowie „Lektury Studenckie"

→ *Sammlung Monographien des zweiten Umlaufs.*

Informationsdienst zur Wissenschaftspolitik „Serwis Informacyjny SKN" (1985 – 1989)

→ *Sammlung Periodika des zweiten Umlaufs.*

Towarzystwo Kursów Naukowych, TKN

Gesellschaft für Wissenschaftliche Kurse

Gegründet am 22.01.1978. Bekannt als „Fliegende Universität". Vorlesungsreihen von Wissenschaftlern in Privatwohnungen, später an Universitäten. Unter den Initiatoren: Władysław Bartoszewski und Stanisław Barańczak.

1 Mappe / 1978 – 1981

Programmatische Schriften, Erklärungen, Offene Briefe, Vorlesungsankündigungen. Berichte über Repressionen, Protestschreiben von Jacek Kuroń und Adam Michnik (April 1979); Typoskript von Kazimierz Brandys „Erinnerung an das TKN".

Wissenschaftliche Abhandlungen und Vorlesungstexte „Zeszyty Naukowe"

→ *Sammlung Monographien des zweiten Umlaufs.*

Einzeldokumente

2 Archivkästen / 1980 – 1985

Anträge, Beschlüsse, Sitzungsberichte, Reformvorschläge innerhalb der Gesamtpolnischen Verständigungskomitees der NSZZ „Solidarność" für Erziehung und Bildung, darunter Dokumente der Polnischen Akademie der Wissenschaften und der Danziger Schlichtungskommission für Bildung und Wissenschaft; Diskussionspapiere zum Hochschul- und Bildungsauftrag; Projektvorschläge zur Reform des Bildungswesens; Informationsschriften für selbstverwaltete Lehrbetriebe und wissenschaftliche Einrichtungen; Stellungnahmen zur Novellierung der Hochschulgesetze; Streikaufrufe des Solidarność-Komitees an verschiedenen Universitäten wie „Strajk Pracowników UAM" (Mitarbeiter-Streik der Adam-Mickiewicz-Universität, Poznań 08.11.1980).

Kirche und religiöse Bewegungen

Klub Inteligencji Katolickiej, KIK

Klub der Katholischen Intelligenz

Gegründet in den 1950er Jahren von Redaktionsmitgliedern des „Tygodnik Powszechny" und Wissenschaftlern der Katholischen Universität Lublin mit Sitz in mehreren Städten.

1 Mappe / 1980 – 1984

Sitzungsprotokolle und Resolutionen wie „Rezolucja zebrania KIK" (Warszawa, 13.04.1980 und 11.10.1980); Bericht des KIK-Programmrats über den Zustand des gesellschaftlichen Bewusstseins: Bewertung und Auswirkungen „Stan świadomości społecznej: próba oceny i kierunki oddziaływania" (Kraków, 30.06.1984).

Ruch „Światło i Życie"

Bewegung „Licht und Leben"

Gegründet im März 1976 von Priester Franciszek Blachnicki in der Tradition der „Lebendigen Kirche" in Südpolen.

1 Mappe / 1979 – 1980

Berichte und Referate von F. Blachnicki über das Charisma der „Licht und Leben"-Bewegung zur Erneuerung der lokalen Kirche „Charyzmat Ruchu Światło-Życie w służbie odnowy Kościoła Lokalnego" (04.03.1979). Monatsbriefe „Domowy Kościół: List do Wspólnot Rodzinnych ‚Światło-Życie'" (Hauskirche: Brief an die Familiengemeinden der „Licht und Leben"-Bewegung, Kraków, 1979 – 1980)

→ *Sammlung Periodika des zweiten Umlaufs.*

Einzeldokumente

2 Archivkästen / 1956 – 1985

Sammlung von Predigten für das Vaterland; Predigten des Kardinals Stefan Wyszyński (Warschau 1976); Dokumente des Polnischen Episkopats: Sitzungsberichte und Kommuniqués nach Einführung des Kriegsrechts, Offene Briefe zur Freilassung der politischen Gefangenen und zur Wiederzulassung der NSZZ „Solidarność", Brief des polnischen Primas Józef Glemp an General Jaruzelski (Warszawa, 28.12.1981), Thesen des Sozialrats des Primas zur nationalen, gesellschaftlichen und wirtschaftlichen Erneuerung „Prymasowska Rada Społeczna w sprawie ugody społecznej" (Warszawa, 05.04.1982); Dokumente über die Entführung und Ermordung des Priesters Jerzy Popiełuszko: Flugblätter, Protokolle „Informacje nr 1 – 44" (Episkopat Polski, 1984), Stellungnahmen der regionalen Solidarność-Verbände, Nachrufe; Ankündigungen zur „Woche der Christlichen Kultur" (Lublin/Świdnik 1985); Flugblätter und Berichte anlässlich der Papstbesuche in Polen; Berichte von Gedenkmessen zu Katyń und zu den Arbeiteraufständen 1956, 1970 und 1976 in Polen

→ *Bestand Raina, Peter.*

Plakate und Flugblätter

ca. 3.500 / 1980 – 1990

- *Solidarność - Bewegung*:
  Aufrufe zu Demonstrationen (September 1980 – Dezember 1981), Aktivitäten der Gewerkschaft NSZZ „Solidarność“ und der Gebietskomitees, Streik 1980, Proteste gegen Versorgungsmängel und Preiserhöhungen, Aktionen der NSZZ „Solidarność“ im Untergrund gegen das Kriegsrecht und gegen Polizeiübergriffe im Kriegszustand, Forderung nach Freilassung der politischen Gefangenen, Jahrestage der Gewerkschaft NSZZ „Solidarność“, Aufrufe zum Boykott der Wahlen (1984 – 1989).
- *Politische und Menschenrechtsgruppen*:
  Plakate der Bewegung Junges Polen (Ruch Młodej Polski), des Komitees zur Verteidigung der für ihre Überzeugung Inhaftierten (Komitet Obrony Więzionych za Przekonania), der Konföderation Unabhängiges Polen (KPN) sowie der Polnischen Sozialistischen Partei (PPS) zu Bürger- und Menschenrechten, zu den Freiheitsbestrebungen in der polnischen Geschichte und zur Einführung eines Nationalfeiertages in Erinnerung an die Verfassung vom 3. Mai 1791.
- *Jugend- und Studentengruppen*:
  Flugblätter der Bewegung „Freiheit und Frieden“ (WiP), der Friedensbewegung (Kriegsdienstverweigerer), der ökologischen Bewegung sowie der antirassistischen und -faschistischen Bewegung.
- *Kultur und Wissenschaft:*
  Flugblätter zum Gedenken an die Opfer des Massakers von Katyń; Ankündigungen von Kulturveranstaltungen, künstlerische Plakate, politische Satiren und Karikaturen, Aufruf zum Boykott der offiziellen Medien; Vorlesungsankündigungen der Gesellschaft für Wissenschaftliche Kurse (TKN).
- *Kirche und Religion:*
  Flugblätter zum Gedenken an die Ermordung des Priesters Jerzy Popiełuszko, Porträts von Papst Johannes Paul II.

Untergrundpost

ca. 7.500 / 1976 – 1990

Rund 5.000 Briefmarken und Vignetten der Solidarność und aus ihrem Umfeld. Etwa 2.500 Postkarten, gestempelte Briefumschläge, Banknoten. Darunter Motive wie:

- Aufstände im 19.Jh., Józef Piłsudski und seine Legionen, Zweiter Weltkrieg, Warschauer und Ghetto-Aufstand, Katyń, Armia Krajowa;
- politische Themen wie Kalter Krieg, Aufstände in Ungarn und der DDR, Prager Frühling;
- Personen und Organisationen der Opposition, Internierungslager, politische Gefangene, Solidarność-Gedenktage;
- Karikaturen und politische Satire;
- unabhängige Verlage und Presse, Kritik der offiziellen Medien;
- Papst Johannes Paul II., Priester Jerzy Popiełuszko, Madonnenbilder

→ *Bestand Brzozowski, Henryk.*

Photographien

25 Mappen / 1956 – 1989/90

Über 1.000 Photographien zur politischen und kulturellen Opposition in Polen:

- Porträts und Gruppenaufnahmen von Oppositionellen;
- Photographien von Ereignissen (Posener Aufstand Juni 1956, Arbeiterunruhen in der Ostsee-Küstenregion Dezember 1970, Streiks in Radom und Ursus 1976), Widerstandsaktionen, Massendemonstrationen (bis 1980) und landesweiten Streiks 1980, von den Verhandlungen zwischen „Solidarność“- und Regierungsvertretern in Danzig (August 1980), der Registrierung der Bauernsolidarität (Mai 1981) und dem ersten Landesdelegiertenkongress der NSZZ „Solidarność“ (September 1981). Photographien aus der Zeit des Kriegszustands (1981 – 1983), darunter Aufnahmen von Inhaftierten der Internierungslager (Białołęka, Uherce, Iława), Untergrundaktionen und Hungerstreiks der Opposition (Podkowa Leśna), Massenkundgebungen gegen den Kriegszustand, Aktionen zum Boykott der offiziellen Wahlen, Streiks (1988) sowie von den Beratungen am Runden Tisch (1989);
- in Untergrundverlagen herausgegebene und von Initiativgruppen zusammengestellte photographische Dokumentationen zu besonderen Ereignissen: Bau des Denkmals für die Opfer des Dezemberaufstands 1970 in Danzig (1980), Übergriffe der Miliz (Lubin, August 1982 und Bydgoszcz, März 1983), Kundgebungen anlässlich der nationalen Gedenktage (3. Mai, 11. November) und Jahrestage der Aufstände (1956, 1968, 1970, 1976), Papstbesuche in Polen (1979, 1983, 1987), Gottesdienste für das Vaterland, Pilgerfahrten, Trauer um Priester Jerzy Popiełuszko, Protestaktionen von Jugendlichen und der Studentenorganisation NZS, Aufnahmen von Theateraufführungen (Teatr Ósmego Dnia), Untergrunddruckereien.

Audiovisuelle Medien

ca. 250 / 1979 – 1990

Audiokassetten:

- aus dem Verlag NOWA: Konzerte der Liedermacher Jacek Kaczmarski und Przemysław Gintrowski; Autorenlesung mit Marek Nowakowski und Jan Krzysztof Kelus. Lieder aus den Internierungslagern;
- aus dem Verlag CDN: Beiträge der Delegierten der Landeskommission der NSZZ „Solidarność" (1980 – 1981); Janina Jankowska „Słowo o ks. Jerzym" (1985);
- private Mitschnitte: Übertragung von Radio Solidarność vom Landesdelegiertenkongress in Danzig (1981). Weitere Sendungen von Radio Solidarność Walcząca. Aufzeichnungen von politischen Kabaretts wie „Kabaret pod Egidą" (Jan Pietrzak) und „Tej" (Zenon Laskowik, Bogdan Smoleń), kabarettistische Auftritte von Jacek Fedorowicz sowie heimliche Tonaufzeichnungen von dem Prozess gegen die Mörder von Jerzy Popiełuszko.

Videokassetten:

- aus dem Verlag NOWA: Spielfilme wie „Przesłuchanie" (Verhör) von Ryszard Bugajski und „Kobieta samotna" (Eine alleinstehende Frau) von Agnieszka Holland. Dokumentarfilme der Agentur Video-Kontakt, darunter „Kalendarz wojny" (Kriegskalender), „KOR" und „S"[olidarność];
- Aufzeichnungen des Krakauer Kabaretts „Piwnica pod Baranami" (Wirtschaft Zu den Hammeln) und von Autorenlesungen, darunter von Janusz Szpotański („Szpot"); Aufführungen des Posener Theaters „Teatr Ósmego Dnia";
- Mitschnitte der Danziger Bischofskurie „Gdański Magazyn Katolicki" (1988 – 1989).

Objekte

ca. 500 / 1980 – 1990

Druckgeräte und Druckmatrizen; Gedenk-Medaillen und Abzeichen; Wand- und Taschenkalender, Wimpel, Aufkleber, Eintrittskarten, Spendenbausteine.

Kunst und Kunstdokumentationen

20 Archivkästen + Großformate / 1970er – 1990er

Ölgemälde „Ganja" von Marek Sobczyk (1981). Einladungen, Plakate und Kataloge zu Ausstellungen von polnischen Künstlern und Künstlergruppen in Polen sowie in Deutschland und in Westeuropa; Zeitungsausschnitte (Rezensionen); Theater- und Opernprogramme.

Bestände

Personen und Körperschaften

Brzozowski, Henryk

1949 –, Jurist. Im Kriegszustand als Verbreiter unabhängiger Publikationen tätig.

2 Archivkästen / 1980 – 1990

Briefmarken, Briefumschläge aus dem zweiten Umlauf, Berichte, Streikaufrufe, unabhängige Publikationen aus Posen und Großpolen

→ *Sammlung Periodika des zweiten Umlaufs.*

Jarosławski, Jan

1925 –, Soziologe, seit 1968 in Deutschland. 1971 – 1991 Professor an der Universität Bremen.

5 Archivkästen / 1972 – 1995

Manuskripte, Tagebücher, Privatbibliothek (ca. 1.500 Bände).

Koschnick, Christine

1926 –, Mitbegründerin der Deutsch-Polnischen Gesellschaft in Bremen. Ehefrau von Hans Koschnick.

1 Archivkasten / 1972 – 1980

Korrespondenz mit Redaktionen in Deutschland und Polen; Zeitungsausschnitte (Berichte aus und über Polen); Dokumentationen deutsch-polnischer Tagungen (Darmstadt, Thorn).

Łódź Kaliska

Künstlergruppe, gegründet 1979 in Lodz von Marek Janiak, Andrzej Kwietniewski, Adam Rzepacki, Andrzej Świetlik, Andrzej Wielogórski.

2 Archivkästen + Großformate / 1983 – 1986

Künstlerische Photoarbeiten (110 x 162 cm), Collagen und Plakate. Künstlerzeitschrift „Tango" Nr. 1, 2, 4/5, 7, 8, 9, 18, 25

→ *weitere Nummern in der Sammlung Periodika des zweiten Umlaufs.*

Raina, Peter

1935 –, Historiker. Autor und Herausgeber zur Geschichte der polnischen Kirche seit 1945. Lebt seit 1967 in Berlin.

13 Archivkästen / 1947 – 1989

Briefe von Jerzy Giedroyć, Herausgeber von „Kultura", an P. Raina (1967 – 1980); Dokumente zu Leben und Werk von Primas Kardinal Stefan Wyszyński, Briefe und Privatnotizen (1949 – 1962);

Berichte und Schriftverkehr zum Verhältnis von Kirche und Staat (1947 - 1989), darunter Protestbriefe gegen die Einschränkung der Rechte von Gläubigen und gegen die Unterdrückung der Kirche; kircheninterne Berichte über die Beziehung von Staat und Kirche in Polen (1965); Briefe des Polnischen Episkopats (Erzbischof Bronisław Dąbrowski) an den Innenminister Czesław Kiszczak (1981 - 1989).

Berichte über die Lage in den Internierungslagern; Dokumente zum Tod des Priesters Jerzy Popiełuszko und des Schülers Grzegorz Przemyk; Informationsbulletin der Arbeitsgruppe der Landeskommission der NSZZ „Solidarność" (1988 - 1986); Photographien zu Streiks in Danzig (1980) und zu Beratungen am Runden Tisch (1989).

Robakowski, Józef
1939 –, Kunsthistoriker, Multimediakünstler. Lebt in Lodz.

1 Archivkasten / 1978 - 1995

Dokumente der künstlerischen Aktivitäten aus den 1970er - 1980er Jahren der „Exchange Gallery - Galeria Wymiany" in Lodz; Künstlerpublikation „Kultura zrzuty".

Steinberg, Hans-Josef
1935 - 2003, Historiker.

75 Einheiten / 1975 - 1990er

16 Graphiken des Malers Stanisław Wiśniewski. Religiöse Volkskunst: holzgeschnitzte Skulpturen (58 Einzelfiguren und eine Abendmahlgruppe) aus den 1970er - 1990er Jahren.

Turek, Wojciech
1963 –, Historiker, Mitglied der unabhängigen Bewegung „Ruch Młodej Polski". Chefredakteur der Zeitschriften „Sprawa Polska" (1998 - 2002) und „Porta" (seit 2002).

12 lfm / 1945 - 1989

Zahlreiche Monographien und Zeitschriften sowie Flugblätter.

Dokumente aus der Region Danzig zum Verhältnis von Staat und Kirche 1945 - 1960, zum Dezemberaufstand 1970 in der Küstenregion (Erinnerungen und Presseberichte); Aufrufe und Protestschreiben, Flugblätter, Offene Briefe, Resolutionen, Berichte und Kommentare, Aufzeichnungen und Protokolle, Schriften der Menschen- und Bürgerrechtsbewegungen (KOR, KSS-KOR, ROPCiO) und politischer Gruppierungen (KPN, PPN, Ruch Młodej Polski) aus den 1970er Jahren; Druckfahne von Jacek Kuroń „Zasady ideowe" (Prinzipien, 1978).

Streikaufrufe und -instruktionen, Beschlüsse, Informations- und Flugblätter der NSZZ „Solidarność" (August 1980 - 1981) und des unabhängigen Studentenverbands NZS.

Dokumente aus der Zeit des Kriegszustands, darunter Briefe aus Internierungslagern sowie Materialien der NSZZ „Solidarność" im Untergrund (Forderung nach Freilassung politischer Gefangener, Berichte über Streikaktionen, Aufrufe zur Aufhebung des Kriegsrechts, darunter Appell der Arbeiter der Danziger Józef Piłsudski Werft „Apel Stoczniowców Gdańskiej Stoczni Remontowej im. Józefa Piłsudskiego do społeczeństwa Trójmiasta", Gdańsk, 15.12.1981).

Dokumente von Danziger Untergrundorganisationen: Klub Myśli Politycznej, Młoda Polska, Polityka Polska.

Stenogramme der Arbeitsgruppe für Jugendangelegenheiten beim Runden Tisch (1989).

Materialien von politischen Gruppierungen in der Region Danzig zu Fragen der territorialen Selbstverwaltung aus der Übergangszeit 1989/90.

Warpechowski, Zbigniew
1938 –, Performancekünstler. Lebt in Sandomierz.

1 Mappe / 1971 - 1992

Photographien, Photodokumentation der Performance „Miejsce obowiązujące" (Ein Ort, der verpflichtet, Galeria Foksal, Warszawa 1971); Plakate, Postkarten, Einladungskarten.

Winiarski, Zbigniew Bronisław
1920 [?] – , Politik- und Rechtswissenschaftler.

1 Archivkasten / 1944 –

Persönliche Dokumente; Manuskript „Die staatsrechtliche Stellung des Präsidenten der Republik Polen", Dissertation, Universität Fribourg, 30.09.1944.

Żejmo, Julian
1940 –, Kameramann im Studio Wytwórnia Filmów Dokumentalnych und bei „Polfilm" in Warschau. Mitglied der NSZZ „Solidarność".

4 Archivkästen / 1971 - 1989

Dokumentation über die Versorgungsmängel in Polen „Kryzys z lat 1981–1989": Lebensmittelkarten und Bezugscheine; Sammlung von Zeitungsausschnitten zu laufenden Ereignissen „Kronika bierzących zdarzeń" (Streikwelle im Sommer 1980, Entstehung der NSZZ „Solidarność", Wahl von Józef Kardinal Glemp zum Primas von Polen, IX. Außerordentlicher Parteitag der Polnischen Vereinigten Arbeiterpartei vom 14.07.1981, Militärrat der Nationalen Errettung, Aufhebung des Kriegszustands 22.08.1983) und zu Personen der Opposition (Lech Wałęsa, Stefan Bratkowski).

Dokumente zu Einzelpersonen der oppositionellen Bewegung

2 Archivkästen / 1976 - 1987

Briefe, Berichte, Appelle, Protestnoten, Prozessaussagen, Werkmanuskripte, Presseartikel, Interviews, Vorträge, Erinnerungen, Einzeldokumente zu und von:

Władysław Bieńkowski, Stefan Bratkowski, Zbigniew Bujak, Mirosław Chojecki, Władysław Frasyniuk, Andrzej Gwiazda, Aleksander Hall, Lothar Herbst, Priester Henryk Jankowski, Marian Jurczyk, Jakub Karpiński, Janusz Korwin-Mikke, Jacek Kuroń, Józef Kuśmierek, Wojciech Lamentowicz, Edward Lipiński, Jan Józef Lipski, Bogdan Lis, Jan Lityński, Priester Stanisław Małkowski, Andrzej Micewski, Adam Michnik, Czesław Miłosz, Leszek Moczulski, Karol Modzelewski, Kornel Morawiecki, Sławomir Mrożek, Leszek Nowak, Eugeniusz Partyka, Priester Jerzy Popiełuszko, Zbigniew Romaszewski, Jan Rulewski, Władysław Siła-Nowicki, Jadwiga Staniszkis, Eugeniusz Szumiejko, Lech Wałęsa, Piotr Wierzbicki, Stanisław Wójcik, Leszek Zaleski, Wojciech Ziembiński.

Tschechoslowakei

zusammengestellt von Ivo Bock

Sammlungen

Monographien und Sammelwerke des Samizdat

ca. 30 lfm / 1973 – 1989

Annähernd 1.000 Einheiten: literarische Werke (Romane, Erzählungen, Gedichtbände, Theaterstücke), wissenschaftliche Arbeiten, religiöse Schriften und Sammelbände mit Essays und anderen publizistischen Genres aus folgenden Untergrundeditionen:

- Edice Petlice (ca. 400 Ausgaben)
- Edice Popelnice (62)
- Česká Expedice (39)
- Edice Expedice (24)
- Nové cesty myšlení (12)
- Edice Kvart (11)
- Edice Jazzpetit (15)
- Edice Knihovna střední Evropy (5)
- Edice Krameriová Expedice (5).

Einzelne Ausgaben ferner aus: Edice Alef, Fragment-K, Historické studie, Kde domov můj, Knihy čtvrtého proudu, Knižnice historických studií, Moravská čítanka, Mozková mrtvice, Oikumené, Opus, Pro více, RR editions, Žába na prameni. Darüber hinaus etwa 300 Werke, die außerhalb der Editionen erschienen sind.

→ *Lit.:* Bestandskatalog der Forschungsstelle Osteuropa „Tschechischer und slowakischer Samisdat der siebziger und achtziger Jahre." Zusammengestellt und bearbeitet von Zdenka Phillipsová. Bremen 1994.

Periodika des Samizdat

ca. 9 lfm / 1970er – 1980er

Etwa 130 Titel, darunter:

- Mitteilungsblätter informeller Gruppen wie „Informace o Chartě 77" (Bulletin der Charta 77, 1978 – 1990) und „Glosář" (Organ der Demokratická iniciativa, 1987 – 1988);
- Kulturperiodika wie „Obsah" (1981 – 1989), „Kritický sborník" (1981 – 1989), „Host" (1985 – 1989), „Jazz" (1971 – 1982), „Jednou nohou/Revolver revue" (1985 – 1989), „Vokno" (1979 – 1981 und 1985 – 1989), „Někdo něco" (1985 – 1989) und „Fragment-K" bzw. „Fragment" und „K" (1987 – 1989);
- Zeitschriften mit wissenschaftlichem Charakter wie „Historické studie" (1978 – 1989), „Sociologický obzor" (1987 – 1989), „Ekonomická revue" (1978 – 1986), „Paraf" (1985 – 1989), „Teologické texty" (1980 – 1989) und „O divadle" (1986 – 1989);
- Periodika für Politik und Gesellschaft, darunter „Čtverec" (1979 – 1980), „Dikuse" (1983 – 1989), „Ze zásuvky i z bloku" (1984 – 1989) und „Lidové noviny" (1987 – 1989);
- Religiöse Periodika wie „Informace o církvi" (1980 – 1989), „Náboženstvo a súčasnost'" (1982 – 1989), „Serafínsky svet" (1982 – 1989), „Vzkříšení" (1979 – 1989), „Rodinné spoločenstvo" (1985 – 1989) und „Katolický mesačník" (1988 – 1989).

Viele der Titel sind als vollständige Originalausgaben vorhanden; lückenhafte Sätze sind zum Teil durch Kopien ergänzt.

Kleinschriften des Samizdat

15 Archivkästen / 1970er – 1980er

Materialien der Charta 77 und des VONS (Komitee zur Verteidigung von zu Unrecht Verfolgten). Feuilletons, Offene Briefe, Glossen, Berichte, Laudationes zu Jubiläen, Gedichte, Biobibliographien einzelner Autoren, Flugblätter und anderes.

Druckschriften zu 1968 und 1989

2 Mappen + 3 Archivkästen / 1968, 1989/90

Einzel- und Sondernummern von Zeitungen, Flugblätter, Plakate zum „Prager Frühling" und zur Invasion der Warschauer-Pakt-Truppen am 21. August 1968 in die Tschechoslowakei.

Dokumente der „Samtenen Revolution" 1989: Plakate, Flugblätter, Wahlprogramme, Stimmzettel zu den ersten freien Wahlen im Juni 1990.

Photographien

3 Archivkästen / 1970er – 1980er

Photographien und Diapositive zu Themen wie Charta 77, staatliche Repression, Untergrundseminare, Ausstellungen der alternativen Kunst, Wohnungstheater und Protestdemonstrationen der späten 1980er Jahre. Basiert im Wesentlichen auf den Beständen der Photographen Ivan Kyncl und Hana Hamplová

→ *Bestand Kyncl, Ivan,*

→ *Bestand Hamplová, Hana.*

Audiovisuelle Medien

3 Archivkästen / 1970er – 1980er

Schallplatten, Tonband- und Videoaufnahmen von Rockkonzerten, Liedermachern und von Aufführungen des Wohnungstheaters sowie das vollständige „Originální videožurnál" (1980er Jahre).

Kunstdokumentationen

5 Archivkästen / 1970er – 1980er

Kataloge, Ausstellungsankündigungen und Flyer von Veranstaltungen außerhalb des offiziellen Kunstbetriebs, darunter:

- Mappen zu Ausstellungen in der Galerie Opatov (im Kulturzentrum der gleichnamigen Prager Neubausiedlung);
- Kataloge von Expositionen in der Galerie 55 in Kladno, in der Galerie H in Kostelec, im Institut für makromolekulare Chemie der Tschechischen und im Institut für angewandte Kybernetik der Slowakischen Akademie der Wissenschaften, im Foyer des Musiktheaters in Olomouc, im Kulturhaus der Eisenbahner in Prag und an anderen Orten;
- kompletter Satz der „Dotyky und spojenia" (12 Kataloge von Veranstaltungen von Musikern und bildenden Künstlern in Bratislava, 1985 – 1989);
- Dokumentationen von Gruppenausstellungen wie „Dvorky 81" (1981) und „Symposium Mutějovice" (1982). Jiří Šetlíks Künstlerportraits in „Cesty po ateliérech" und der Katalog „78/1985", in dem das Werk von 78 Künstlern insbesondere aus Prag vorgestellt wird.

Bestände

Personen

Braunschweiger, Jürgen
1936 – 2004, Leiter des Luzerner Verlags C.J. Bucher.

2 Archivkästen / 1971 – 1979

Manuskripte von Samizdat-Texten von Ivan Klíma, Alexandr Kliment, Pavel Kohout und Eda Kriseová, die in der Luzerner Edition Reich in deutscher Übersetzung veröffentlicht wurden.

Filko, Stanislav
1937 –, Konzept-, Aktions- und Multimediakünstler. 1982 Emigration nach Deutschland und in die USA. Lebt heute in Bratislava.

1 Mappe / 1960er – 1980er

Kataloge, Photographien und Objekte der Konzeptkunst (teils mit Miroslav Laky und Ján Zavarský).

Weitere Arbeiten

→ *Bestand Štraus, Tomáš.*

Fuchs, Vilém
1923 – 1990, Tschechisch-deutscher Journalist, Mitarbeiter des tschechoslowakischen Rundfunks. Lebte seit 1968 in Deutschland. Redakteur bei Radio Bremen.

2 Archivkästen / 1938 – 1983

Sammlung tschechischer politischer Witze aus den Jahren 1938 – 1983 (Typoskript).

Gruša, Jiří
1938 –, Dichter, Schriftsteller, Diplomat. Samizdat-Autor, Unterzeichner der Charta 77. 1981 – 1989 Exil in Deutschland. Tschechischer Botschafter in Deutschland (1990 – 1997) und Österreich (1998 – 2004). Seit 2004 Präsident des Internationalen P.E.N.

2 Archivkästen / 1966 – 1970, 1980er

Autographen tschechischer Schriftsteller, Dokumente des tschechischen Schriftstellerverbands.

Samizdat-Literatur und -Zeitschriften aus den 1970er und 1980er Jahren

→ *Sammlungen Monographien und Sammelwerke des Samizdat sowie Periodika des Samizdat.*

Hamplová, Hana
1951 –, Photographin. Lebt in Prag.

1 Archivkasten / 1970er – 1980er

Dokumentarische Photographien von Persönlichkeiten und Aktivitäten der alternativen Kunstszene der 1970er und 1980er Jahre in der Tschechoslowakei (individuelle und Gruppen-Ausstellungen, Aktionskunst, Land und Body Art)

→ *Sammlung Photographien.*

Horský, Vladimír
1931 –, Politologe, Historiker, Publizist.

3 Archivkästen / 1960er – 1980er

Typoskripte politologischer Analysen, KPČ-Dokumente und Periodika aus den Jahren 1968 – 1971, Bücher zum Reformkommunismus.

Hořec, Jaromír
Wirklicher Name Halbhuber
1921 –, Dichter, Publizist. Gründer und Autor der Samizdat-Edition Česká expedice.

1 Archivkasten / 1980er

Samizdat-Werke (16 Titel) aus der Buchreihe Česká expedice

→ *Sammlung Monographien und Sammelwerke des Samizdat.*

Jankovič, Jozef
1937 –, Bildhauer, Graphiker. 1990 – 1994 Rektor der Kunsthochschule in Bratislava. Lebt in Bratislava.

1 Archivkasten/ 1970er – 1980er

Kataloge und Photographien seiner Arbeiten.

Originalwerke

→ *Bestand Štraus, Tomáš.*

Jirásek, Jiří
1932 –, Zeichner, Karikaturist, Bühnenbildner. Lebt in Prag.

1 Archivkasten / 1980er Jahre

Samizdat-Werke (17 Titel) aus der Buchreihe Česká expedice mit Graphiken von Jiří Jirásek. Mappe mit graphischen Blättern des Autors

→ *Sammlung Monographien und Sammelwerke des Samizdat.*

Juncker, Klaus
1922 –, Gründer und langjähriger Leiter des Rowohlt Theater-Verlages. Seit den frühen 1960er Jahren Theateragent für Havels Stücke in Westeuropa.

4 lfm + 13 Archivkästen / 1960er – 1980er

Buchausgaben und Rollenbücher von Havels Werken in verschiedenen Sprachen. Havels Aufsätze in deutscher Sprache. Wissenschaftliche Untersuchungen, Theaterprogramme, Plakate. Korrespondenz, Verträge, Interviews und Aufzeichnungen von Telefonaten Klaus Junckers mit Václav Havel. Ton- und Videokassetten. Presseausschnitte und Photographien.

Kahan, Vilém
1919 – 1985, Historiker. 1949 – 1956 in politischer Haft. 1968 Mitarbeiter von Innenminister Josef Pavel. Lebte seit 1969 im Exil in Holland.

20 Archivkästen / 1920er – 1980er

Dokumente, Zeitungsausschnitte und Typoskripte von Büchern und Artikeln zu den Themen antifaschistischer Widerstand, Geschichte der KPČ und anderer kommunistischer Parteien, Schauprozesse in der UdSSR und der Tschechoslowakei, Trotzkismus, „Prager Frühling" und „Normalisierung". Zeitungen und Zeitschriften, Korrespondenz.

Kern, Michal
1938 – 1994, Aktions- und Konzeptkünstler. Lebte in Liptovský Mikuláš (Slowakei).

1 Mappe / 1970er – 1980er

Photographien der Land Art.

Originalwerke

→ *Bestand Štraus, Tomáš.*

Koller, Július
1939 –, Aktions- und Konzeptkünstler. Lebt in Bratislava.

1 Archivkasten / 1970er – 1980er

Mail Art, Objekte der Konzeptkunst und Photographien der Aktionskunst und Land Art.

Originalwerke

→ *Bestand Štraus, Tomáš.*

Kyncl, Ivan
1953 – 2004, Photograph. Unterzeichner der Charta 77. 1980 Emigration nach England.

1 Archivkasten / 1970er – 1980

155 Photographien: Zusammenkünfte der Sprecher der Charta 77, Treffen tschechoslowakischer und polnischer Dissidenten im Riesengebirge, Polizeimaßnahmen gegen den politischen Untergrund, Seminare in Privatwohnungen und im Freien, Wohnungstheater von Vlasta Chramostová, Beerdigung von Jan Patočka sowie Porträts von Dissidenten, darunter von Václav Havel, Dana Němcová, Anna Šabatová

→ *Sammlung Photographien.*

Lederer, Jiří
1922 – 1983, Journalist, Publizist. Nach 1968 in der Oppositionsbewegung. Unterzeichner der Charta 77. Mehrere Jahre in politischer Haft. 1980 Emigration nach Deutschland.

3 Archivkästen / 1939 – 1980

Samizdat-Literatur, Protokolle der Künstlerverbände und Archivmaterial aus dem Nachlass. Darunter Interviews mit tschechischen Literaten und Intellektuellen, die nach 1968 in Ungnade gefallen sind. Die meisten davon wurden in Lederers „České rozhovory" („Tschechische Gespräche") 1978 publiziert, einige davon sind nicht erschienen, da die Personen ihr Einverständnis zurückgezogen hatten.

Meluzin, Peter
1947 –, Aktions- und Konzeptkünstler. Seit 1989 Dozent an der Schule für angewandte Kunst in Bratislava.

1 Mappe / 1980er

Aktionskunst (Photographien).

Mlynárčik, Alex
1934 –, Aktionskünstler. 1966 Verweis von der Kunsthochschule in Bratislava. Nach 1990 Direktor der Považská galéria in Žilina.

1 Mappe / 1970er – 1980er

Aktionskunst (Photographien).

Müller, Adolf
1929 – 2002, Politologe, Publizist. 1968 Emigration nach Deutschland. Leiter des tschechoslowakischen Exilverlags Index in Köln.

4 Archivkästen / 1970er – 1980er

Werkmanuskripte von Arbeiten tschechischer Autoren, die im Index Verlag veröffentlicht wurden (Typoskripte).

Pagáč, Milan
1960 –, slowakischer Aktionskünstler, Vertreter der Body Art.

1 Mappe / 1980er

Photographien von Body Art-Aktionen der Künstlergruppe P.O.P. (Akronym aus Milan **P**agáč, Viktor **O**ravec und Ladislav **P**agáč).

Pelikán, Jiří
1923 – 1999, Journalist, Politiker. Mitglied der KPČ, Mitarbeiter des Zentralkomitees der KPČ (1949 – 1952). Generaldirektor des Tschechoslowakischen Fernsehens (1963 – 1968). 1969 Emigration nach Italien. Seit 1970 Herausgeber der Exilzeitschrift „Listy".

12 Archivkästen / 1970er – 1980er

Dokumente der Charta 77, Planungen und Buchführung der Redaktion der Zeitschrift „Listy". Dokumente zur strafrechtlichen Verfolgung der Unterzeichner der Charta 77, Informationsmaterial der Londoner Exilagentur Palach-Press, Korrespondenz, Manuskripte von Ota Šik, Karel Kaplan und anderen.

Phillipsová, Zdenka
1934 – 2007, Bibliothekarin. Maßgebliche Beteiligung an der Vervielfältigung und Verbreitung des tschechischen Samizdat.

ca. 300 Bücher / 1972 – 1989

Nahezu die komplette Produktion der von Ludvík Vaculík geleiteten Edice Petlice; Schreibmaschine, auf der sie die Samizdat-Texte abschrieb.

→ *Sammlung Monographien und Sammelwerke des Samizdat.*

Reiman, Michal
1930 –, Historiker, Politologe. 1976 – 1995 Exil in Deutschland, Professor an der FU Berlin. Lebt seit 1995 wieder in Prag.

2 Archivkästen + 4 Ordner / 1970er – 1980er

Dokumente der Charta 77 und von VONS; Kopien von Arbeiten zur deutsch-tschechischen Geschichte und zur Vertreibung der Deutschen (darunter Studien von Václav Kural, Jan Křen). Petitionen für Dissidenten; deutsche und englische Übersetzungen von Reden führender Politiker der ČSSR und von Grundsatzartikeln der Parteipresse

→ *Kleinschriften des Samizdat.*

Šabatová, Anna
1951 –, Studium der Philosophie. 1971 – 1973 in politischer Haft. Unterzeichnerin und Sprecherin der Charta 77. Mitbegründerin von VONS (Komitee zur Verteidigung von zu Unrecht Verfolgten), Mitherausgeberin des Bulletins „Informace o Chartě 77". Seit 2001 stellvertretende Ombudsfrau. Lebt in Prag.

4 Archivkästen / 1978 – 1989

Ausgaben des Bulletins „Informace o Chartě 77". Materialien der 1988 entstandenen unabhängigen Nachrichtenagentur VIA. Photographien von Demonstrationen der 1980er Jahre.

Sikora, Rudolf
1946 –, Konzeptkünstler. Professor an verschiedenen slowakischen Kunsthochschulen.

1 Archivkasten / 1970er – 1980er

Plakate, Kataloge und Photographien.

Originalwerke

→ *Bestand Štraus, Tomáš.*

Šimulčík, Ján
1970 –, Bioingenieur, Historiker. Teilnehmer an Aktivitäten der Untergrundkirche.

8 Archivkästen / 1970er – 1980er

Slowakische religiöse Zeitschriften, Enzykliken des Papstes Johannes Paul II., Bischofsbriefe, Gebete, Berichte über die Situation der Katholischen Kirche und die Verfolgung der Christen in den kommunistischen Ländern.

Škácha, Oldřich
1941 –, Photograph. Lebt in Prag.

1 Mappe / 1970er – Anfang 1980er

15 Photographien aus dem Umkreis des Schriftstellers Pavel Kohout.

Srp, Karel
1937 –, Journalist und Herausgeber. Vorsitzender der Jazzová sekce (Jazz-Sektion). Organisator von Konzerten und Ausstellungen. 1986 – 1988 in politischer Haft. Seit 1989 Vorsitzender der Nachfolgeorganisation Artforum-Jazzová sekce. Lebt in Prag.

8 Archivkästen / 1970er – 1980er

Bulletins „43/10/88" (1979 – 1986), „Informační zpravodaj" (1986 – 1989) und „Jazzstop" (1987 – 1989). Korrespondenz, Buchführung und anderes internes Material der Jazzová sekce. Photographien und Plakate zu den „Pražské jazzové dny". Dokumente zur strafrechtlichen Verfolgung der Jazzová sekce: Auflösungsbeschluss, Bericht über die Finanzkontrolle, Hausdurchsuchungs-, Beschlagnahme-, Verhaftungs- und Verhörprotokolle, Zeugenaussagen, Gutachten von Sachverständigen, Auskünfte von Behörden und Firmen, Anklageschrift, Urteil, Solidaritätsadressen aus dem In- und Ausland.

Štraus, Tomáš
1931 –, Kunstwissenschaftler, Kurator. Dozent an der Karls-Universität in Prag. Lebt seit den späten 1970er Jahren in Köln.

1 Archivkasten + ca. 200 Originaldruckgraphiken / 1965 – 1980

Siebdrucke, Lithographien, Tuschzeichnungen, Holzschnitte, Collagen und Offsetdrucke von Róbert Cyprich, Stanislav Filko, Vladimír Havrilla, Jozef Jankovič, Michal Kern, Július Koller, Miroslav Laky und Ján Zavarský, Juraj Meliš, Rudolf Sikora, Dezider Tóth, Miloš Urbásek. Kunstmappen „Symposion 74" (10 Arbeiten) und „Symposion III/76. In memoriam Miloš Laky" (26 Arbeiten). Slowakische Konzeptkunst. Plakate zu konzeptualistischen Gruppenaktionen wie „Vykřičníky 73" und „... Čas I ...".

Švestka, Jiří

1955 –, Kunsthistoriker, Galerist. 1981 Emigration nach Deutschland. Lebt seit 1995 wieder in Prag.

2 Archivkästen / 1970er – 1980er

Kunstkataloge, Material der Jazzová sekce (Jazz-Sektion) und Mitschnitte von Rockkonzerten.

Terlecký, Nikolaj

Терлецкий, Николай Николаевич

1903 – 1994, russisch-tschechischer Schriftsteller. In den 1920er Jahren Emigration in die Tschechoslowakei, 1965 nach Österreich, später in die Schweiz.

1 Archivkasten / 1970er – 1980er

Werkmanuskripte seiner Arbeiten (Typoskripte).

Tóth, Dezider

1947 –, Aktions- und Konzeptkünstler. Lehrt an der Kunsthochschule in Bratislava.

1 Mappe / 1970er – 1980er

Kataloge und Photographien seiner Aktionskunst.

Originalwerke

→ *Bestand Štraus, Tomáš.*

Trinkewitz, Karel

1931 –, Graphiker, Schriftsteller, Journalist. Unterzeichner der Charta 77. 1979 Emigration nach Deutschland (Hamburg). Lebt seit 2005 wieder in Tschechien.

3 Archivkästen + Großformate / 1964 – 1997

Collagen (7). Offizielle und Exilperiodika aus den Jahren 1964 – 1989. Zeitungsausschnitte, Samizdat-Kleinschriften (Materialien der Charta 77). Korrespondenz, Typoskripte und persönliche Notizen. Schreibmaschine.

Želibská, Jana

1941 –, Aktions- und Multimediakünstlerin. Lebt in Bratislava.

1 Mappe / 1970er – 1980er

Aktionskunst (Photographien).

Ungarn

zusammengestellt von
György Dalos und Julia Scharf

Sammlungen

Monographien und Sammelwerke des Samizdat

2 lfm / 1970 – 1989

Etwa 100 Titel, darunter literarische Werke von György Konrád, György Petri, György Dalos; politische und publizistische Schriften von Miklós Haraszti, János Kenedi, Béla Király, János Kis, Gáspár Miklós Tamás; Memoiren von István Eörsi, Ferenc Fejtő; Sammelwerke wie „Bibó Emlékkönyv" (Bibó-Gedenkbuch). Thematisch befassen sich viele der Titel mit dem ungarischen Aufstand von 1956. Übersetzungen von Werken aus anderen Literaturen, darunter von Isaac Deutscher, Hans Magnus Enzensberger, Václav Havel, Arthur Köstler, Milan Kundera, George Orwell.

Periodika des Samizdat

2 lfm / 1981 – 1989

Etwa 25 Titel: politische Zeitschriften wie „Beszélő", „A Demokrata", „A Hírmondó", „Kisúgó", „Magyar Figyelő"; Periodika der Friedensbewegung („Béke Füzetek", „Dialógus"); das Mitteilungsblatt der ökologischen Bewegung „A Duna Kör hírei" und Kunstzeitschriften wie „Inconnu Press".

Kleinschriften des Samizdat

0,3 lfm / 1986 – 1989

Texte (teilw. Kopien) und Programme politischer Gruppierungen, Parteien, Gewerkschaften und Initiativen; Texte und Informationsschriften der ungarischen Umweltbewegung zu Nagymaros und Černobyl'.

Periodika der Übergangszeit

0,3 lfm + Großformate / 1989 – 1990

Zeitungen und Zeitschriften vorwiegend mit politischem Profil wie „Magyar Narancs", „Magyar Fórum"; vorher im Samizdat erschienene wie „Beszélő"; Sondernummern zur Parlamentswahl vom März 1990.

Dokumente zur Parlamentswahl März 1990

1 Mappe / 1989 – 1990

Parteiprogramme, Flugblätter, Plakate.

Audiovisuelle Medien

0,3 lfm / 1980er

Aufnahmen von Rock- und Punkkonzerten.

Kunst und Kunstdokumentationen

0,5 m + Großformate / 1970er (?) – 1980er

Kataloge, Ausstellungsankündigungen, Flyer und Photographien, entstanden außerhalb des offiziellen Kunstbetriebs. Konzeptkunst von Imre Bak (13 Blatt), originalgraphisches Künstlerbuch „1985" von György Dalos mit Graphiken von László Rajk (1985).

Bestände

Personen und Körperschaften

Artpool Budapest
1979 von György Galántai und Júlia Klaniczay als alternatives Kulturinstitut in Budapest gegründet.

1 Mappe / 1982 – 1984

Künstler-Briefmarken und Briefmarkensätze für die World Art Post Exhibition (Fészek Klub, Budapest, 1982), Ausstellungskataloge; Samizdat-Kunstzeitschrift „Aktuális levél" (Artpool Letter, 1983 – 1984).

Dalos, György
1943 –, Historiker, Schriftsteller, Angehöriger der demokratischen Opposition. 1987 Emigration (Österreich, Deutschland).

1,15 lfm / 1960er – 1980er

Persönliche Dokumente aus der Studienzeit an der Historischen Fakultät der Moskauer Universität (1960er Jahre); Material zum Budapester „Maoistenprozess" und weiteren Konflikten mit der Staatsmacht (1968 - 1971); Samizdat-Schriften, Material zu seinem Buch über A.A. Achmatova und Isaiah Berlin, darunter Kopien von Dokumenten aus russischen Archiven.

Demszky, Gábor

1952 –, Jurist, Soziologe, Politiker. Bürgerrechtler. Gründete 1981 zusammen mit László Rajk den unabhängigen Verlag AB Független Kiadó. Seit 1990 Oberbürgermeister von Budapest.

1,5 lfm + 1 Objekt / 1970er – 1990

Samizdat-Literatur aus dem Verlag AB und Zeitschriften des Samizdat sowie der Übergangszeit

→ *Sammlung Monographien und Sammelwerke des Samizdat,*

→ *Sammlung Periodika des Samizdat,*

→ *Sammlung Periodika der Übergangszeit.*

Abschrift von Dokumenten der ungarischen Staatssicherheit über Maßnahmen gegen die ungarische demokratische Opposition (Zielpersonen: Ottilia Solt, Ferenc Kőszeg, Gábor Demszky). Druckmaschine des Samizdat.

Rajk, László und
Rajk, Judit

1948 –, Architekt, Designer. Gehörte zur ungarischen künstlerischen Avantgarde der 1970er und 1980er Jahre, aktiv in der demokratischen Opposition. Gründete 1981 zusammen mit Gábor Demszky den unabhängigen Verlag AB Független Kiadó und war Betreiber der so genannten Samizdat-Butik.

Rajk, J.
Ehefrau, Sängerin.

1 lfm / 1979 – 1988

Bücher und Periodika des Samizdat und Exils

→ *Sammlung Monographien und Sammelwerke des Samizdat,*

→ *Sammlung Periodika des Samizdat.*

Graphiken und Kunstkataloge; Flugblätter, Plakate, Einladungen; biographische Notizen zu Gulag-Häftlingen (Manuskript János Rózsa).

DDR

zusammengestellt von Frank Eckart

Sammlungen

Künstlerbücher und originalgraphische Zeitschriften

ca. 3 lfm / 1979 – 1990

133 originalgraphische Künstlerbücher und Kunstmappen, die teils innerhalb von Editionen wie POE SIE ALL BUM, Edition Sascha Anderson, Leitwolfverlag Dresden, Günther-Jahn-Bach-Edition, Ursus Press erschienen sind. Als Beispiel seien hier genannt: die 1979 in Dresden entstandene Mappe „Kein Wind schlägt die Flügeltüren zu" mit Texten von Sascha Anderson, Franziska Groszer, Lutz Rathenow und anderen; Originalgraphiken von Helge Leiberg und Ullrich Panndorf; „Die Freiheit der Meere" von Bert Papenfuß-Gorek mit Siebdrucken und Handzeichnungen von Strawalde (Jürgen Böttcher), Berlin 1986; „Der kalte Schmuck des Lebens" mit Texten von Herta Müller und Graphiken von Christiane Just, Berlin 1987; „Ghettohochzeit" mit Texten von Durs Grünbein und Graphiken von Via Lewandowsky, Berlin 1988.

22 originalgraphische Zeitschriften (151 Nummern), darunter „A DREI" (1983 – 1987), „Anschlag" (1984 – 1988), „Ariadnefabrik" (1986 – 1989), „Entwerter oder" (1984 – 1990), „Glasnot" (1987 – 1988), „Der Kaiser ist nackt" (1981), „Mikado" (1983 – 1987), „Schaden" (1984 – 1987), „Und" (1982 – 1983), „u.s.w." (1984 – 1987).

→ *Lit.:* Bestandskatalog der Forschungsstelle Osteuropa „Eigenart und Eigensinn. Alternative Kulturszenen in der DDR (1980 – 1990)." Bearbeitet und kommentiert von Frank Eckart. Bremen 1993.

Monographien und Sammelwerke des Samizdat

ca. 1 lfm / 1980er

Einzelpublikationen aus dem kirchlichen Umfeld (Friedens-, Umweltbewegung), Schriften der Bürgerbewegung und weitere politische und literarische Texte bis 1989, darunter „Friedensnetz. Eine Materialsammlung. Arbeitskreis Frieden der Evangelischen Kirche Mecklenburgs" von Walter Bindemann, Eckart Huebener, Heiko Lietz und anderen (Rostock 1984), „Literatorturteil. Abendbrot & Frühstück" (Berlin 1984), „Pechblende. Der Uranbergbau in der DDR und seine Folgen" von Michael Beleites (Wittenberg 1988), „Spuren. Zur Geschichte der Friedensbewegung der DDR" von Stephan Bickhardt, Monika Haeger, Gerd Poppe und anderen (Berlin 1988).

Periodika des Samizdat

ca. 3 lfm / 1987 – 1989

Unabhängige Zeitschriften mit einem breiten Themenspektrum wie „Archiv-Info" des Grün-Ökologischen Netzwerks in der evangelischen Kirche der DDR (1988 – 1989), „Arche Nova: Forum für Ökologische Gestaltung in Umwelt und Gesellschaft" der gleichen Initiative (1988 – 1989), „Forum für Kirche & Menschenrechte" der Arbeitsgruppe Menschenrechte der Lukas-Kirchgemeinde, Leipzig (1989), „Friedrichsfelder Extrablatt" und „Friedrichsfelder Feuermelder" des Friedenskreises der Evangelischen Kirche Berlin-Friedrichsfelde (1987), „grenzfall" der Initiative für Frieden und Menschenrechte (1986 – 1989), „Kontext: Beiträge aus Kirche, Gesellschaft, Kultur" der Evangelischen Bekenntnisgemeinde Berlin-Treptow (1987 – 1989), „Streiflichter" der AG Umweltschutz beim Jugendpfarramt Leipzig (1988 – 1989), „Umweltblaetter" des Friedens- und Umweltkreises der Zionsgemeinde Berlin (1987 – 1989) und weitere Titel.

Kleinschriften der Umbruchszeit 1989/1990

5 Archivkästen + 1 Mappe / 1989

Materialien zu neuen politischen Bewegungen und Parteien der DDR (darunter Aufrufe, Diskussionspapiere, Wahlmaterialien des Neuen Forums, Demokratie Jetzt, Bündnis 90).

Plakate

583 / 1960er – 1990er

Plakate aus der DDR zu offiziellen Kulturveranstaltungen (Film, Theater, Oper, Musical, Ballett, Ausstellungen, Lesungen, Tanz, Sportereignisse), Werbeplakate, politische Plakate.

Künstlerische Plakate

→ *Bestand Galerie Oben*

Audiovisuelle Medien

1976 – 1988

8 Tonbandkassetten mit Lesungen und Interviews der Schriftsteller Gert Neumann, Rüdiger Rosenthal und Adolf Endler sowie der Künstlerin Christine Schlegel; Tonband „1986" (Lesungen der Schriftsteller Sascha Anderson, Barbara Köhler und andere); 3 Tonbandkassetten als Beigaben zu den originalgraphischen Zeitschriften „Schaden" (Hefte 11a+b, 1986) und „Entwerter oder" (Heft 34, 1989).

Bestände

Körperschaften

Forschungsprojekt Jugendstudie DDR

2 Archivkästen / 1986 – 1991

Materialien des Forschungsprojekts Jugendstudie DDR (1982 – 1984) von Wolfgang Büscher. Darin Abschriften von Interviews mit DDR-Bürgern, Materialsammlungen zu den Blues-Messen in Ost-Berliner Kirchen (1980 – 1983), zur Punkszene (1980 – 1982) und zur Friedensbewegung innerhalb der Kirche der DDR.

Galerie Oben

Gegründet 1973 von Michael Morgner, Thomas Ranft und anderen in Karl-Marx-Stadt (Chemnitz). 1979 – 1987 Leiter Gunnar Barthel. Ausstellungen von unabhängigen Künstlern und Künstlergruppen, Herausgabe von Kunstkatalogen in der „Edition der Galerie Oben".

20 Archivkästen und Plakate / 1970er – 1980er

257 Ausstellungsplakate, darunter 124 signierte Originale; ca. 250 Ausstellungskataloge, Einladungen zu Ausstellungen; Materialsammlungen zur Tätigkeit der Galerie, darunter ca. 100 Briefe und Postkarten (Autographen) von Künstlern wie Bärbel Bohley, Carlfriedrich Claus, Lutz Dammbeck an die Galerie; 12 Archivkartons mit Zeitungsausschnitten zu einzelnen Künstlern und Ausstellungen in der DDR; ca. 320 Photographien zu Künstlern, der Künstlergruppe Clara Mosch und Ausstellungen überwiegend aus dem Umfeld der Galerie Oben; 22 Kunstblätter (darunter von Strawalde (Jürgen Böttcher), Klaus Hähner-Springmühl, Michael Morgner); 167 Mail Art-Objekte.

Kunstsammlung Klaus Groh

F. 157

Groh, Klaus

1936 –, Kunsthistoriker und -pädagoge, Mail Art Künstler und Kunstsammler. 1969 bis 1990 Leiter der IAC (International Artists' Cooperation) und Herausgeber des IAC-Infoblattes „IAC-INFO". 1971 – 2006 Leitung des Micro Hall Art Center. Lebt in Edewecht (bei Oldenburg).

8 lfm + Großformate / 1960er - 1990er

Originalkunstwerke (Kleinskulpturen und Objekte, Mail Art, Collagen, visuelle Poesie, Serigraphien, Photographien), Künstlerbücher und Manifeste der unabhängigen Kunstszene der 1960er bis 1980er Jahre in der DDR, Jugoslawien, Polen, Rumänien, Sowjetunion, Tschechoslowakei und Ungarn; Briefwechsel mit Künstlern (1970er – 1980er Jahre); Ausstellungskataloge, Plakate.

Die Sammlung enthält Werke folgender Künstler:

Abramović, Marina (YU) / Acker, Andreas (DDR) / Attalai, Gábor (HU) / Bachčanjan, Vagrič (UdSSR) / Bachmann, Stefan (DDR) / Bak, Imre (HU) / Balázs, Péter (HU) / Bałdyga, Janusz (PL) / Bendkowski, Kazimierz (PL) / Berdyszak, Jan (PL) / Bereś, Jerzy (PL) / Bernacki, Piotr (PL) / Bernhardt, Martin (DDR) / Beyer, Gerd (DDR) / Bocian, Marianna (PL) / Bogdanović, Slavko (YU) / Bogucki, Michel (PL) / Bokus, Péter (HU) / Börner, Gerd (DDR) / Brikcius, Eugen (ČSSR) / Brockmann, Dieter (DDR) / Brogowski, Leszek (PL) / Brusić-Lenković, Dina (YU) / Buhrow, Dietrich (DDR) / Bunus, Ioan (RO) / Byszewski, Janusz (PL) / Bzdok, Henryk (PL) / Chatrný, Dalibor (ČSSR) / Chwalczyk, Jan (PL) / Cigler, Václav (ČSSR) / Claus, Carlfriedrich (DDR) / Čuljak, Ivica (YU) / Deisler, Guillermo (DDR) / Dimitrijević, Braco und Nena (YU) / Djurdjev, Pop D. (YU) / Dłubak, Zbigniew (PL) / Dragan, Nuša und Srečo (YU) / Dressler, Uwe (DDR) / Dróżdż, Stanisław (PL) / Druga Grupa (Wacław und Lesław Janicki, Jacek Stokłosa) (PL) / Dudek-Dürer, Andrzej (PL) / Duniko-Dunikowski, Wincenty (PL) / Dziamski, Grzegorz (PL) / Filko, Stano (ČSSR) / Flondor, Constantin (RO) / Gajewski, Henryk (PL) / Galántai, György (HU) / Giersch, Martina und Steffen (DDR) / Goes, Walter G. (DDR) / Gołkowska, Wanda (PL) / Gottschalk, Jürgen (DDR) / Groschopp, Michael (DDR) / Grund, Petra (DDR) / Grygar, Milan (ČSSR) / Grzelak, Barbara (PL) / Haász, István und Kordina, Brigitte (HU) / Hartwich, Knut (DDR) / Helm, Bogomil J. (DDR) / Hertwig, Eberhard (DDR) / Herzfelde, Wieland (DDR) / Heß, Hans-Jürgen (DDR) / Huber, Joseph (DDR) / Janisch, Wolfgang (DDR) / Jesch, Birger (DDR) / Jeż, Zbigniew (PL) / Jurkiewicz, Zdzisław (PL) / Kamperelić, Dobrica (YU) / Kappany, Marton (HU) / Kappis, Detlef (DDR) / Karolak, Wiesław (PL) / Kawiak, Tomek (PL) / Keleny, Béla (HU) / Kerekes, László (HU) / Klivar, Miroslav (ČSSR) / Knížák, Milan (ČSSR) / Kocijančič, Janez (YU) / Kocman, Jiří Hynek (ČSSR) / Kocmanová, Jitka (ČSSR) / Koenig, Eckhard (DDR) / Kolíbal, Stanislav (ČSSR) / Koller, Július (ČSSR) / Konart, Tomasz (PL) / Konieczny, Marek (PL) / Kortyka, Ryszard (PL) / Kościelak, Małgorzata (PL) / Kostołowski, Andrzej (PL) / Koszlowski, Jarosław (PL) / Kotík, Jan (ČSSR) / Kovács, Péter (HU) / Kowalska, Bożena (PL) / Kowalski, Krzysztof (PL) / Kozłowski, Jarosław (PL) / Krajíček, Ivan D. (ČSSR) / Krzywobłoski, Wojciech (PL) / Kumór, Wiesław (PL) / Kutera, Romuald (PL) / Kux, Klaus (DDR) / Lachowicz, Andrzej (PL) / Lakner, László (HU) / Lengyel, András (HU) / Lindner, Norman (DDR) / LL, Natalia (PL) / Łódź Kaliska (PL) / Luck, Rainer (DDR) / Marzidovšek, Mario (YU) / Mašić, Radomir (YU) / Maszyński, Roman (PL) / Matković, Slavko (YU) / Matthes, Karsten (DDR) / Mechow, Norwid (DDR) / Meliš, Juraj (ČSSR) / Meštrović, Milan (YU) / Mikołajczyk, Antoni (PL) / Milde, Britta (DDR) / Milenković, Rade (YU) / Miller, Karel (ČSSR) / Mirković, Zoran (YU) / Mlynárčik, Alex (ČSSR) / Moch, Darek (PL) / Mrożek, Lech (PL) / Mucha, Miroslav (ČSSR) / Murak, Teresa (PL) / Muzsnai, Alexander (RO) / Muszyński, Roman (PL) / Nikonova, Rea (UdSSR) / Novák, Miroslav (ČSSR) / Nusberg, Lev (UdSSR) / Olek, Jerzy (PL) / Otto, Siegfried (DDR) / Õunapuu, Ervin (UdSSR) / Pacovská, Květa (ČSSR) / Palma, Volker (DDR) / Partum, Andrzej (PL) / Partum, Ewa (PL) / Perneczky, Géza (D/HU) / Petasz, Paweł (PL) / Pfeiffer, Franziska (DDR) / Pierzgalski, Ireneusz (PL) / Podurgiel, Zbigniew (PL) / Pogačnik, Marko (YU) / Popović, Zoran (YU) / Poznanović, Bogdanka (YU) / Predrag, Sidjanin (YU) / Przyjemski, Leszek (PL) / Radovanović, Vladan (YU) / Radziszewska, Małgorzata (PL) / Rajkowski, Mirosław (PL) / Rehfeldt, Robert (DDR) / Rehfeldt, Ruth (DDR) / Robakowski, Józef (PL) / Rogalski, Piotr (PL) / Ropiecki, Wacław (PL) / Rosołowicz, Jerzy (PL) / Rypson, Piotr (PL) / Sachse, Karla (DDR) / Sachsse, Rolf (PL) / Ságlová, Zorka (ČSSR) / Schöberl, Jürgen (DDR) / Schröter, Wolfgang (DDR) / Schulz, Tomasz (PL) / Segay, Serge (UdSSR) / Sikora, Bernd (DDR) / Sikora, Rudolf (ČSSR) / Sikorski, Tomasz (PL) / Siskov, Ludmil (HU) / Skoczek-Wojnicka, Mira (PL) / Smirnoff, Nick (UdSSR) / Sobolewski, Klaus (DDR) / Soliński, Krzysztof (PL) / Sonntag, Jörg (DDR) / Sörgel, Hartmut (DDR) / Sosnowski, Zdzisław (PL) / Staeck, Rolf (DDR) / Stange, Joachim (DDR) / Stażewski, Henryk (PL) / Štembera, Petr (ČSSR) / Stojanović, Nikola (YU) / Stravinskas, Aurelijus (UdSSR)/ Supek, Jaroslav (YU) / Świderska, Jolanta (PL) / Świdziński, Jan (PL) / Szczelkum, Stefan (PL) / Szefferski, Roland (DDR) / Szombathy, Bálint (YU) / Swierkiewicz, Róbert (HU) / Szyhalski, Piotr (PL) / Tarlatt, Ulrich (DDR) / Tejchman, Elżbieta (PL) / Tietke, Mathias (DDR) / Tisma, Andrej (YU) / Todorović, Miroljub (YU) / Tót, Endre (HU) / Tóth, Árpád (HU) / Treliński,

Jerzy (PL) /Tyszkiewicz, Teresa (PL) / Urbański, Stanisław (PL) / Valoch, Jiří (ČSSR) / Vincze, Ferenc György (RO) / Voigt, Jochen (DDR) / Wahrig, Barbara (DDR) / Wankiewicz, J. (PL) / Warpechowski, Zbigniew (PL) / Warzecha, Maria (PL) / Waśko, Ryszard (PL) / Wawrzonowski, Wojciech (PL) / Westermann, Thomas (DDR) / Wielgosz, Andrzej (PL) / Wiśnewski, Anastazy B. (PL) / Wodiczko, Krzysztof (PL) / Wróbel, Mirosław (PL) / Zabka, Reinhard (DDR) / Zielke, Hans-Jochen (DDR) / Zielke, Helmut (DDR) / Zossimov, Aleksandr (UdSSR) / Zylla, Klaus (DDR).

Abkürzungen

FOM	Fond obščestvennoe mnenie (Stiftung Öffentliche Meinung)
FSB	Federal'naja služba bezopasnosti (Föderaler Sicherheitsdienst)
GITIS	Gosudarstvennyj institut teatral'nogo iskusstva (Staatliche Moskauer Theaterakademie)
IGFM	Internationale Gesellschaft für Menschenrechte
KGB	Komitet gosudarstvennoj bezopasnosti (Komitee für Staatssicherheit)
KSP	Klub samodejatel'noj pesni (Klub der Liedermacher)
MARCHI	Moskovskij architekturnyj institut (Moskauer Architekturinstitut)
M-BIO	Moskovskoe bjuro informacionnogo obmena (Moskauer Büro für Informationsaustausch)
MGU	Moskovskij gosudarstvennyj universitet (Moskauer Staatliche Universität)
MIGPI	Meždunarodnyj institut gumanitarno-političeskich issledovanij (Internationales Institut für humanistisch-politische Forschungen)
NTS	Narodno-trudovoj sojuz (Bund Russischer Solidaristen)
RGALI	Rossijskij gosudarstvennyj archiv literatury i iskusstva (Russisches Staatliches Literatur- und Kunstarchiv) [früher CGALI – Central'nyj gosudarstvennyj archiv literatury i iskusstva]
ROA	Russkaja osvoboditel'naja armija (Russische Befreiungsarmee)
RGGU	Rossijskij gosudarstvennyj gumanitarnyj universitet (Russische Staatliche Universität für Geisteswissenschaften)
SBONR	Sojuz bor'by za osvoboždenie narodov Rossii (Kampfbund für die Befreiung der Völker Russlands)
SMOG	Samoe molodoe obščestvo geniev (Jüngste Gesellschaft der Genies)
VIA	Východoevropská informační agentura (Osteuropäische Nachrichtenagentur)
VONS	Výbor na obranu nespravedlivě stíhaných (Komitee von zu Unrecht Verfolgten)
YMCA	Young Men's Christian Association

Publikationen der Forschungsstelle Osteuropa zu Dissens, Samizdat und alternativer Kultur (Auswahl)

Beyrau, Dietrich/Eichwede, Wolfgang (Hg.): Auf der Suche nach Autonomie. Kultur und Gesellschaft in Osteuropa. Bremen 1987.

Beyrau, Dietrich: Intelligenz und Dissens. Die russischen Bildungsschichten in der Sowjetunion 1917 – 1985. Göttingen 1993.

Bock, Ivo: Die Spaltung und ihre Folgen. Einige Tendenzen der tschechischen Literatur 1969 – 1989. Berlin 1993.

Dalos, György: Archipel Gulasch. Die Entstehung der demokratischen Opposition in Ungarn. Bremen 1986.

Eichwede, Wolfgang: Abweichendes Denken in der Sowjetunion. In: Geschichte und Gesellschaft 13. Jg., 1987, Heft 1, S. 39 – 62.

Eichwede, Wolfgang (Hg.): Samizdat. Alternative Kultur in Zentral- und Osteuropa – die 60er bis 80er Jahre [Ausstellungskatalog]. Bremen 2000. Mit Aufsätzen von Ivo Bock, Wolfgang Eichwede, Sabine Hänsgen, Jan Pauer, Wolfgang Schlott [u. a.].

Forschungsstelle Osteuropa (Hg.): Eigenart und Eigensinn. Alternative Kulturszenen in der DDR (1980 – 1990). Mit einem Bestandskatalog, bearbeitet und kommentiert von Frank Eckart. Bremen 1993.

Forschungsstelle Osteuropa (Hg.): Monographien im polnischen Zweiten Umlauf 1976 – 1990, bearbeitet von Angela Murche-Kikut. Band 2 in der Reihe „Archiv der Forschungsstelle Osteuropa. Quellen zur Zeitgeschichte und Kultur". Stuttgart 2008.

Hamersky, Heidrun (Hg.): Gegenansichten. Fotografien zur politischen und kulturellen Opposition in Osteuropa 1956 – 1989. Berlin 2005.

Hirt, Günter/Wonders, Sascha (Hg.): Präprintium. Moskauer Bücher aus dem Samizdat [Ausstellungskatalog]. Bremen 1998.

Luks, Leonid: Katholizismus und politische Macht im kommunistischen Polen 1945 – 1989. Die Anatomie einer Befreiung. Köln 1993.

Schlott, Wolfgang: Von der Darstellung des Holocaust zur kleinen Apokalypse. Fiktionale Krisenbewältigung in der polnischen Prosa nach 1945. Frankfurt am Main [u. a.] 1996.

Tatur, Melanie (Hg.): Die großen Streiks. Neue Arbeiterbewegung, Systemwechsel und Gewerkschaften in Rußland. Bremen 1998.

Tatur, Melanie: Solidarność als Modernisierungsbewegung. Sozialstruktur und Konflikt in Polen. Frankfurt am Main [u. a.] 1989.

Personenregister

ibidem-Verlag
Melchiorstr. 15
D-70439 Stuttgart
info@ibidem-verlag.de

www.ibidem-verlag.de
www.ibidem.eu
www.edition-noema.de
www.autorenbetreuung.de

FSC
www.fsc.org
MIX
Papier | Fördert gute Waldnutzung
FSC® C083411

Zeitfracht Medien GmbH
Ferdinand-Jühlke-Straße 7
99095 Erfurt, Deutschland
produktsicherheit@kolibri360.de